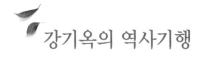

강기옥의 역사기행

문화재로 포장된 역사

한누리미디어

국립중앙도서관 출판시도서목록(CIP)

문화재로 포장된 역사 : 강기옥의 역사기행 / 강기옥, — 서울 : 한누리미디
어, 2012
  p. ;   cm

ISBN 978-89-7969-417-8 03900 : ₩15000

한국사[韓國史]

911-KDC5
951.9-DDC21   CIP2012001421

한민족사 인식에의 진실 충만

홍윤기

일본센슈대학 대학원 문학박사
국제뇌교육종합대학원대학교 국학과 석좌교수(현재)

강기옥의 역사기행《문화재로 포장된 역사》를 읽으며 이 단편적인 글 속에서 나는 역사의 살아 있는 숨소리를 마디마디 절절하게 실감했다. 시인이며 역사연구가로 저명한 강기옥 저자와는 오랜 세월 동안 여러 차례 '일본 속의 한민족사 연구 및 유적 답사' 등을 함께 하며 가깝게 지냈다. 여기서 감히 느끼는 것은 아직 그는 젊기 때문에 지금이라도 본격적인 역사학자에로의 길을 걷는다면 연구 성과를 크게 이룰 수 있는 짙은 학문적 자질을 지니고 있지 않은가 하는 점이다.

이 사람은 조선왕조 5백년 조상대대로 한양 서울 토박이다. 그러나 서울 역사 공부는 강기옥 저자를 따라갈 수 없어 솔직히 부끄러움마저 느끼며 추천의 글을 쓰기로 했다. 남의 나라 역사 공부를 한답시고 내 역사의 절뚝거리는 소리조차 제대로 듣지 못한 것을 여기서 우선 실토하련다. 어떤 형식이든 역사에 관한 사항을 길거나 짧게 집필한다는 것은 결코 그것이 글재주가 아닌 진실에서 우러나는 진리 탐구이어야 한다는 것을 그의《문화재로 포장된 역사》의 여러 대목에서 파악할 수 있었다.

〈인조의 치욕—삼전도비〉에서 저자는 "비석의 앞면 비양(碑陽)에는 왼쪽에 몽고문, 오른쪽에 만주어가 쓰여져 있고, 비석의 뒷면 비음(碑陰)에는 해서체의 한

문이 새겨져 있어 한 비석에 3개 국어가 새겨져 있는 희귀한 자료"라는 것과 "어문학적으로나 17세기 조선의 비석과 금석학을 연구하는 데도 귀중한 자료다. 비머리에는 시서화에 뛰어난 당대의 명필 여이징이 쓴 전서 현액 '대청황제공덕비'"라는 역사학적인 시각이 자못 예리하게 지적되어 있다. 이 사람도 30여 년 전에 삼전도비를 직접 찾아본 적이 있었으나 강기옥 저자의 지적에 전혀 미치지 못했었다.

그는 〈서강에 비친 서양의 문화〉에서 독자로 하여금 이른바 선진 서양 침략자들의 발자취를 우리에게 각성시킨다. "조선시대의 한강에는 광나루[廣津], 삼밭나루[三田渡], 동작나루[銅雀津], 노들나루[露梁津], 양화나루[楊花津]의 5대 나루를 비롯해서 삼개나루[麻浦津], 서강나루[西江津] 등 여러 나루가 있었다. 이 나루는 군사적으로도 중요한 요충지이기 때문에 그 중요도에 따라 군사가 주둔하기도 했다"고 지적했으나 우리의 왕조가 이 나루터들을 지키지 못한 것을 저자는 우리로 하여금 은은히 각성시킨다. 부드러운 글에도 뼈마디는 꿈틀대기 마련이다.

〈원구단(圜丘壇)의 자존심〉도 독자들이 주목할 만한 훌륭한 논술이다. "조선이 韓나라 大韓, 즉 대한제국을 만천하에 천명한 곳은 어디일까. 서울 시청 앞 '웨스턴 조선호텔' 뒤뜰에는 원구단이 있다. 원구단은 황제가 천신(天神)에게 제사를 지내는 곳이다. 지신(地神)에게 제사를 지내는 사직단(社稷壇)이 음(陰), 천신에 제사지내는 원구단은 양(陽)에 해당하므로 종묘와 사직에 제사를 지내기 전에는 먼저 원구단에 제를 올릴 만큼 중요한 곳이었다. 그런데 세조 10년(1464) 이후 제후의 국가에서는 원구단에 제사지낼 수 없다 하여 폐지해 버렸다. 그러다가 1897년 고종이 황제로 등극하면서 부활했다. 아관파천으로 인해 구겨진 국가의 권위를 세우고 만천하에 황제국임을 선언하여 자존심을 회복하려는 곳으로는 원구단이 제격이었다. 그렇게 원구단은 제후국 조선이 황제국 대한으로 재탄생한 성스러운 곳이자 국가의 자존심을 회복한 곳이다. 그러나 이제는 대부분의 사람들이 원구단의 존재는 물론 그것이 어디에 있는지조차 모른다"는 지적을 우리는 통렬하게 수용할 필요가 있다고 본다.

한민족이란 어떤 역사를 연면하게 잇대어 온 오늘의 존재인가. 조상의 발자

취와 역사의 신앙을 우리가 끝내 저버리고 말 것인가. '웨스턴 조선호텔' 정문 바로 옆 10미터 미만 거리에 조선의 자존심이 우뚝 서 있다. 이 호텔 정문으로는 서양인들과 일본인들이 빈번히 드나드는 게 오늘의 실정이다. 여기 '환구단' 안내문에 '일본어' 쯤 써넣을 용의는 없는가고 관계 당국자에게 충언하련다. 왜냐하면 일제는 조선 침략을 하면서 한민족의 성스러운 '환구단'을 곡괭이질로 무참하게 헐어버렸기 때문이다. 남의 나라 땅 '독도'를 제 것인 양 외쳐대는 후안무치한 사람들을 각성시키기 위해서라도 '일본어' 안내문 정도는 중요할 것 같다.

몽골이 고려를 침공했을 당시 민족적으로 계승되어 온 단군신앙이 국가의 위난을 구원하여 주는 숭고한 이념으로서 거듭 발현된 제사 터전이 강화도 마니산의 참성단이다. 그런가 하면 조선왕조 말기인 대한제국 고종 광무(光武) 원년(1897)에 서울 대한문 맞은편 언덕에 둥근 원형제단(圓形祭壇)인 원구단(圜丘壇) 옛 제단을 다시 복원한 것이 '환구단'이다. 이곳의 천지제는 천제(天祭)와 지제(地祭)로서 원구 · 방택(圜丘 · 方澤)이라 하여 하늘의 둥근 원형단(圓形壇)에 제사를 올리며 땅은 네모난 방형단(方形壇)의 형태로써 제사 모셨다. 환구단을 원구단(圜丘壇)이라고도 한다. 그동안 우리의 천신과 민족의 조상 단군을 모시는 국태민안의 천신제사로서 천원지방 사상으로 이루어져 온 제천의례는 여러 형태로 변화하면서 삼국시대와 고려조에도 이어져 왔고, 초기 조선왕조에서도 얼마간 이어 왔다. 그러나 유교 세력의 억압으로 오랜 세월동안 이어지지는 못했다. 유교가 국가 이데올로기로서 순수한 우리의 제천의례를 압박하여 수난을 겪어야 했었으나 마침내 고종황제에 의하여 복원된 것이다.

서울 남산하면 팔각정을 연상하겠으나 우리 민족의 국사당(國祀堂, 木覓神祠) 성지였다. 강기옥 저자는 역시 〈남산의 품에 안겨〉라는 중요한 논술을 하고 있어 독자 여러분에게 필히 일독을 요청한다. 즉 "조선개국 후 한양으로 천도한 태조 이성계는 북한산에 북한산신, 남산에 목멱대왕신을 모시는 사당을 지었다. 그래서 남산을 목멱산이라 했는데 국가에서 제사를 지내는 곳은 국사당(國祀堂)이라 하여 신성시했다. 남산에 등을 기댄 후암동에는 조선 초기부터 전생서(典牲署)라는 관청이 있었다. 전생서는 국가에서 제사지낼 때 사용하는 가축을 기르던 기관이었으니 국사당과의 연계가 깊은 곳이다. 그런데 일제는 1925년에 민족정신을 말살하고 황국신민화 정책을 펴기 위해 국사당을 헐어버리고 그곳에 조선신궁을 지어 참배를 강요했다. 경복궁이 내려다보이는 곳에서 조선인의 자존심을 뭉개 버리고 황민화 정책을 펴기에는 제격이었다. 국사당은 인왕산으로 옮겨 다행히 지금도 옛 모습을 지켜볼 수 있으나 원래의 위치인 남산 팔각정에는 표지석만 남아 있다"고 역사의 진실을 부드러운 필치로 날카롭게 엮었다. 오랜만에 읽어보는 값진 국사 교양서라고 거듭 밝혀두련다.

머리말

시심을 깨워준 조강지첩(糟糠之妾)
시를 썼다.
시심이 부족했는지 가슴이 헛헛했다.
만족할 수 없는 허전함이 가슴을 휘저어 외도를 시작했다.
틈틈이 찾아 나선 역사의 현장.
그 곳에 남은 조상의 숨결이 아릿한 가슴에 불을 질렀다.
산등성이에서, 골짜기에서, 해변에서, 마을 어귀에서
세월을 지키는 역사의 숨결은 조강지첩(糟糠之妾)이 되어 나를 유혹했다.

그래도 시를 썼다.
조강지첩에 빠지면 필시 패가망신인지라
애틋하고 야릇한 정감의 조강지처(糟糠之妻)를 잊을 수는 없었다.
첫사랑의 시심(詩心)을 안고서도 산길, 들길을 찾아다닌 것이 서른해에 가깝다.
그렇게 전국에 숨어 있는 문화재를 만나 정분을 쌓는 동안
포장술이 화려할수록 역사의 실체가 꼬여 있는 것을 발견하고 속이 상했다.
그래서 더 심한 외도에 빠졌다.

조강지처에게 긴 밤의 여유는 유체(有體)였으나 무용(無用)이었다.
그렇게 종합문예지에 문화유적답사기를 발표한 세월이 15년.
월간시사종합지 『오늘의 한국』에 '강기옥의 역사이야기'를 연재한 지가 5년
월간종합교양지 『아트앤씨』 편집주간으로 칼럼을 연재한 지가 4년째다.
가르치는 본업에 충실하며 읽고 쓰고 답사하느라 여념이 없었다.
그 세월 동안 조강지첩과 귀여운 옥동자를 많이 낳았는데
그 녀석들이 내 삶을 지배하며 날밤을 새우게 했다.

그 무거운 짐의 한 축을 내려놓는다.

우선 『오늘의 한국』에 연재한 '강기옥의 역사이야기'를 첫둥이로 택했다.

수도권을 중심으로 조선왕조의 역사와 문화재를 중점적으로 다루었기에

토요 휴무를 맞은 자녀와 함께 하는 현장학습에 도움이 되리라 사료된다.

그래서 되도록 많은 사료(史料)를 뒤지고 현장의 항담(巷談)까지 자료로 삼아

평이하고 지루한 역사이야기의 수준을 탈피하려 애썼다.

그만큼 현장을 뛰는 취재여행이 필수였음을 고백한다.

내 여행의 단초는 고향의 부모님을 찾아뵙는 노정에서 비롯되었다.

그래서 어머니 살아 계실 때 책을 출간하여 안겨 드리며

자주 찾아뵙지 못한 불효를 용서받으려 했다.

그러나 어머님은 이 책이 나오기 전에 92세의 삶을 마감하셨다.

일본에서 귀국하자마자 추천사를 써주신 홍윤기 박사님,

연재하는 동안 졸고를 애독하시고 격려해 주시던 오세영 교수님,

서울시사편찬위원회 연구간사를 역임하신 서울토박이 박경룡 박사님,

서울 교육의 산 증인으로서 교육에 헌신하신 최성식 교장선생님.

졸고에 힘을 실어 주신 추천의 글에 감사의 인사를 올린다.

더불어 그동안 지면을 할애해 주신 『오늘의 한국』 발행인과

임윤식 사장, 김계숙 편집국장, 관계 모든 직원들,

쾌히 출판을 맡아준 한누리미디어 김재엽 사장께도 감사의 인사를 올린다.

월간지에 연재한 글이라 계절 감각을 그대로 살려 게재한 점을 양해 바라며

제2, 제3의 귀염둥이를 출간하여 그 은혜에 보답하려 한다.

독자 여러분의 아낌없는 지도와 질책이 있기를 기원한다.

2012년 2월 15일

우면산 천수재에서 샘물 **강 기 옥**

청 계 천

강기옥 작사
한성균 작곡

보통빠르기

백악산 — 인왕산 목멱산의 맑은 샘
경복궁 — 창덕궁 창경궁을품에안고

골짜기에 합수하여 자란자란흐른나 — 니
개천 — 으로 시작된 서울역사청계천 — 아

화합의 물소리 마른땅을적 — 시 고
칠천만 겨레가슴 청량하게씻어내 려

시민의 가슴마다 밝은세상열어온 다
세계인이 부러워할 자랑으로흘러 — 라

아 — — 청계천 그 맑은물줄기여
아 — — 청계천 그청량한물소리여

억 — 눌린 어둠의역사 저 만치물러가 고
한 강에서 만난줄기 통일향해북녘까 지

밝은빛 맑은물소리 새시대가오도 — 다
흐르고 흐르고흘러 역사로이어가 — 라

영원히 빛날 영원히빛날 서울의역사 — 여
찬란한영광 찬란한영광 서울의역사 — 여

※ 한성균 작곡가 : 초등학교 5학년 음악교과서에 〈겨울엔 겨울엔〉 수록

평행선

하나 될 수 없는 슬픔일지라도
언제나 함께 할 수 있다는 것은
우리에게 주어진 행복입니다.

끝이 보이지 않아 답답할지라도
어디라도 거침없이 같이 갈 수 있음은
세상을 이겨낼 수 있는 희망입니다.

언제나 함께 한다는 것이
때로는 無變의 日常에 구속 같을지라도
당신과 함께 하는 세상살이는
서럽도록 아름다운 동행입니다.

혼자인 듯해도
혼자가 아니라는 느낌만으로도
이 세상 살아가는 기쁨입니다.

▼ 우면산 서초 약수터에 있는 평행선 시판

차례 Contents

차례 Contents

165

179

172

87

92

98

108

115

122

137

147

191

195

199

강기옥의 역사기행
문화재로
포장된 역사

부끄러운 역사의 유물

― 독립문

  독립(獨立)은 다른 것에 예속하거나 의존하지 아니하는 상태를 말한다. 그래서 정치적으로 완전한 주권을 행사할 수 있는 나라, 곧 독자적으로 존재하는 나라를 독립국가라 한다.

  한때 우리는 일제의 사슬에서 벗어나 완전한 자주국가를 이루기 위해 숨죽여 독립을 열망하던 시기가 있었다. 국가가 존망의 위난에 처해 있을 때 목숨 바쳐 갈구하던 것이 독립이었기에 「독립」이라는 말은 그 자체만으로도 숭엄하면서도 위안을 주는 대상이었다. 그러다보니 「독립협회」도 「독립문」도 국가를 위하는 거룩하고 위대한 집단이거나 국가의 독립을 상징하는 대상인 양 착각

▼ 독립문(앞 두 기둥은 영은문의 지주)

하고 있다. 그러나 이들은 초창기의 순수한 목적을 일탈하여 독립의 참된 의미를 왜곡하여 국민을 호도한 명칭이다. 독립협회의 정체와 독립문의 설립 배경을 알고 보면 이는 자랑스러운 역사물이 아니라 부끄러운 역사의 박제물이라는 데 실망할 수밖에 없다.

독립문은 독립협회 주관 아래 전 국민의 성금을 모아 1896년 11월 21일에 착공한 후 이듬해 11월 20일에 완공했다. 조선에서는 일찍이 볼 수 없던 이 건축물은 전 세계에 서구적인 양식으로 우리의 독립을 선언하는 상징물과 같은 것이어서 모든 국민의 감성을 자극하기에 충분했다. 한때 평화의 댐 건설에 전 국민이 떠들썩했던 것과 같은 경우다. 그러나 그 독립문을 세운 배경에는 조선의 완전한 자주독립을 추구하기 위한 국민적 여망의 결집체가 아니라 다른 뜻이 내포되어 있다는 데 문제가 있다.

1895년 청일전쟁에서 승리한 일본은 톈진조약에서 청국은 조선으로부터 완전히 손을 뗀다는 조항을 넣어 자기들이 조선의 종주국 행세를 하기 위한 기반을 다져 놓았다. 그래서 청나라와 조선의 관계를 상징하는 영은문을 헐어버리고 그 자리에 독립문을 세웠다. 이 독립문은 일제강점기에도 건장하게 버티고 서서 조선심(朝鮮心)의 자랑스러운 상징물 역할을 했다. 조선과 일본 사이에서 「독립」이라는 용어는 서로가 알레르기 반응을 보일 만큼 민감한 언어였는데 서슬이 퍼렇던 일제강점기에도 위용을 자랑하며 서 있었다는 사실은 시세에 둔감한 사람이라도 고개를 갸우뚱하게 한다. 독립이라는 용어를 호도하여 국민적인 명칭으로 사용한 까닭이다. 독립이라 하니까 너도나도 그 말에 매료되어 감사한 마음으로 성금을 낼 만큼 독립은 우리에게 절대적인 감성의 언어였다.

그러나 안타깝게도 독립문은 조선의 독립의지를 결집하기 위한 상징물로서의 건축물이 아니라 일본의 야심을 의기양양하게 드러낸 일제의 개선문이다. 그 양식도 프랑스의 나폴레옹 1세가 승전을 기념하여 세운 에투알 개선문을 모방했다. 프랑스 개선문이 승전기념물이듯 독립문도 청일전쟁에서 승리한 일본의 승전기념물인 것이다. 조선심을 철저히 이용한 계산된 이름, 일본의 조선합병의도를 여지없이 드러낸 수치스런 건축물이 바로 독립문이다. 이 건물이 완공되던 날 조선은 청나라의 속국이 아니라 일본의 속국이 되었다는 것을 서구 열강에 천명한 수치의 기념물인 것이다.

독립문의 전신 영은문은 절의 입구에 있는 일주문과 같은 양식이었다. 양쪽에 굵은 돌기둥 하나씩 세우고 그 위에 나무기둥을 덧세운 후 모임지붕 형식의 지붕을 얹었다. 당시의 사진을 보면 주변에 낮은 초가집들이 있어 껑쭝하게 서 있는 영은문이 그런대로 위엄이 있어 보이는데 그것을 헐어버리고 더 크고 웅장하게 독립문을 세웠으니 그 위압감은 대단했으리라. 독립협회에서 주관하여 높이 14.28m, 너비 11.48m의 미려한 화강석으로 세웠다. 요즈음의 5층 건물 규모에 중앙의 문으로 마차가 나다닐 만큼 큰 길이 나 있었으니 당시에는 대단한 건물이었다.

이제는 독립문 앞에 영은문의 돌기둥만 남아 있어 그나마 두 건물의 규모를 비교할 수 있을 뿐이다. 건물의 앞뒤 이맛돌에는 「독립문」이라 새겼고 양쪽에 태극기를, 중앙 하단에 조선왕조의 상징문양인 오얏꽃을 새겼다. 북쪽에는 한자로 「獨立門」 남쪽에는 한글로 「독립문」이라고 새긴 점이 특이하다. 당시까지 건물의 현액은 모두 한자를 사용했는데 유독 독립문만큼은 한글을 사용했

▲ 한글과 한문의 독립문(이완용의 글씨)

다. 한자를 모르는 일반인에게까지 독립의 미망에 유혹하려는 의도로 보인다. 그런데 그 글씨는 다름 아닌 이완용의 필체다. 친일파의 우두머리가 조선의 독립을 염원(?)하며 남긴 글씨다.

독립문 설립을 주관한 독립협회는 갑신정변의 삼일천하 이후 망명했던 서재필을 고문으로 하여 조직한 단체다. 민족의 존

경을 받는 이상재, 이승만, 남궁억 선생과 같은 지도자들이 함께 하여 민중을 계도하기 위한 순수한 설립동기가 있었지만 초대 위원장이었던 이완용이 회장을 맡아 친일단체로 변질되었다. 만민공동회와 같은 민중집회를 열기도 하고 「독립신문」을 창간하여 시민의식을 깨치려 노력하는 등 초창기 활동은 독립의식을 고취하려는 의도가 분명했다. 그래서 「독립」이라는 용어에 포장된 이들의 명칭 때문에 국가를 위한 대단한 조직과 기구로 알기 쉽다. 그러나 거기에 현혹되어서는 안된다. 독립신문의 논조 역시 친일 위주로 바뀌었고 신문 발간의 주역이었던 서재필은 「필립 제이슨」이라는 미국인으로 신분이 바뀐 상태였다.

▲ 송재 서재필의 동상

갑신정변이 실패하자 서재필은 부모를 비롯하여 3명의 친형제가 사약을 받았다. 부인은 관가의 기생으로 끌려가기 전 음독 자결했고 외가도 만신창이가 되었다. 당시 두 살난 아들은 어머니의 젖을 물고 독성이 퍼져 죽었다. 그런 아픔을 딛고 미국에서 천신만고 끝에 의사가 된 그였기에 조선 정부에 대하여 좋은 감정을 지닐 수는 없었을 것이다. 그래도 끝까지 조선의 개화와 독립을 위해 헌신했기에 정부는 1970년 3월 1일 건국공로훈장 대한민국장을 추서했고,

1994년에는 미국에 있는 그의 유해를 국립묘지로 옮겨 안장했다. 그런 서재필에 대하여 요즈음 학계에서는 달리 평가하는 조짐이 있다.

그것은 신문 창간 비용으로 국고에서 3천원과 정착 자금으로 1,400원 등 4,400원 외에 월 300원씩 10년간의 계약으로 중추원 고문직을 맡아 귀국했는데 국가 재정으로 발행한 독립신문을 일본에 팔아넘기려 한 행위나 10년 체류로 왔다가 미리 떠나게 되자 계약 위반이라며 엄청난 금품을 받아간 행위 등에 기인한다. 더구나 12년 만에 귀국한 그가 한글을 전혀 사용하지 않고 영어만을 사용하고 임금 앞에서도 담배를 피우는 등의 서구적인 행동에 대한 거부감 등이 작용하지 않았나 싶다. 즉 한때 친일파였다가 나중에는 자본주의에 익숙한 미국 시민이었다는 점이다.

우리에게 독립은 일본 식민지에서 벗어나는 것을 의미한다. 그래서 독립투사들은 일제를 상대로 싸웠다. 그런데 독립문은 일본의 속국임을 알리는 건축물이었으니 독립과는 상관없는 건물이다. 그것은 친일파에 의해 청나라와의 관계를 청산하는 표식이었다.

독립문은 1979년에 금화터널이 뚫리면서 고가도로로 연결시키느라 미관을 해쳐 지금의 위치로 옮겼다. 남쪽 방향으로 70여m 내려가면 표지석을 볼 수 있다. 지하철 3호선을 타고 독립문역에서 내리면 바로 독립공원으로 연결된다. 이곳에서는 반드시 서대문 형무소를 먼저 들러 독립투사들의 처참했던 현장을 답사한 후 독립문을 봐야 의미가 살아난다. 가족 나들이로도 좋은 곳이다. 시간 여유가 있다면 주변의 인왕산에 올라도 좋다. 청와대와 경복궁을 한 눈에 조망하면서 걸을 수 있는 곳이 인왕산이다.

◀ 찾아가는 길 ▶

서울특별시 서대문구 현저동 941. 지하철 3호선 4번 출구로 나오면 바로 독립문이다. 독립문은 5번 출구로 나와 서대문 형무소역사관과 독립공원을 먼저 보고 독립문을 보는 것이 효과적이다.

고려 역사의 종점

― 공양왕릉

　고려의 멸망은 이상하게도 4자와 관련이 깊다. 34대 공양왕을 마지막으로 개국 474년 만에 역사의 뒤안길로 사라졌으니 말이다. 또 고려의 역사를 보면 20대 신종(神宗)과 공양왕이 된 그의 7대손 왕요(王瑤)의 운명이 비슷하다는 점도 흥미롭다. 54세에 최충헌에 의해 왕위에 오른 신종은 허수아비 노릇을 하며 60년 간 정권을 빼앗긴 채 최씨 무인정권의 폭정을 지켜봐야 했고, 45세에 이성계에 의해 왕위에 오른 공양왕은 이씨에게 나라를 빼앗기는 아픔을 감내한 후 그들의 전횡을 침묵으로 지켜보다가 그들에 의해 1394년 4월 50세를 일기로 비참한 최후를 마쳤다.

　공양왕은 왕위에 오를 수 있는 위치에 있지 않았다. 그러나 이성계는 우왕과 창왕이 신돈의 자식이므로 가짜 혈통을 몰아내고 진짜 혈통으로 왕위를 세워야 한다는 명분, 소위 폐가입진(廢假立眞)의 논리에 의해 1389년 11월 왕요를 고려의 마지막 임금 자리에 앉혔다. 공양왕의 등극은 역성혁명의 걸림돌이 되는 사람들을 제거하기 위한 방편이기도 했다. 그 당시는 위화도 회군의 동지였던 조민수와 유학자로서 문하시중에 있던 이색이 우왕(禑王)의 아들 창(昌)을 왕으로 세워야 한다고 주장하여 9세밖에 안된 창이 왕위에 올라 있었다. 이는 조민수 세력의 득세를 의미하지만 역으로 왕손 중에서 덕

▲ 고려 공양왕릉 사적비

망이 있는 사람을 왕으로 추대하자고 주장했던 이성계 세력의 약화를 의미하기도 한다. 수세에 빠져 있던 이성계는 바로 공양왕을 세워 역전의 기회로 삼았다. 신돈의 자식 창을 제거하면 창을 왕으로 삼은 조민수와 이색을 제거하는 명분은 그것만으로도 충분했기 때문이다.

이후 전권(全權)을 장악한 이성계는 공양왕으로 하여금 강릉과 강화에 유배되어 있는 우왕과 창왕을 죽이게 하고 공양왕은 덕이 없는 왕이라 하여 퇴위시켜 버렸다. 그러고는 1392년 7월에 스스로 왕위에 올랐다. 역성혁명은 이렇게 오랜 세월 동안 권력 투쟁의 험한 과정 속에서 진행되었고 5백년 가까이 이어온 고려의 역사는 서서히 종착역을 향하고 있었다. 개성왕씨들이 힘에 부쳐 지켜낼 수 없는 고려왕조의 종점, 그곳은 어디인가?

저자는 고려 역사의 마무리를 공양왕의 묘가 있는 고양에서 찾는다. 강원도 삼척시 근덕면 궁촌리에 공양왕의 무덤이라고 전해지는 무덤이 또 하나 있어 두 지역이 서로 연고권을 놓고 다투고 있지만 문헌적으로는 고양의 무덤이 신빙성이 있기에 나는 이곳에서 고려의 종말을 본다. 고려 왕조의 한을 안고 있는 고양, 이곳이 힘겹게 달려온 고려 역사의 종점이며 개성왕씨의 또 다른 고향인 것이다.

▲ 공양왕 부부묘

▲ 공양왕릉 앞 삽살개

▲ 공양왕릉 문인석

　왕의 국가가 아니라 황제의 국가임을 자처한 나라, 고구려의 웅대한 역사를 이어받아 대륙과 어깨를 견주었던 왕국, 몽골제국의 말발굽 아래서도 굴하지 않았던 삼별초의 투지와 청자를 구워내고 팔만대장경을 조판하던 예술적 안목을 지녔던 심미안으로 나라를 통치했던 고려왕국이 이제 이 한적한 골짜기에 누워 지나간 세월을 반추하고 있다. 그 누구를 탓할 것인가. 누구의 잘못이라 따질 것인가. 왕조는 바뀌었어도 산천은 언제나 그대로 있고 강물은 언제나 변함없이 흐르건만 권력에 눈먼 사람들이 평화로운 이 땅을 피로 물들이며 민초들을 힘겹게 하는 역사만 반복할 뿐인데.

　나라를 개창(開創)한 왕들은 왕이 되기 전의 업적과 개국의 과정에서 겪은 어려움 때문에 태조(太祖)라는 경칭 아래 그 이름을 쓴다. 태조 왕건, 태조 이성계처럼. 그러나 이방원같이 특별한 경우는 태종이라는 묘호보다는 이름을 쉽게 부르지만 모든 임금은 이름 뒤에 접미사처럼 왕(王)자를 붙여 ○○왕이라 하는 경우는 없다. 세종이나 영조, 정조의 이름을 부르는 사람이 없듯 그의 업적에 따라 종(宗)이나 조(祖), 또는 군(君)의 시호(諡號)를 올려 부르는 것이 상례다. 그런데 우왕과 창왕은 한이 많은 고려 역사의 아픔을 대변해 주는 호칭이다. 우왕의 이름은 우(禑), 창왕의 이름은 창(昌)이다. 역사를 부정할 수 없어 차마 우(禑)와 창(昌)이라고 이름만 부르지 않은 것도 다행이지만 이는 민간인 취급한 것이나 다름없다. 신돈의 자식으로 매도했기 때문이다. 이 방법을 조선에 적용하면 정조대왕은 이름이 산(祘)이므로 '산왕', 세종대왕은 본명이 도(祹)이니 '도왕'

이라 해야 한다. 그러나 그런 예는 동양의 어느 나라, 어느 왕조에도 없다. 오직 신돈의 자식이라고 매도당한 우왕과 창왕에게서만 볼 수 있다.

패자는 말이 없다. 승자에 의한 역사, 승자에 의해 기록된 역사는 패자를 철저히 매장해야 자기들의 정당성이 돋보인다. 비록 최씨 무인정권을 위한 사병으로서 그들의 기득권을 잃지 않기 위해 저항한 것이 삼별초군이라 하지만 고려 왕조는 몽골의 말발굽에 대항하여 오랜 세월을 버티다가 부마국이 되었다. 비굴한 방법이라고 하나 국체를 지켜낸 강골기질의 나라가 고려였다. 두 임금을 섬길 수 없다 하여 두문동에서 불타 죽은 72현의 충의는 고려를 상징한다.

오백년 도읍지를 필마로 돌아드니
산천은 의구하되 인걸은 간 데 없네.
어즈버 태평연월이 꿈이런가 하노라.

고려 충신 길재는 기울어가는 고려를 시 한 수로 탄식했다. 그가 살아 고양의 공양왕릉 앞에 선다면 또 다른 시조를 읊지 않을까. 패망한 나라의 패망한 역사는 그렇게 비통할 수밖에 없다. 그곳에 숨어 사는 임금에게 주민들이 식사를

▲ 삼척의 공양왕릉

▲ 공양왕이 투신하여 자결한 저수지

제공하여 '식사동'이라는 지명을 남길 만큼 고려의 역사는 새 왕조에 쫓기는 왕이 굶주리며 두려움에 떨다가 연못에서 자결하는 비참한 모습으로 막을 내렸다. 그래서 고양은 고려 역사의 비참한 최후로써 역사가 멈춘 종점이다.

공양왕의 무덤 앞에는 작은 삽살개의 석상이 있다. 연못에 빠져 죽은 주인을 끝까지 지켜보며 짖었던 충절의 개, 고려의 역사는 그렇게 개가 짖는 아픔 속에 사라졌고 망해가는 왕조를 지키던 개는 주인의 무덤 앞에 석상으로 남아 있다.

┌─ 찾아가는 길 ─┐

1. **고양 공양왕릉(사적 제191호)** : 경기 고양시 덕양구 원당동 산 65-1, 산 65-6. 의정부에서 고양 일산으로 가는 39번 도로를 타고 원흥사거리에서 우회전하여 1㎞정도 내려가면 원당마을회관 삼거리가 나온다. 그곳에서 좌회전하자마자 다시 우회전하면 한적한 시골길이다. 곧장 1.3㎞정도 직진하면 공양왕릉이다.

2. **삼척 공양왕릉(강원기념물 제71호)** : 강원도 삼척시 근덕면 궁촌리 178. 영동고속도로에서 동해고속도로로 바꿔 탄 후 7번 국도와 만나는 삼거리까지 달리다가 우회전, 7번 국도로 동해, 삼척 경유 울진 방향으로 달리면 왼쪽으로 공양왕릉이 보인다. 울진방향에서 올라오는 경우 궁촌해수욕장을 지나면 오른쪽 길가에 언덕처럼 보여 쉽게 찾을 수 있다.

인조의 치욕—삼전도비

　한때 서울에서 가장 값싼 동네가 어디냐고 물으면 일원동이라 했다. 그런데 오금을 못 펴던 일원동이 이제는 어깨에 힘을 주게 되었단다. 일원동보다 더 싼 삼전동을 찾았기 때문이란다. 화폐의 전(錢) 단위를 모르는 아이들도 언어의 유희에 쉽게 수긍하며 웃는 넌센스 퀴즈의 현장 삼전동. 그 곳에는 단순한 웃음 이면에 삼전도비라는 오욕(汚辱)의 역사가 남아 있다. 병자호란의 아픔이다.

　임진왜란이 일자 평양으로 몽진한 선조는 또 다시 의주로 몽진하면서 광해군에게 종묘와 사직을 받들라 했다. 이후 광해군은 부왕 선조와 16개월 동안

▲ 산전도비 부조(삼배구고두의 예로 항복하는 모습)

분조(分朝)를 이루어 군사를 이끌고 일본군과 맞서 싸웠다. 친형 임해군이 함경도 회령에서 왜장 가토 기요마사[加藤淸正]에게 포로가 되었다가 풀려난 것에 비해 광해군은 많은 전적을 올리며 전쟁으로 인한 백성의 폐해를 체험했다.

선조의 뒤를 이어 왕위에 오른 광해군은 어떤 일이 있어도 백성들에게 전쟁의 피해를 입히지 않기 위해 노력했다. 명나라와 청나라 사이에서 실리를 추구하는 등거리 외교정책을 편 것이 그것이다. 그러나 친명세력들이 어버이 같은 명나라를 멀리하고 오랑캐 청나라와 가까이 하는 것은 배은망덕한 행위라 하여 반정을 일으켜 새 임금을 세웠다.

반정으로 왕위에 오른 인조는 외교정책을 친명배청으로 바꾸었다. 반정의 명분이 그랬으니 그것은 당연한 수순이었지만 그러나 청나라에게 병자호란의 구실을 제공했다. 그 결과 광해군시대의 평화가 깨지고 인조는 남한산성에서 45일간의 항전 끝에 시종 50여 명을 거느리고 내려와 청태종이 버티고 앉아 있는 수항단 앞에서 삼배구고두(三跪九叩頭)의 예를 갖춘 치욕스런 항복의식을 치러야 했다.

"지난 날의 일을 말하려 하면 길다. 이제 용단을 내려 내려왔으니 매우 다행스럽고 기쁘다."

"천은이 망극하옵니다."

인조실록에 기록된 인조와 청태종의 대화다. 조선의 임금이 오랑캐라 얕보던 청나라의 우두머리에게 '천자의 은혜'가 망극하다고 칭송하며 자기를 최대한 낮추었다. 그래서였을까. 청태종은 정말 천은을 베풀었다. 항복을 받고 다음과 같은 조건을 제시한 후 곧 철수했다.

명나라 연호 사용을 금하고 군신의 예를 지킬 것과 장자와 제2왕자 및 대신등을 인질로 보낼 것, 그리고 명나라와의 예에 따라 경조(慶弔)의 사절을 보낼 것이며, 혼연(婚緣)을 맺어 화호(和好)를 굳건히 하고, 철군용 배 50여 척을 제공할 것 등을 요구했다. 더 가중한 것은 두 나라간의 앞날에 대한 관계다. 명나라를 칠 때 출병을 요구하면 군사를 보낼 것과 성을 시축하거나 성벽을 보수하지 말

▲ 삼전도비 앞면 전서   ▲ 삼전도비 뒷면 전서

라는 것이다. 이는 차후에라도 조선이 엉뚱한 짓을 하면 재침하겠다는 의도이
며 자주국방의 의지를 꺾어놓으려는 고등술책이었다. 그들의 전략에는 힘만
믿고 싸우는 야만인이라고 손가락질할 만한 구석이 없다. 더구나 자기들을 비
하한 조선 땅에 그들의 우월한 힘과 조선의 영원한 수치를 남기는 지혜(?)를 보
이기까지 했다.

그 지혜의 산물이 바로 '대청황제공덕비' 즉 삼전도비다. 그것도 그들이 문
장으로 써준 것이 아니라 우리 스스로 써서 세우게 했고, 문구가 어설프면 다
시 보완하게 하였다.

> "장유 · 이경전 · 조희일 · 이경석에게 명하여 삼전도비의 글을 짓게 하였는데,
> 장유 등이 다 상소하여 사양하였으나 상이 따르지 않았다. 세 신하가 마지못하여
> 다 지어 바쳤는데 조희일은 고의로 글을 거칠게 만들어 채용되지 않기를 바랐고,
> 이경전은 병 때문에 짓지 못하였으므로, 마침내 이경석의 글을 썼다."

조선왕조실록 인조 15년(1637년) 11월 25일의 기록이다. 이때의 상황을 미루어
보면 이경석의 글을 사용하기까지 발칵 뒤집혔을 과정이 잘 나타나 있다. 치욕
의 흔적을 남기는 데도 조정과 석학들의 지혜를 모으게 한 것이다. 그렇다면
부끄러운 역사는 감춰야 하는가.

1895년 치욕의 역사라 하여 강물에 던져 버린 삼전도비는 1913년 일제에 의

해 다시 제자리를 찾았다. 조선이 청나라의 속국임을 알리고 청으로부터 조선을 구해냈다는 그들의 의도를 밝혀주기에는 더없이 중요한 자료였기 때문이다. 그러다 광복 후 다시 땅 속에 묻힌 것이 홍수로 그 모습을 드러내 1963년에 사적 101호로 지정하여 주변을 정비했다.

1983년 당시 문교부에서는 삼전도비 앞에 인조가 항복하는 장면을 청동 부조 조각상으로 세우며 이곳을 역사공원으로 지정해 놓았다. 전체 높이 5.7m, 비신 높이 3.95m, 너비 1.4m, 비신은 대리석인데 비해 귀부는 화강암이다. 비

석을 이렇게 크게 만든 이유는 뭘까? 그리고 그 비석 옆에 놓여 있는 또 하나의 작은 귀부는 무엇인가. 이는 처음에 그 작은 귀부로 비석을 만들려 했으나 청나라에서 더 크게 만들라고 요구하는 바람에 버려졌다는 추론만 있을 뿐 정확한 자료는 없다. 자기들의 전승물을 보다 크고 웅장하게 만들려는 욕구에 의해 비석의 크기는 더 커졌고 쓸 데 없는 귀부만 하나 더 늘어난 셈이다.

역사는 감추려 한다고 감춰지는 것이 아니다. 부끄러운 역사는 오히려 역사의 가르침을 깨닫게 하는 반면 교사다. 이를 빨간 스프레이로 2007년 2월에 '철370'

▲ 삼전도비(대청황제 공덕비)

'거병자'라고 낙서했던 사람은 오히려 역사를 더 초라하게 할 뿐이다. 즉 삼전도비를 세운 지 370년이나 지났으니 병자년의 부끄러운 유물을 철거하자는 내용이다. 이 비는 화학처리하여 원래의 상태를 복원했다.

비석의 앞면 비양(碑陽)에는 왼쪽에 몽고문, 오른쪽에 만주어가 새겨져 있고, 비석의 뒷면 비음(碑陰)에는 해서체의 한문이 새겨져 있어 한 비석에 3개 국어가 새겨져 있는 희귀한 자료다. 어문학적으로나 17세기 조선의 비석과 금석학을 연구하는 데도 귀중한 자료다. 비머리에는 시서화에 뛰어난 당대의 명필 여이징이 쓴 전서 현액 '대청황제공덕비'는 비의 품격(?)을 더해 준다.

지하철 8호선 석촌역 5번이나 6번 출구에서 나와 앞에 보이는 육교쪽으로 가면 삼전도비 안내판이 있다. 10여m만 가면 왼쪽에 역사공원이 있다. 음력 1월 30일에 항복한 인조의 심정과 민초들의 아픔을 읽는 것도 문화재 답사를 통해 얻을 수 있는 별미이리라. 주변 500m 반경에 백제고분이 있어 백제초기 무덤과 고구려의 무덤양식을 비교하며 감상할 수 있다.

- 찾아가는 길 -
이 비석은 2010년 4월 잠실동 47번지로 이전했다. 2003년 주민들의 재산권과 재건축에 지장이 있어 이전해 줄 것을 건의한 후 7년만에 이루어졌다. 잠실역 2번 출구에서 나와 석촌호수쪽으로 3분 정도만 걸으면 길 건너에서 만날 수 있다.

서강에 비친 서양의 문화

—양화진 외국 선교사 묘원

2호선 전철을 타고 당산역에서 출발하여 합정역으로 달리다 보면 오른쪽에 국회의사당이 보이고 시선을 한시 방향으로 고정시키면 잠두봉이 가슴에 안기듯 다가온다. 그러다 벽화 같은 그림이 있는 방음벽이 보이다가 땅 속으로 스며드는가 싶으면 이내 합정역이다. 한강의 시원한 기를 받고 당차게 달려온 철마는 여기서부터는 어둠 속을 달린다.

당산철교는 서울의 남북을 이어주지만 합정역에 다다라서는 문화의 분단벽을 이룬다. 철교를 중심으로 동쪽에는 잠두봉의 절두산 천주교 성지, 서쪽에는 양화진의 개신교 성지로 나뉘어졌기 때문이다. 이 철교가 세워지기 전에는 고종의 허락을 받아 자연스럽게 형성된 외국인 선교사들의 공원묘지와 병인양요의 박해 속에서 순교한 천주교 신자들의 성지가 한 권역으로 이어져 있었다.

▼ 절두산 성당

▲ 베델 묘비(일제가 비문을 깎은 흔적이 보인다).

미개한 땅 조선에 파란 눈의 젊음을 바친 선교사들의 숭고한 죽음이 이국적인
풍경의 공원묘지를 이루었고, 신앙을 위해 대원군의 철권에 산화한 팔천여 명
의 천주교 신자들이 피를 뿌린 곳이 바로 이곳이다.

　양화진. 진(津)은 강이나 내, 또는 좁은 바닷목에서 배가 건너다니기에 용이한
곳을 지정하여 일컫는 말이다. 우리 말로는 나루라 하고 한자로는 도(渡)라고도
한다. 삼밭나루의 삼전도가 그 예다. 도는 건너는 기능을 중시한 용어고 진은
배를 건너기 위한 일정한 시설을 갖춘 장소를 중시하는 의미의 용어이나 그 기
능은 같다. 그래서 조선시대의 한강에는 광나루[廣津], 삼밭나루[三田渡], 동작
나루[銅雀津], 노들나루[露梁津], 양화나루[楊花津]의 5대 나루를 비롯해서 삼개
나루[麻浦津], 서강나루[西江津] 등 여러 나루가 있었다. 이 나루는 군사적으로
도 중요한 요충지이기 때문에 그 중요도에 따라 군인이 주둔하기도 했다. 옛날
의 나루에는 어김없이 다리가 놓여 있기 때문에 교통요지는 예나 지금이나 다
르지 않다는 것을 알게 한다.

양화진은 조선이 서양 문화를 맞아 싸운 최초의 장소다. 1866년 병인년, 선교를 위해 조선 땅에 발을 디딘 프랑스의 신부 12명 중 9명이 처형당하자 프랑스의 로즈 제독은 군함을 이끌고 양화진까지 진격해 왔다. 즉 한양의 턱밑 서강까지 아무런 저항도 받지 않고 진입해 온 것이다. 예전에는 남산 아래 한남동과 마주한 곳을 한강이라 했고 양화진의 서강대교가 있는 곳은 서강이라 했다. 지금의 국회의사당이 있는 곳까지 적군의 군함이 들어왔으니 국가 방위상 도저히 이해할 수 없는 일이 벌어지고 만 것이다.

　그러나 그것이 오히려 다행이었다. 나폴레옹이 러시아를 침입했을 때 러시아군이 도시를 텅 비워 놓은 것과 같은 전략을 떠올렸는지, 망원경을 들고 남산과 강변을 둘러 보던 로즈 제독은 뱃머리를 돌리고 말았다. 남산에 굳건히 서 있는 성벽과 하얀 옷을 입고 처음 보는 군함을 구경하는 민초들을 하얀 제복을 입은 군대로 착각하여 지레 겁을 먹은 것이다. 9월 18일 아무런 저항도 받지 않고 서강까지 들이닥친 3척의 프랑스 군함은 그렇게 싱겁게 9월 25일 강의 흐름과 수로 등을 측정하고 중국으로 돌아갔다.

　그러나 그것이 전부가 아니었다. 다시 10월 14일 강화도 갑곶진을 쉽게 점령

▲ 언더우드 목사 일가 묘역

한 프랑스군은 강화도를 약탈하며 정족산성(삼랑성)을 공략했다. 그러나 야구에서 1이닝 첫 타석에서 홈런을 치면 진다는 징크스가 있듯이 갑곶진에서 어려움을 겪지 않은 프랑스 군은 조선군을 얕잡아 보고 소수 인원이 소총만 가지고 공략하다가 양헌수 장군에 의해 패퇴하여 11월 11일 철수하기 시작했다.

그때 철수하던 그들이 강화의 규장각에 있는 은괴와 책자 등을 약탈해 갔고 남은 것은 모두 불태워 버렸다. 한국과 프랑스 간의 문화재 반환 문제로 시끄러운 것이 그 때 가져간 것들이다. 박병선 박사의 노력으로 프랑스 박물관 지하 수장고에 있던 것 등이 바로 규장각에서 가져간 장서임이 밝혀져 결국엔 한국으로 돌아온 것은 천만 다행이다.

서양 세력과 처음으로 맞붙어 싸운 싸움, 그것이 조불전쟁이다. 그것을 우리는 병인양요라 한다. 서양과의 첫 싸움에서 조선군은 보기 좋게 승리했다. 그

▲ 잠두봉 성지의 척화비

래서 대원군은 더 기고만장하여 쇄국정책을 강화했고 천주교인들을 마구잡이로 잡아 죽였다. 그러나 그 승리가 오히려 독약이었다. 차라리 프랑스의 막강한 화력에 꼼짝없이 당했더라면, 그래서 그들과 통상교역에 임했더라면 10년 지난 1876년, 일본에 의한 운양호 사건에서 그렇게 호락호락 당하지도 않았을 것이고 굴욕적인 강화도 조약도 없었을 것이다.

서구 열강과의 통상교역은 국력강화의 지름길이었는데 서강의 콧구멍까지 다가온 개화의 물결을 스스로 차버린 것이다. 그것이 우리에게 주어진 복이었다. 우리 민족의 손바닥 같은 운명이었다. 이기고도 진 전쟁,

세계의 흐름에 전혀 눈이 어두운 조선 조정은 제국주의 본질을 깨닫지 못했다. 대원군은 근대 조선의 건설에 전혀 관심이 없었던 것이다. 승리의 기쁨에 취하기보다는 차라리 패전의 아픔을 곱씹으며 제국주의의 속성을 깨닫는 것이 결과적으로는 좋았을지도 모를 일이다. 지고도 이긴 전쟁이라고 우겨댄 프랑스도 이상한 꼴이었다. 신부를 죽인 책임자를 문책하고 신앙의 자유를 확보하기 위해 나타난 그들이 오히려 신앙의 자유를 옭죄고 천주교인들을 죽음의 골짜기로 몰아넣고 말았으니 결과를 따지는 안목이 전혀 다르다. 군사적으로나 외교적으로도 실패한 원정이었고 종교적으로도 박해자들의 입장을 합리화시켜 준 자승자박이었다. 병인양요는 그렇게 승자와 패자가 모두 부끄러운 역사의 한 페이지로 장식되었다. 그래서 그랬을까. 터가 센 곳은 끝까지 터가 세어 흉사가 겹친다.

갑신정변으로 삼일천하를 이루었던 김옥균이 일본으로 망명한 후 우여곡절 끝에 상하이로 건너갔다. 그러나 그것이 죽음에 이르는 길이었다. 3월 25일 일본 나가사키에서 출발 3월 27일에 상하이에 도착한 김옥균은 일본에서부터 동행한 홍종우에게 저격당했다. 그것이 상하이 도착의 이튿날인 3월 28일이었다. 그의 시체는 소금에 절여진 채 조선 정부로 이관되었고 4월 14일 저녁 양화진에서 능지처참되었다. 장대에 머리를 걸어둔 곳이 바로 이곳 양화진이다.

한양의 인후지지(咽喉之地)라는 강화도는 한양 방어의 전초기지고 서강은 바로 한양의 콧구멍이다. 그 목구멍과 콧구멍에 들이닥친 서양의 기운을 뱉어내 버린 행위는 지난 역사로서 가정할 필요는 없다. 그러나 양화진의 역사는 그렇게 우리의 근대사에 아쉬움과 아픔으로 남아 있다.

지하철 2호선 합정역에서 10분 거리에 있는데 도심에서 외국인의 묘지와 우리의 장묘문화를 비교할 수 있는 산 교육장이다. 경관도 뛰어나 상쾌하다. 독자 여러분의 가족나들이를 권한다.

· 찾아가는 길 ·
지하철 2호선과 6호선 합정역 7번 출구로 나와 양화정(정자)과 패밀리마트 사잇길로 200여 미터 걸으면 공원묘지가 있음.

흥청망청한 시대

— 연산군

  일상적인 조어법에서 벗어나 새롭게 나타난 신조어(新造語)나 길거리에 내걸린 플래카드의 문구는 당시의 문화를 가장 쉽게 읽을 수 있는 코드 역할을 한다. 언어는 문화를 담아내는 그릇이기 때문이다. 그렇게 등장한 언어들은 언중(言衆)에 의해 쉽게 일반화되고 나중에는 일상적인 언어가 되어 긴 생명을 유지한다. 병자호란 때에 청나라로 잡혀갔다가 돌아온 여인 환향녀(還鄕女)를 비하하여 '화냥녀'이라 한 것이나, 임진왜란 때에 왜군이 코를 베어가자 민중들이 위험한 것을 보면 아비(我鼻)[내 코]라고 한 것이 'ㅣ'모음동화현상에 의해 '애비'라고 한 것들이 그 좋은 예다.

  '화냥녀'은 양반사회의 가치관이 인간이 처한 한계상황보다 우선하던 당시의 시대상이 반영된 용어다. 임진왜란 때 왜군의 만행에 정절을 잃은 아낙네들을 부정한 여인으로 간주하여 이혼을 청구한 양반들이나, 정묘호란과 병자호

▲ 연산군 부부의 묘

란 때 청나라에 끌려간 여인들이 고향으로 돌아오자 이들을 환향녀라 했으나 이들을 역시 부정한 여인으로 간주하여 이혼을 청구한 것은 조선 사대부들이 얼마나 옹졸했던가를 반영한다. 국력신장보다는 정권유지를 위해 당쟁에 치우치다가 나라는커녕 자기 가족조차 지켜내지 못한 양반들이 죽지 못해 살아 돌아온 아낙네들을 부정한 여인으로 몰아세운 것은 국가의 도의가 형식에 치우쳤음을 의미한다. 다행히 당시에는 이혼을 하고자 할 경우 임금의 허락을 받아야 하는 제도적 장치가 있었기에 선조나 인조는 이혼을 허락하지 않았다. 그러나 한 번 낙인찍힌 여인들은 제대로 마누라 구실을 못하고 첩을 들인 남편과 사회의 눈치를 살피며 살아야 했다. 환향녀가 서방질을 한 여인이라는 화냥년으로 의미변화를 일으킨 것은 바로 그 때문이다. 국가의 잘못으로 선량한 여인들이 죄인의 누명을 쓰고 사는 현실을 안타깝게 여긴 인조는 홍제천에서 몸을 씻은 여인들에게는 정죄하지 못하게 하는 사면령을 내렸다. 홍제(弘濟)는 홍제원에서 비롯된 이름이지만 곧 널리 구제한다는 뜻을 살린 인조의 애민사상이 반영된 곳이기도 하다.

그에 비해 '애비'는 두려움의 대상에 대한 공포심리가 반영된 용어다. 전라도 지역에서는 어린 아이들에게 손대서는 안될 위험한 것을 '애비'라 한다. 임진왜란 당시 이순신 장군의 수호로 전라도에 진출하지 못했던 왜군은 정유재란에는 아예 전라도를 정벌 목표로 진출하였다. 특히 남원지역을 유린한 왜군은 닥치는 대로 코를 베어 전리품으로 도요토미 히데요시(풍신수길, 豊臣秀吉)에게 보냈다. 남녀노소할 것 없이 코가 잘리는 현실을 본 민중들에게 코를 베어가는 세상은 두려운 세상이었다. 그래서 '서울은 눈 뜨고 코 베어가는 세상'이라는 속담이 나왔고 무서운 것만 보면 본능적으로 아비(我鼻)를 외치며 코를 만졌다. 그것이 오늘날의 '애비'로 바뀌었다. 새로운 용어는 그렇게 당시의 문화가 담겨 있고 그 시대의 상황을 읽을 수 있는 매개 역할을 한다. 그와 같은 예는 '흥청망청'에 잘 나타나 있다. 국어사전에서는 흥에 겨워 마음대로 즐기는 모양, 또는 돈이나 물건 따위를 마구 쓰는 모양의 부사라고 설명한다. 그래서 '흥청망청 먹고 마시며 논다' '돈을 흥청망청 쓴다'는 문장을 예로 든다.

조선 연산군시대인 1505년에는 '채홍사' '채청사'라는 벼슬이 있었다. 채홍사는 기생 중에서 예쁜 기생을, 채청사는 여염집의 예쁜 처녀를 잡아들이는 벼슬아치다. 채홍사는 원래 채홍준사(採紅駿使)로서 '홍(紅)'은 여자를 '준(駿)'은 말을 뜻한다. 그래서 채홍준사는 미녀 기생과 준마를 모으는 역할을 했는데 이는 말고기가 양기에 좋다 하여 보양책까지 강구하며 황음(荒淫)을 즐기기 위한 대책까지 마련한 것이다.

연산군은 이의 구체적인 실천을 위해 채홍사를 팔도로 파견하여 그 임무를 수행하게 했다. 조선왕조실록 '연산군 일기'에는 그들의 활동상이 잘 나타나 있는데 남편과 아이가 딸린 기생은 채집의 대상에서 제외하라는 연산군의 명령에 채홍사들이 그들을 빼면 숫자가 부족하며 기생은 아이에 대한 애착심이 없으니 재고해 달라고 한 건의문이 보인다. 한양의 미녀들만으로는 성이 차지 않았는지 전국에서 미녀들을 채집한 연산군은 그들과 놀아나기 위해 원각사를 폐지하여 기생양성소로 바꾸고, 학문과 인재양성의 전당인 성균관을 유흥장으로 만들었다. 도(道)를 잃은 군왕은 인격이나 정신적 가치 등은 다 내버리고 오직 제왕의 권력과 육체적 쾌락만 추구하는 데 전념했다. 그로 인해 도탄에 빠진 백성들의 원성이 자자했는데도 연산군은 오히려 사냥터 주변에 사는 사람들은 강제로 쫓아내고 그 영역을 넓혀 일반인의 접근을 금하는 금표비를 세웠다.

1498년 조의제문을 트집 잡아 무오사화를 일으켜 신진사류들을 다 죽이더니 1504년에는 갑자사화를 일으켜 생모 폐비 윤씨의 한을 달래기 위해 복수극을 벌였다. 한 나라의 경영을 책임진 제왕의 행위치고는 너무도 치졸하다. 어머니로 인해 정신적 혼란을 보인 연산군은 끝내 여인 집착증에 빠져 황음무도한 짓을 하다가 큰어머니인 월산대군의 박씨 부인까지 범하는 패륜을 저질렀다. 이로 인해 박씨 부인의 동생 박원종 등이 주도한 반정에 의해 쫓겨나고 말았다. 반정(反正)은 정권을 뒤집는다는 뜻이 아니라 잘못된 것을 바로잡는다는 뜻이다. 연산군은 폭군이었지만 자신의 체면을 유지하기 위한 방편을 마련했다. 소위 심리적인 방어기재인데 그것은 다름 아닌 기생의 명칭과 대우였다.

우선 궁궐에 들어오기 위해 여러 고을에 모아둔 기생을 운평(運平)이라 했고, 그들 중에서 뽑혀 궁궐에 들어가면 흥청(興淸)이라 했다. 이들 중 임금과 잠자리를 같이하는 부류를 천과(天科) 홍청, 나머지는 지과(地科) 홍청이라 했다. 더구나 이들 홍청이 이동할 때는 사대부들이 가마를 메게 했다. 신분사회의 변화치고는 천지개벽의 수준이다. 연산군은 그렇게 할머니를 비롯한 아버지(성종)의 후궁들에 의해 쫓겨난 어머니를 무척 동경했다. 그것이 곧 처용무를 변용한 야한 춤이며 기생의 등에 타거나 스스로 말이 되어 기생을 태우고 술래잡기를 하는 등 여인들의 치마폭 속에서 놀아나다가 망했다.

그에 비해 정조는 의연하고 아름다운 효성을 보였다. 아버지의 억울한 죽음으로 인한 아픔이 긍정적인 전이(轉移)를 일으켜 세계문화유산인 수원 화성을 남겼고 서호(西湖)와 같은 인공호수를 만들어 농업생산력을 향상하기도 했으며 민초들의 생활수준을 높여 주는 등 군주로서의 지도력을 보였다. 자신의 아픔을 어떻게 삭이느냐에 따라 삶과 문화는 그렇게 달라질 수 있다는 것을 보여주는 역사적 교훈이다.

연산군도 처음에는 제법 성군다운 기지를 보였다. 세종시대에 젊은 문신들이 학문에 전념할 수 있는 기회를 주기 위해 휴가를 주었던 사가독서(賜暇讀書)를 부활하는가 하면 철갑옷과 투구를 만드는 비융사(備戎司)를 두어 국방을 튼튼히

▲ 연산군묘 앞 문인석. 무인석은 없음.

▲ 연산군의 묘역을 지켜 본 보호수

하기도 했고, 《여지승람》의 완성과 《국조보감》을 간행하는 등 문치에도 힘썼다. 그러나 생모 폐비 윤씨는 아들에게 여인으로서 큰 짐을 남겨 주었다. 살아있을 때의 실수는 죽어도 후손에게 감당할 수 없는 큰 짐이 된다는 것의 반면교사다. 연산군의 총명함은 결국 여색으로 인하여 흐려졌고 여인의 치마폭에 자신을 묻어 버림으로써 패주의 길을 걸은 것이다.

연산군이 행차하면 그 뒤에는 수없이 많은 홍청들이 뒤를 따랐다. 그 기생들이 나라를 망하게 하는 원흉이라 하여 백성들은 누구의 입에 의해서였는지 '홍청망청' 이라는 말을 사용하기 시작했다. 그렇게 잊혀지지 않는 역사의 교훈은 민중의 가슴에 지워지지 않는 신조어로 남는다. 연산군은 왕위에서 쫓겨났기 때문에 묘호(廟號)도 받지 못하고 왕릉의 위상을 갖추지도 못했다. 다만 성종의 적장자였기 때문에 대군의 예에 맞게 묘를 썼다. 그래서 연산군의 능(陵)이 아니라 연산군의 묘(墓)라 한다. 강화도에 유배되어 그곳에서 죽어 묻혔으나 중종 8년 사위가 묻힌 방학동의 능성구씨 선산에 묻혔다.

◀ 찾아가는 길 ▶

지하철 1,4호선 창동역 1번 출구에서 1161번, 1144번 버스를 타면 바로 연산군묘 앞에 내린다. 쌍문역 2번 출구에서 130번 버스, 06번 마을버스를 이용해도 좋다. 주변에 도선사와 손병희 선생의 묘, 천도교의 봉황각이 있어 등산을 겸한 가족 나들이로도 좋은 곳이다. 입장료는 없으나 월요일은 휴무이므로 입장이 불가능하다.

6월에 피는 꽃
— 동작동 국립 현충원

　수없이 많은 전란을 겪은 나라, 죄 없는 백성들의 목숨을 담보삼아 외부의 침략을 막아낸 나라, 그것도 모자라 피를 나눈 형제끼리 이념으로 나뉘어 총을 겨눈 나라, 그 나라에 사는 백성들의 심정은 어떠할까. 아니 그렇게 생때같이 팔팔한 혈육을 잃어버리고 애태우며 사는 유족의 마음은 또 어떠할까. 덩굴장미가 철조망에 목을 내밀고 빨간 시선을 두리번거리는 6월이면 나는 무심히 잊고 살아온 조국의 의미를 되새겨 본다.

　'국가는 국민에게 무엇인가.'

　정답을 찾을 수 없는 생각들이 꼬리를 물고 일어나면 나는 동작동의 국립 현충원을 찾는다. 수양벚꽃의 늘어진 가지들이 한껏 자유를 살랑이던 현충원, 화려한 삶을 한순간의 낙화로 지워 버리는 벚꽃들이 조국을 위해 산화한 젊음에 잘 어울려 보이던 4월의 현충원을 장미가 피어난 6월에 다시 찾는다. 선열들의 숭고한 정신을 기리고, 군 복무 중 숨져 이곳에 묻힌 중학교 동기 녀석의 명복을 빌기 위해서다.

▼ 동작동 국립 현충원 일반 사병의 묘

▲ 박정희 대통령 부부 묘

▲ 이승만 대통령 부부 합장묘

국립묘지는 국가의 꽃이다. 국가의 존립이 곧 국군과 국가 유공자의 희생에 달려 있음을 만천하에 천명하는 표상이기 때문에 그곳에 묻히는 것은 곧 가문의 영광이다. 6.25 때 국군이 폭탄을 안고 적군의 탱크로 뛰어드는 것이나 일본군이 가미가제의 신풍(新風)을 일으킬 수 있었던 것도 국립묘지에 안장되는 최후의 영광이 보장되어 있기 때문에 가능하다. 그렇게 영광스럽게 묻힐 수 있는 최소한의 보상책이 있어야 국가는 국민에게 희생을 강요할 수도 있다. 그래서 우리는 그 누구의 묘보다도 먼저 무명용사의 묘를 찾아 묵념을 올려야 한다. 그것이 6월의 양심이요, 살아서 현충일을 맞는 국민으로서의 도의다.

그렇다면 우리의 국립묘지는 그렇게 흠이 없는 성스러운 곳인가. 임시정부 요인들이 묻힌 효창공원에 대해서는 누구나 엄숙한 마음으로 묵념을 올릴 만큼 이론이 없다. 그러나 서울과 대전의 국립 현충원에는 친일파의 명단에 이름이 오를 만한 사람이 묻혀 있다며 시비가 끊이지 않는다. 심지어 아무개의 묘는 민족정기가 살아 있는 국립 현충원에서 얼른 옮기라는 현수막을 들고 시위하는 경우도 있다. 이것이 우리나라 국립 현충원의 현주소다. 과거의 잘못을 바로잡지 못했기 때문에 지금도 같은 일이 반복되어 논란이 일고 있는 것이다.

동작동 국립묘지. 저자는 그 이름이 익숙하여 아직도 현충원보다 국립묘지가 더 정겹다. 교련교육세대라서 그런지 그곳을 찾을 때마다 항상 개인보다는 국가가 먼저라는 전체주의적 사고에 젖어 스스로 엄숙했는데 그러나 이제는 가슴이 산란하다. 납작 엎드린 병사의 무덤은 한 평 남짓한 땡볕으로 서 있고,

장군은 8평에 너그럽게 누워 병사들을 내려다보고 있다. 절대 복종시대에 근무했던 그들이기에 군복무 중에 무참한 꼴을 많이도 참아냈을 텐데 죽어서까지 지휘관을 올려다봐야 하는 모습이 편치 않다. 장군들은 직업군인이었기 때문에 최대한의 이권을 누리며 근무했을 것이지만 병사들은 자기 생활을 희생하며 국가에 봉사한 사람이다. 희생을 강요한 그들에게 최후의 안식처치고는 너무도 옹색하다.

친일파가 독립유공자로 둔갑하여 묻혀 있는 국립묘지에 묻히지 않겠다는 임정 요원 조경한 선생의 유언이 가슴을 때린다. 이는 이승만 대통령의 정치적 한계와 궤를 같이 한다. 반공을 앞세우다 보니 친일파를 척결하지 못하고 그들과 더불어 정치를 했던 결과에서 비롯된 것이리라.

동작동 국립 현충원은 공작새가 날개를 펴고 있는 공작장익형(孔雀張翼形)의 지세라 한다. 그곳에서 당신은 무엇을 보았는가. 사병은 한 평, 장군은 8평, 대통령은 80평을 차지하고 있는 신분의 차이를 보았는가. 목마른 거북이가 물을 보고 내려가는 영구음수형(靈龜飮水形)이라는 명당에 묻힌 이승만 대통령을 보았는가. 아니면 공작새가 알을 품고 있다는 공작포란형(孔雀抱卵形)의 명당을 지키고 있는 박 대통령의 무덤을 보았는가. 저자는 풍수지리설을 크게 신봉하지 않지만 공작장익형(孔雀張翼形)이라는 말이 어느 정도 신빙성이 있다면 혈자리에 있는 두 전직 대통령과 장군의 주변에 있는 일반 병사들은 그 날갯짓에 날아가 버릴 깃털에 불과한 맹점이 있다. 그래서 일반 병사들은 죽어서도 항상 불안하다. 그야말로 불공평의 극치요, 신분 양극화의 현장이다. 이는 차라리 장군이 군사를 거느리고 있는 장군대좌형(將軍對坐形)이라 해야 편할지도 모르겠다. 살아서 군통수권자와 그 지휘를 받는 군인으로 인연을 맺었기 때문이다.

동작동은 흑석동에서 내려오는 한강변에 구릿빛 바위가 많아서 동재기 마을로 불리던 곳이다. 그 동재기가 구리를 나타내는 동(銅), 재기가 작(雀)으로 축약되어 동작(銅雀)으로 변한 것으로 추측한다. 그러나 역사적 산물로는 동작릉 때문에 생긴 명칭이란 말이 더 설득력을 얻는다. 현충원 안에 중종의 비(妃) 창빈 안씨의 묘가 있는데 그것이 동작릉이다. 그래서 국립 현충원도 동작릉의 영향으로부터 자유로울 수 없어 조선의 왕릉과 조화롭게 어울려 있다. 그런데 그

창빈의 무덤을 왜 능(陵)이라 했을까. 조선시대 왕족의 무덤은 임금과 중전의 무덤만을 능이라 하고, 세자나 세자빈, 후궁들의 무덤은 원(園)이라 한다. 효창원도 정조의 아들 문원세자와 후궁, 옹주의 무덤이 중심을 이룬 곳이라서 효창원이라 했다. 그러므로 동작릉도 동작원이라 해야 한다.

창빈 안씨는 한때 궁중비화를 다룬 드라마 〈여인천하〉에서 문정왕후에 의해 창빈으로 불렸던 여인인데 드라마상의 창빈은 잘못된 명칭이다. 안씨가 죽기 전의 지위는 종3품의 숙용이었고 정1품 창빈으로 추숭된 것은 사후 28년이 지난 선조 10년(1577년)의 일이다. 그러므로 드라마상에서의 정확한 명칭은 '숙용'이라야 한다.

조선시대 내명부는 중전을 정점으로 1품 빈(嬪), 귀인(貴人), 2품 소의(昭儀), 숙의(淑儀), 3품 소용(昭容) 숙용(淑容), 4품 소원(昭媛), 숙원(淑媛)의 4단계 8등급으로 나뉘었다. 이를 아래 등급부터 살펴보면 원, 용, 의, 귀인, 빈이다. 여기에 숙(淑)이 더해지면 종, 소(昭)가 더해지면 정으로 세분했다. 즉 같은 용이라도 숙용은 종3품, 소용은 정3품으로 직급이 다르다. 참고로 종4품 숙원까지만 후궁이라 하고 정5품은 상궁이라 한다. 상궁과 궁녀는 신분상 큰 차이가 있다. 즉 상궁은 궁녀

▲ 창빈 안씨의 묘, 동작릉

의 최고 직첩이며 빈은 후궁의 최고 직첩이다.

숙용이 창빈으로 신분이 수직 상승했을지라도 중전이 아닌 이상은 능이라 할 수 없다. 동작릉은 이승만 대통령 묘지의 왼쪽 백여 미터 윗부분에 있는데 1549년에 51세로 운명했을 때 양주 장흥에 예장하였다가 그 이듬해에 이곳으로 천장했다. 그 후 손자가 왕위에 올라 선조 임금이 되었기 때문에 이곳을 명당이라 일컫는다. 그 동작릉 앞에는 갓머리를 한 정사각형의 신도비가 서 있다. 능이라는 예우와 석물(石物)을 갖춘 것은 선조 이후 왕위에 오른 후손이 있어서 그렇지 않을까 추측해 볼 뿐이다. 정조가 아버지 사도세자의 묘를 수원으로 천장하고 능으로 승격하려 했지만 결국 실행하지 못했고 고종이 황제가 된 후에야 융릉으로 승격했던 것을 보면 동작릉은 가히 파격이라 할 수 있다.

6월이다. 붉은 장미가 덧보이는 것은 6월이 지닌 특징 때문이다. 현충일과 6.25가 주는 의미는 피의 대가가 없는 자유는 없다는 것일 게다. 그 말을 실감하며 나라를 지키기 위해 산화한 영령을 뜨겁게 추모해 본다. 그들의 희생이 없었다면 오늘의 대한민국이 있을 수 있을 것인가. 엄숙한 마음으로 6월의 태양을 맞는다.

동작동 국립 현충원은 입장료가 없으며 하절기에 18시까지만 개방한다. 주변의 산세도 좋고 그 안에 절집과 산책하기에 좋은 길이 많아 도심 가까이에서 가족끼리 바람을 쏘이기에 좋은 곳이다. 가을의 단풍도 곱지만 4월의 꽃잔치는 굳이 멀리 발품을 팔지 않아도 흡족할 만큼 아름답다. 지하철 4호선과 5호선의 동작역에서 내리면 육교를 건너 5분 거리에 있다. 6월 호국 보훈의 달을 맞아 한 번쯤 동작릉을 찾아보기 바란다. 현대식 무덤뿐만 아니라 동작릉을 지키고 있는 조선의 문화재도 찾아 볼 수 있어 좋은 나들이가 되리라 믿는다.

⊣ 찾아가는 길 ⊢

서울 동작구 사당2동 산 44-7. 지하철 4호선을 이용할 경우 동작역 2번이나 4번 출구, 9호선은 8번 출구를 이용하면 바로 현충원인데 모두 5분 이내에 정문을 통과할 수 있다.

국보 1호는 남대문이 아니다

1918년 11월, 제1차 세계대전이 끝난 후 미국의 윌슨 대통령이 주창한 민족자결주의는 3.1 독립운동을 일으킬 만큼 우리 민족의 정신을 일깨우는 촉매제였다. 민족의 웅지(雄志)를 모아 분연히 일어선 독립운동, 그 결과는 비참하여 실패한 운동처럼 보인다.

1910년 강제로 나라를 합병한 일제는 총칼을 든 공포의 무단정치를 폈다. 그러나 3.1운동 이후 그들은 문화정치로 통치방법을 바꿨다. 3.1운동이 실패한 것 같지만 내적으로 큰 반향을 일으켰고 외적으로는 제국주의에 시달리는 다른 나라에게 큰 영향을 끼친 것이다. 그 이면에는 문화말살 정책과 민족지도자

▲ 숭례문 성벽이 있는 옛모습(사진 문화재청 「숭례문 기억−아쉬움, 그리고 내일」)

색출의 술책이 숨어 있기도 했지만 신문과 책이 발간되고 문학과 예술이 살아났다. 그래서 일제 침략기를 보통 1910년부터 1919년까지를 무단통치시기의 1기, 1920년부터 1936년까지를 문화통치시기의 2기, 1937년부터 해방까지를 황민화 정책의 3기로 나눈다. 이 문화통치시기의 1933년에 일제는 「조선보물고적명승천연기념물보존령」을 제정했다. 이 법은 유물의 발굴, 조사, 반출, 전시 등 모든 권한이 조선총독부에 있음을 밝혀 사실상 문화재 약탈을 위한 법이나 다름없다. 특히 살펴봐야 할 것은 법의 명칭이 국보가 아니라 보물이라는 점이다. 조선은 이미 나라가 망했으니 국보는 없다는 의미에서 정한 명칭이다.

이에 비해 일본에는 1929년에 제정 공포한 「국보보존법」이 있었으니 문화재의 명칭에조차 그들의 야욕이 숨어 있었다.

남대문은 전승기념물이다?

삼국시대까지만 해도 인접국과 영토싸움을 해야 했기 때문에 산에 성을 많이 쌓았다. 곳곳의 전망이 좋은 산에 있는 산성들이 그 때 쌓은 성이다. 그러나 조선시대에 들어서는 평화시대에 행정을 담당하는 읍성을 중심으로 성을 쌓았다. 낙안읍성, 고창(모양)읍성, 해미읍성, 병영읍성 등이 그것이다. 이에 비해 도읍지에 쌓은 성은 도성(都城)이라 한다. 한양도성은 그 면적이 다른 성과 비교할 수 없을 만큼 넓고 길이도 길다. 4km 내외의 다른 성에 비해 무려 18km에 이르며 규모나 장식 등도 웅대하고 화려하다. 그런데 성문을 읍성의 남문, 북문 수준과 비슷하게 큰대(大)자만 삽입하여 남대문, 동대문이라 한 이유는 무엇일까. 혹 대(大)자를 좋아하는 행정가들이 한강의 모든 다리에 '大' 자를 넣어 작명한 것처럼 남대문 동대문도 그런 이유에서 온 것은 아닐까. 지방의 작은 다리에도 '大' 자를 넣어 이름을 지은 것을 보면 우리 민족이 유독 대자를 좋아해서 그런 것은 아닐까.

한양의 성에는 사대문(四大門)과 사소문(四小門) 등 8개의 문이 있었다. 그 중 東西南北中에는 仁義禮智信의 오상(五常)을 접목하여 철학적인 이름을 부여했다. 그래서 동쪽 문을 흥인지문(興仁之門), 남쪽 문을 숭례문(崇禮門), 북쪽 문을 홍지문(弘智門), 서쪽 문을 돈의문(敦義門)이라 했다. 북쪽의 정문은 원래 숙청문(肅淸門, 숙

정문으로 바꿈)이었으나 음기 때문에 평소에 닫아두었다가 비가 오지 않으면 문을 열고 기우제를 올렸고, 방향을 나타내지 않는 중앙의 信은 보신각(普信閣) 종을 세워 균형을 유지했다. 그렇게 동양 사상을 반영한 멋진 이름을 일본인들은 격을 낮춰 1943년에 남대문 동대문으로 개명해 버리고 돈의문은 헐어 버렸다.

숭례문과 흥인지문도 교통에 지장을 준다는 이유로 헐릴 위기에 있었으나 임진왜란 당시 일본군이 한양으로 진입할 때 두 선봉장 가토 기요마사(가등청정, 加藤淸正)와 고니시 유키나가(소서행장, 小西行長)가 이 문을 통해 입성했다는 이유로 살아남을 수 있었다. 숭례문과 흥인지문은 그렇게 전승기념물의 의미로 보존되었으나 이와 관련이 없는 문은 사정없이 헐어 버린 것이다. 그들이 숭례문과 흥인지문을 헐고 개선문을 세우지 않은 것만도 다행스런 일이다.

왜 숭례문인가

인의예지 중 예(禮)는 남쪽을 가리키며 남쪽은 화(火)를 상징한다. 그런데 한양을 내려다보고 있는 남쪽의 관악산이 다름 아닌 불의 화산(火山)이다. 남쪽에서 들이치는 이 화기를 막아야 경복궁이 온전하고 백성들의 삶이 편안하다. 그래서 남쪽의 문을 통해서 불이 들어오는 것을 막기 위해 불과 같은 모습의 숭(崇)자를 택했다. 崇자 위에 있는 山은 산이 아니라 활활 타오르는 불꽃이다. 숭례문(崇禮門)은 불로써 불을 막기 위해 선택한 불과 오상의 예(禮)를 접목한 철학적 이름이다. 더구나 '예를 숭상한다'는 그 의미가 숭고하지 않은가.

숭례문의 이름 못지않게 주목해야 할 것은 현판을 세로로 세워 매달았다는 점이다. 다른 곳의 현판은 가로로 매달려 있는데 숭례문만큼은 기다랗게 세워 매달았다. 이는 불꽃을 키우기 위한 방법이다. 불을 막으려면 맞불이 커야 한다. 어차피 '崇'은 불꽃을 상징하기 때문에 세워야 불꽃이 크다. 그래서 현판을 세워 달았다. 여기에 비해 흥인지문은 다른 문이 석자인데 비해 넉자다. 동쪽의 좌청룡 역할을 하는 낙산이 기가 약하여 이를 보완하기 위해서 한 자를 더했다. 어디 허술하게 지은 이름이 있는가. 단순하게 동대문, 남대문으로 호칭하지 않은 것이 우리 조상의 안목이요 멋이다. 숭례문, 흥인지문은 조상의 학문과 철학이 담겨 있는 지혜로운 이름이다.

▲ 숭례문 현판(사진 문화재청 「숭례문 기억-아쉬움, 그리고 내일」)

왜 국보 1호인가

숭례문은 국보 1호, 흥인지문은 보물 1호다. 그것이 그것 같은데 어떤 기준으로 국보와 보물을 구분하는가. 보물은 역사와 문화적 가치가 있는 일반적인 것이고 국보는 한 시대를 대표할 만한 가치가 있는 것이다. 그러므로 보물급 중에서 보존상태가 양호하거나 역사성과 문화사적으로 대표할 만한 것을 국보로 지정한다. 숭례문과 흥인지문은 같은 건축물인데도 숭례문은 역사가 더 오래되었고 문화사적으로 더 가치가 있기 때문이다. 즉 흥인지문은 후대에 보완하고 건축 기술도 숭례문보다 후대의 것이라서 보물로 분류되었다.

그렇다면 국보 2호, 3호, 보물 2호, 3호는 무엇인가. 조상이 남겨준 문화재의 중요도에 경중을 가릴 수는 없지만 국보 2호 원각사지 10층석탑은 아는 이가 별로 없다. 누구나 국보 1호는 2호보다 중요한 것으로 여기는 것도 그 때문이다. 그래서 한때 훈민정음을 국보 1호로 지정하자는 운동이 일기도 했지만 국보는 순번과 상관없이 그 자체만으로 모두 소중하다. 번호가 빠르다고 해서 더 소중하고 늦다고 해서 중요도가 떨어지는 것은 아니다. 그렇다면 무슨 근거로 1호, 2호의 번호를 정했을까.

일제가 1933년에 조선 보물을 지정할 때 총독부에서 가까운 것부터 번호를

▲ MBC화면을 찍은 사진

▲ 불에 탄 숭례문(사진 오늘의 한국)

▲ 숭례문 복원공사. 파란선 아래는 땅 속에 묻혔던 부분

매기기 시작했다. 그래서 서울의 보물들이 번호가 빠르고 멀리 변방의 보물이 번호가 늦다. 해방 이후 1962년에 문화재 보호법을 제정할 때도 기존의 것을 무시하고 다시 정한 것이 아니라 이를 모법으로 하였기 때문에 그 기준을 벗어나지 않았다. 당시에는 상식도 부족하고 새로 시작하려면 일이 커서 그랬을지도 모른다. 그렇다면 일종의 직무유기라 할 수 있지만…….

2008년 2월 10일 국보 1호 숭례문이 불탔다. 유럽의 유구한 문화유산에 필적할 만한 우리의 자존심을 태워 버렸다. 그 전에는 도로 한가운데 무심히 서 있는 건물로만 알았는데 이것이 불에 타 버리자 온 국민의 문화재에 대한 인식이 달라졌다. 문화재에 무심한 인식을 일깨우려는 소신공양 같아 마음이 아팠으나 이를 기화로 우리 스스로의 문화의식을 점검했으면 한다. 일본인이 국보의 존재를 부인하던 시절에도 우뚝 서서 세월을 지켜온 숭례문, 복원의 손길이 바쁘다. 우리의 문화적 자존심을 찾기 위해서라도 숭례문 복원 현장을 찾아보기 바란다.

───《 찾아가는 길 》───

　지하철 1호선 서울역이나 2호선 시청역에서 내리면 숭례문은 골조에 가리워진 몰골로 길손을 맞는다. 4호선 명동역에서 내려 남대문 시장을 돌아가도 10분 이내의 거리에 있다.

남산의 품에 안겨

달 달 무슨 달 쟁반같이 둥근 달
어디어디 떴나 남산 위에 떴지

　칠공, 팔공 세대가 어린 시절에 불렀
던 이 동요는 달에 대한 친근감을 나
타낸다. 달의 실체보다는 1,2,3절 모두
나(우리)와 달과의 다정한 관계를 노래
한다. 그 달이 떠 있는 하늘, 즉 남산은
어디인지 묻지 않아도 당연히 우리 마
을 앞산에 떠 있는 달로 여긴다. 동요
나 동시는 그래야 한다. 동심을 꿈과
동경의 세계로 인도하면 그만이지 그
구조나 지정학적 위치를 따질 필요는
없다. 그러나 대한민국 국민이라면 누
구나 부르고 듣는 애국가는 그 남산의
정체에 대해서 궁금증을 제기한다.

남산 위에 저 소나무 철갑을 두른 듯
바람 서리 불변함은 우리 기상일세

　철갑을 두른 듯 바람 서리에도 변하
지 않는 기상으로 서 있는 그 남산은
어디인가. 1989년 봄, 지방에서 올라

온 어린 조카가 남산 식물원에서 애국가를 들먹이며 왜 남산에 이렇게 소나무가 없는지 실망어린 목소리로 질문을 했다. 일본인들이 좋은 소나무를 다 베어가고 그 자리에 아카시나무를 심어서 그렇다고 답해 준 이후 남산의 정체를 더 듣기 시작했다. 남산은 경주에도 있고 천안, 마산, 춘천, 대전, 광주 등 전국의 곳곳에 수도 없이 많다. 그런데 왜 꼭 서울의 남산만을 생각하는가. 시골이나 지방도시나 자기 고장에 있는 남산을 생각하며 부르면 그만인 것을 왜 애국가는 서울의 남산을 생각하게 하는지.

여기에 대한 이론은 분분하다. 서울신문 논설위원을 역임한 박갑천님은 〈재미 있는 어원 이야기〉에서 남(南)은 앞을 뜻하고 북(北)은 뒤를 의미하여 남산은 곧 앞산을 뜻한다고 했다. 그도 그럴 것이 달은 항상 전방이나 측면에 떠 있지 후면에 떠 있지는 않다. 각 지방의 남산도 앞산 정도로 이해하는 것이 그 이유다. 그래서 남산의 고유어는 '마뫼' 였다. 마파람의 '마' 가 남쪽, 하늬바람의 '하늬' 가 서쪽, 높새바람의 '높새' 가 북동쪽의 방향을 나타내는 고유어이듯 남산도 '마뫼' 였다. 수도를 개경에서 이곳으로 끌어왔다 하여 인경산(引京山)이라고도 하고 목멱산, 종남산, 잠두봉 등 여러 이름이 있지만 애국가에서의 남산은 앞동산을 뜻하는 것이 오히려 정겨울 수도 있다. 그러나 애국가를 작사한 당시의 상황이나 역사적 배경을 보면 아무래도 서울의 남산이 애국가적 정서에 가장 어울린다.

▲ 남산 국사당터

"서울은 세계로, 세계는 서울로"라는 말이 상징하듯 서울은 대한민국을 상징한다. 조선시대에도 '삼각산' 과 '목멱산' 은 한양이나 임금이 계신 곳을 상징하는 대명사처럼 쓰였다. 하물며 나라를 상징하는 애국가의 남산이 부르는 사람마다의 고향에 있는 앞산이라고 주장하는 것은 아무래도 무리가 있다.

▲ 남산 봉수대터

남산의 위상

조선 개국 후 한양으로 천도한 이성계는 북한산에 북한산신, 남산에 목멱대
왕신을 모시는 사당을 지었다. 그래서 남산을 목멱산이라 했는데 국가에서 제
사를 지내는 곳은 국사당(國祀堂)이라 하여 신성시했다. 남산에 등을 기댄 후암
동에는 조선 초기부터 전생서(典牲署)라는 관청이 있었다. 전생서는 국가에서 제
사지낼 때 사용하는 가축을 기르던 기관이었으니 국사당과의 연계가 깊은 곳
이다. 그런데 일제는 1925년에 민족정신을 말살하고 황국신민화 정책을 펴기
위해 국사당을 헐어 버리고 그곳에 조선신궁을 지어 참배를 강요했다. 경복궁
이 내려다보이는 곳에서 조선인의 자존심을 뭉개 버리고 황민화 정책을 펴기
에는 제격이었다. 국사당은 인왕산으로 옮겨 다행히 지금도 옛 모습을 지켜볼
수 있으나 원래의 위치인 남산 팔각정에는 표지석만 남아 있다.

평소에는 국가의 평안을 위해 기도처로 여겼던 남산이 국가 위난의 시기에
는 통신의 중심지 역할을 했다. 조선시대에는 내란이나 변방으로부터 위급한
상황이 발생하면 봉화(烽火)를 올려 중앙에 보고했다. 요즈음의 도로망이 1번, 3
번, 5번, 7번 등의 간선 국도를 중심으로 이루어졌듯이 세종은 국가의 통신망

▲ 복원한 남산 봉화대

을 다섯 개의 간선로(幹線路)로 정비하여 효율적인 연락을 꾀했다. 이는 도로를 국도와 지방도로 나누듯 간선로를 직봉(直烽)이라 했고 중간 노선을 간봉(間烽)이라 했다. 직봉을 통해 국가의 변방에서 올린 봉화가 남산의 봉화대까지 도착하기는 최대 12시간이 걸렸다. 직무 소홀로 시간이 늦거나 봉화를 올리지 못하면 큰 벌을 받기도 하고 심하면 참형을 당하기도 했다.

봉화대의 구조는 다섯 개의 굴뚝과 아궁이 그리고 초소가 전부다. 이 초소에 근무하는 봉수군은 밤에는 횃불, 낮에는 연기로 위급상황을 알렸다. 평상시에는 1거(一炬), 적군이 해안이나 국경에 나타나면 2거(二炬), 적이 해안이나 국경에 가까이 접근하면 3거(三炬), 적군이 상륙하거나 국경을 침범하면 4거(四炬), 적과 접전이 이루어지면 5거(五炬)를 올렸다. 만일 비바람 등으로 봉수를 올리지 못하면 봉수군은 다음 봉수대까지 달려가서 위급 상황을 전해야 했다. 남산에는 각 노선의 봉화를 받는 봉화대가 다섯 군데가 있었다. 그러나 지금은 그 위치를 알 수 없어 확인된 한 기만 팔각정 북쪽 아래에 표본으로 복원했다. 원래의 위치에 봉화대터라는 돌비를 세웠다. 이 봉화대로 인하여 남산은 봉화의 종점이라 하여 종남산이라고도 했다.

그 곳에 남산 타워가 세워져 TV 전파송출은 물론 각종 뉴스 채널의 송신소 역할을 하고 있다. 해발 479.7m(남산 235.7m, 탑신 135.7m, 철탑 101m)로 세계 어느 곳의 탑보다 입지 조건이 좋아 국내외 관광객의 눈길을 끄는 N Tower다. 그래서 명칭도 N 서울타워로 바뀌었다. 남산의 역사적 위상에 걸맞는 결과물이라서 더 의미가 있다.

더구나 1889년에 세운 파리의 에펠탑이나 상해의 푸동의 동방명주탑 등은 모두 평지에 있어 그 웅대함이 반감되고, 일본의 도쿄탑은 에펠탑의 아류 같은 느낌이 있어 신선감이 없는데 서울 어디서나 볼 수 있는 N Tower는 서울의 상징이다. 더구나 우리만의 독특한 양식이라서 세계 어디에 내놔도 손색이 없는 서울의 자랑이자 자존심이다.

남산의 역할

선문대학원장 이형구 박사와 강남구 도곡동의 선사시대 유적지를 답사하면서 풍수지리에 대한 이야기를 나누었다. 풍수지리도 대단한 학문이지 않느냐고 묻자

▲ N서울타워 변치 않는 사랑의 상징, 자물쇠

"풍수지리? 그것도 학문입니까?"

밑도 끝도 없는 그 말에 나는 깜짝 놀랐다. 풍수지리를 얼마나 공격하려고 그러는지 뒷말이 두려웠다. 그러나 잠깐의 침묵 뒤에 하는 말은 나를 감동케 했다.

"풍수지리, 그것은 학문 이전에 본능입니다. 날아가는 새도 살기 좋은 곳에 둥지를 틀고 산짐승도 햇볕과 바람이 적당한 곳에 집을 짓는데 하물며 사람이……."

그렇다. 풍수지리는 학문 이전에 본능이다. 누구나 물 맑고 산 좋은 곳에 집을 짓고 싶어하는데 그것이 풍수의 시작이다. 한양에서 그 본능을 채워주는 첫 번째 조건은 다름 아닌 남산이다. 한양으로 천도하려 할 때 하륜은 무악산을 중심으로 궁궐을 지으려 했으나 이는 터가 좁고 위치가 좋지 않아 정도전에 의해 북악산, 인왕산, 낙산, 한강변을 내사신사(內四神沙)로 삼아 궁궐을 지었다.

이때 남산은 바로 사신사의 안산에 해당한다. 원래 세종로 끝부분에 황토현

▲ 서울 남산 조선신궁의 결혼사진(1943. 11. 5)

이라는 안산이 있었으니 이는 산이 낮아 흔적도 없이 사라져 일반적으로 남산을 안산으로 여긴다. 관악산은 조산으로서 곧 손님을 뜻한다. 손님이 주인과 담화를 나누려면 책상에 해당하는 안산이 있어야 한다. 이 안산이 좋아야 주인과 손님의 대화가 편해져 한양이 윤택해진다.

그런데 남산을 강남에서 바라보면 서쪽으로 머리를 내민 누에의 형상이다. 누에는 잠을 잘 때 머리를 하늘로 쳐들지만 남산과 같이 앞으로 내밀면 먹이를 찾아 떠나는 모습이다. 그래서 먹이를 찾아 떠나려는 누에를 붙잡아 두기 위하여 뽕나무를 심었다. 서잠실, 동잠실, 신잠실이 바로 그것이다. 지금의 잠실이 동잠실 연희동 연희궁쪽이 서잠실, 잠원동은 이보다 늦게 조성되어 신잠실이라 했고 여의도에 남잠실이 있었으나 규모가 작아 별 의미가 없다.

이는 모두 남산이라는 누에를 잡아두기 위해 지은 풍수적 지명이다. 결국 잠실에 뽕나무가 풍부해야 남산이 제자리에 머문다. 그래서 남산을 잠두봉(蠶頭峯)이라 했다. 남산은 한양의 빈부를 좌우하는 중요한 의미를 지닌 산이다. 남산에 함부로 집을 짓고 공포의 대상으로 떠올리게 한 것은 분명 남산의 역할을 모르는 소리다. 이제 남산 제 모습 찾기를 시작하여 건물을 헐고 전국 시도에서 가져온 소나무를 심어 소나무 동산을 조성하는 것은 그나마 다행이다.

조선시대에는 한양의 남단이었으나 이제는 한양의 한복판이다. 조선 말기 일제가 남산 일대의 남촌에 집을 짓고 군사를 주둔시키면서 남산 일대와 용산은 총칼에 맞이 들여진 군사도시로 변했다. 남산의 신성성을 지키지 못한 결과임을 알고 신성한 남산, 서울의 안녕을 지키는 바로미터로서의 안산으로 잘 가꿔야 한양의 원래 의미가 살아난다.

⟩ 찾아가는 길 ⟨

지하철 4호선을 이용하는 것이 제일 편하다. 회현역에서 내려 남대문 시장을 경유하여 힐튼 호텔 방향으로 오르는 방법을 택하거나 명동역 3번 출구에서 케이블카 승강장으로 가는 방법도 좋다. 명동역에서는 10여 분 걸음이면 족하다. 남산 산책로는 잘 가꾸어져 있고 통행하는 버스마다 천연가스 차량이라서 매연도 없다. 팔각정에서 국립극장 쪽으로 걸으면 남산 토종 소나무 숲을 구경할 수 있어 좋다. 지하철 3호선 동국대역까지 가는 과정에 유관순 동상과 3.1운동 기념탑, 장충단 공원, 수표교 등도 볼 수 있어 볼거리가 쏠쏠하다. 출출하면 장충동 족발집에서 한 잔 곁들이는 것도 답사여행의 아름다운 마무리가 될 것이다.

원구단(圜丘壇)의 자존심

―고종 황제

조선과 대한제국

우리나라의 정식 명칭은 대한민국이다. 이를 줄여 한국이라고 하지만 한국과 대한민국은 엄연히 차이가 있다. 한국, 대한국, 대한제국, 대한민국 등의 명칭에 한(韓)을 공통분모처럼 사용해도 그 의미는 분명히 다르다.

1392년 새 왕조를 연 이성계는 나라 이름을 복수로 선정하여 명나라에 보냈다. '조선(朝鮮)'과 '화령(和寧)' 중에서 무엇을 국명으로 하면 좋을지 명나라의 뜻을 물었는데 '조선'이 낙점받았다. 그래서 예전의 조선을 고조선(古朝鮮)이라 하여 신생 조선(朝鮮)과 구분하였다. 조선은 그렇게 국명부터 명나라의 윤허를 받고 태어나더니 말기에도 강대국들의 입김에 휘둘리다 그 명운을 다했다.

1895년 8월 명성황후가 시해(을미사변)를 당하자 고종은 극도로 신변의 불안을

▲ 고종 황제등극기념비전

▲ 고종 황제등극기념비 전액

느꼈다. 그러던 중 일본의 감시를 벗어나 그들을 견제하기 위해 1896년 2월 11일 새벽에 러시아 공관으로 탈출[아관파천, 俄館播遷]했다. 1차로 탈출을 시도했던 '춘생문 사건'이 실패하여 일본군의 감시가 심한 중에 상궁의 가마를 타고 수행원도 없이 경복궁을 새벽에 빠져 나갔다. 이후 고종은 김홍집, 유길준, 정병하, 조희연, 장박 등을 역적으로 규정하여 처형하게 하고 박정양과 이완용, 이윤용 등을 기용, 친러파 내각을 구성했다. 그러나 대외적으로 체면이 말이 아니었다. 국왕이 궁궐을 버리고 외국 공사관으로 피신했다는 것은 웃음거리에 지나지 않았다. 많은 상소에 이은 숙고 끝에 1897년 2월 20일 고종은 덕수궁(당시 경운궁)으로 환궁했다. 그러자 이제는 국가의 위엄을 찾기 위해 칭제건원(稱帝建元)을 해야 한다는 상소가 일었다. 칭제건원은 제후국의 왕이 아니라 천자 나라의 황제가 되는 것을 뜻한다. 이에 고종은 연호를 광무(光武), 국호를 대한제국으로 하여 10월 12일에 원구단에서 황제로 즉위했다.

대한국은 한나라

여기서 주목해야 할 것은 한(韓)이다. 고종은 1899년에 '대한국 국제(大韓國 國

▲ 환구단의 석고

制'를 반포했다. 그때 사용한 국명(國名)이 '대한국'이다. 이는 조선이 한국(韓國), 즉 '한나라'로 바뀌었음을 뜻한다. 한 음절의 국명은 황제국에서만 사용하는데 당, 송, 명, 청처럼 그에 걸맞게 조선이 감히 한(韓)이라는 한 글자 국명을 칭한 것이다. 여기에 대(大)자를 붙인 것은 '대청국', '대명국'처럼 대외적으로 위엄을 갖추기 위한 접두사일 뿐이지 정식 명칭에 포함되지는 않는다. 그래서 우리도 '한'이 '대한'이다. 이를 다시 '명나라' '청나라'에 대입하면 '한나라'다. 그것이 곧 '한국'이며 황제국의 위엄을 갖춘 나라 이름이다. 고종은 그렇게 만 천하에 아관파천으로 인한 수치를 지우고 황제국으로서의 위상을 갖추어 자존심을 회복했다.

그러나 국제를 밝혀 국호를 바꾸는 것으로 맹수처럼 달려드는 강대국을 제어하려는 것은 순진한 생각이었고 강대국의 힘을 빌려 강대국을 제어하려던 이이제이(以夷制夷)의 술책은 국제정세를 모르는 자승자박이었다. 그 기회를 이용해 서구 열강은 산림채취권, 탄광채굴권, 철도부설권 등을 빼앗아 자국의 이익을 챙기기에 여념이 없었다.

평안북도 운산의 금광에서 미국인들이 금에 손대지 말라는 노 터치(no touch)가 한국인들의 귀에 '노다지'로 들려 '금과 같은 귀중한 물건이 많이 쏟아져 큰 이익을 얻을 수 있는 용어로 변질귀화된 것도 바로 이 시기의 일이다. 내 나라의 귀중한 물건에 손을 댈 수도 없던 시절, 그것은 언어에도 부끄러운 역사로 살아 있다.

대한민국

대한민국이 탄생하기 전에는 전제군주국가였기 때문에 '대한제국'이었다. 그러나 제국(帝國)이 민국(民國)으로 바뀌기까지의 과정은 숱한 시련과 아픔이 배어 있다. 그런 과정을 통해 세운 '대한민국'은 그 개념과 국제(國制)를 헌법 제1조에 2개항으로 축약해 밝혀 놓았다.

① 대한민국은 민주공화국이다.

② 대한민국의 주권은 국민에게 있고, 모든 권력은 국민으로부터 나온다.

이 법조문이 요즈음 시위 현장에서 노랫말로 사용되기도 한다. 이것은 민주공화국에 대한 개념을 잘 안다는 것을 의미한다. 더불어 국제를 시위의 빌미로 삼을 만큼 민도가 성숙했고 표현의 자유가 보장되었다는 것을 나타내는 반증이기도 하다.

주권재민을 밝힌 '대한민국'은 1919년 4월 임시정부에서 처음 사용하여 공식적인 생명을 얻었다. 그 명칭을 정할 때 '대한으로 망했는데 또 대한이냐'는 반론을 제기하자 '대한으로 망했으니 다시 대한으로 일으켜 보자'는 말에 공감하여 대한민국으로 정했다는 에피소드도 있을 만큼 대한은 이미 전 국민에게 익숙한 용어였다. 1897년에 시작한 '대한제국'은 1910년에 망했으나 본의 아니게 '대한민국'으로 가는 과도기적 역할을 했다.

▲ 환구단의 황궁우

▲ 환구단 정문

원구단

조선이 韓나라 大韓, 즉 대한제국을 만천하에 천명한 곳은 어디일까.

시청 앞 '웨스턴 조선호텔' 뒤뜰에는 원구단이 있다. 원구단은 황제가 천신(天神)에게 제사를 지내는 곳이다. 지신(地神)에게 제사를 지내는 사직단(社稷壇)이 음(陰), 천신에 제사지내는 원구단은 양(陽)에 해당하므로 종묘와 사직에 제사를 지내기 전에는 먼저 원구단에 제를 올릴 만큼 중요한 곳이었다. 그런데 세조 10년(1464) 이후 제후의 국가에서는 원구단에 제사지낼 수 없다 하여 폐지해 버렸다. 그러다가 1897년 고종이 황제로 등극하면서 부활했다. 아관파천으로 인해 구겨진 국가의 권위를 세우고 만천하에 황제국임을 선언하여 자존심을 회복하려는 곳으로는 원구단이 제격이었다. 그렇게 원구단은 제후국 조선이 황제국 대한으로 재탄생한 성스러운 곳이자 국가의 자존심을 회복한 곳이다. 그러나 이제는 대부분의 사람들이 원구단의 존재는 물론 그것이 어디에 있는지조차 모른다.

문화재청에서는 2005년도에 원구단을 환구단으로 명명하여 안내문을 내걸었다. 중국의 원구단에 대한 예의를 갖추기 위함인지, 규모가 작아 감히 원구단이라고 할 수 없는 콤플렉스의 표현인지 일반인에게 원구단보다 더 낯선 환구단이라 했으니 예전에 시청 앞에서 환구단을 찾기는 여간 어려운 일이 아니었다. 그 중 다행이라면 2000년 5월 1일 서울 시민의 날에 맞추어 당시 고건 시장이 환구단 공원을 조성하여 훨씬 찾아가기에 쉬워졌다는 점이다.

환구단에 오르면 주변 건물들의 위용에 숨이 막힌다. 1913년 일제는 당시의 원구단을 헐어버리고 팔각삼층의 황궁우와 돌북[석고, 石鼓]만 남기고 철도 호텔을 지었다. 경복궁 앞에 총독부를 세운 것 못지않게 조선심을 짓밟은 처참한 광경이다. 지하 1층, 지상 4층의 서양식 건물, 한때 하지 중장이 미군정청으로 사용한 이 건물은 1970년 현대건설에서 지하 4층, 지상 18층의 현 건물로 재건축했다. 그래서 환구단은 더욱 숨이 막힌다. 1983년 5공 정부로부터 국가재산을 사들인 신세계는 이 환구단이 호텔의 정원역할을 하기 때문에 꿩 먹고 알 먹는 혜택을 누리고 있다.

환구단 정면에는 회화나무 8그루가 우람하게 자리하고 있어 건물의 품격을 지켜준다. 회화나무는 옛날부터 우리 조상이 길상목(吉祥木)으로 여기던 신목(神木)이다. 집안에 이 나무를 심으면 학자가 난다 하여 학자나무라고 했고 잡신을 몰아내는 신령한 나무라 하여 신목이라 했다. 그래서 아무 곳이나 함부로 심지 못하게 규제했다. 궁궐이나 서원 또는 공신의 집 등에만 심던 나무였는데 환구단 주위에 무려 20여 그루가 자리잡고 있어 옛날의 위상을 짐작케 한다. 답답증 속에 반가운 볼거리다.

┥찾아가는 길┝

시청에서 마주보이는 프라자 호텔의 북동쪽 길 건너에 환구단 공원이 있다. 그곳에서 인공폭포 옆으로 급하게 꺾인 돌계단을 오르면 환구단이다. 환구단은 덕수궁, 정동교회, 구러시아공사관, 성공회 성당 등과 연계하여 근현대사의 숨막히는 현장을 돌아볼 수 있는 곳이다. 주변의 문화재가 모두 시청역에서 10분~20분 거리에 있어 토요일 오후만으로도 충분하다. 단풍이 고운 철에 덕수궁 돌담길을 자녀와 함께 걸으면 역사의 얘기를 듣는 쏠쏠한 재미에 취할 것이다.

대원군, 그는 누구인가

뮤지컬로 살아난 명성황후

1995년 12월 30일 우면산 기슭. 판소리나 창이 아닌 서구의 뮤지컬에 우리 민족의 역사를 담아낸 「명성황후」를 보기 위해 모여든 관중은 깊은 속울음을 울고 있었다. 1895년 경복궁 건천궁에서 일본 자객에 의해 살해된 명성황후의 일생이 백년이 지난 이 시점에서 새로운 감동으로 다가왔기 때문이다. 이 날 공연은 황후 시해(弑害) 100주년을 추모하는 의미도 있었지만 외국 공연을 목표로 12억이라는 막대한 제작비를 투입한 작품이기 때문에 제작진과 배우들은 긴장하지 않을 수 없었다. 그러나 제작진도 관중도 모두가 감동하여 그 해의 세밑은 뜨거웠다. 새로운 한국형 뮤지컬은 그렇게 화려하게 신고식을 올렸다.

그 성공을 바탕으로 1997년 동양 최초로 브로드웨이의 공연 이후, 1998년 링

▲ 흥선 대원군의 묘

컨 센타, 2002년 영국 런던, 2003년 미국 LA, 2004년 캐나다 토론토 등 세계 각국을 순회공연하며 언론으로부터 극찬을 받았다. 그 결과 13년여가 지난 오늘날까지 880여 회 공연에 115만 명의 관객을 동원하는 국민 뮤지컬로 자리잡았다.

구한말 강대국 틈에서 몸부림치는 약소국의 현실과 일본의 횡포를 만천하에 알리는 역사의 증인 역할을 하고 있는 뮤지컬 「명성황후」가 이제 세종문화화관에서 다시 관객을 맞는다. 시아버지 대원군과 권력투쟁을 벌이던 여인, 심지가 곧아서 남편을 좌지우지하던 여인이라는 나쁜 이미지와 함께 제국주의의 야욕에서 국가를 살리려 몸부림치던 담대하고 지혜로운 여인이라는 상반된 평가를 받던 명성황후, 그러나 뮤지컬 「명성황후」를 보고 나면 부정적 이미지는 사라지고 오히려 연민의 정까지 느끼게 한다. 흔히 '민비'라 하던 명칭도 어느 틈에 '명성황후'로 바뀐다. 그도 그럴 것이 어느 왕후를 가리켜 '윤비' '심비'라 했는가. 역대 왕비는 '소헌왕후 심씨'와 같이 모두 시호(諡號)에 왕후를 붙여 호칭한다. 일제가 황후를 하대하기 위해 '민비'라 했기에 우리는 1907년에 내린 시호 '명성'에 황후를 덧붙여 '명성황후'라 해야 한다. 그 명칭은 이 뮤지컬에 의해 저절로 교정된다. 그만큼 예술의 힘은 대단하다.

명성황후가 그렇게 조명을 받는 데 비해 거꾸로 쇠어드는 사람이 있다. 다름아닌 대원군이다. 역사의 평가에서 부침의 상대가 되는 사람을 우리는 역사의 라이벌이라 한다. 명성황후는 대원군 없이 평가가 곤란하고 대원군 역시 명성황후 없이 평가가 곤란하다. 한 시대 역사의 주인공으로서 애증의 관계를 유지한 그들은 곧 우리의 아픈 역사였다.

대원군은 누구인가

한양의 지리는 풍수의 교과서라 할 만큼 모든 것이 완벽하게 갖추어져 있다. 다만 우측의 백호에 비해 좌측의 청룡이 약한 것이 흠이다. 풍수지리에서 청룡은 남자와 큰아들을 관장하고, 백호는 여자와 작은 아들 등 지손(支孫)을 관장한다. 그런데 청룡에 해당하는 혜화동 쪽의 낙산이 약하다 보니 조선 왕조는 27명의 임금 중에서 적장자로 왕위가 계승된 예는 7명밖에 없다. 이는 차자나 삼

▲ 덕흥 대원군 부부의 묘

자 등 지손들에 의해 왕위가 계승되고 여인의 입김과 외척의 발호가 드셌다는 것을 의미한다. 우연의 일치인지 조선의 역사는 그 풍수 이론대로 전개되었다. 장자는 일찍 죽거나, 변고가 많아 세자에 올랐다 해도 왕위를 잇지 못하는 경우가 많았다. 이로 인해 직계후손이 단절되고 방계(傍系)에서 왕을 추대하는 경우가 많았다. 그래서 대원군이라는 독특한 호칭이 나타났다.

그 대원군은 무엇인가. 누가 대원군인가. 조선에는 모두 4명의 대원군이 있다. 일반적으로 대원군 하면 고종의 생부 흥선 대원군을 떠올리지만 맨 먼저 나타난 대원군은 선조의 아버지 덕흥 대원군이다. 뒤이어 반정으로 왕위에 오른 인조의 아버지 정원 대원군, 철종의 아버지 전계 대원군이 조선의 대원군이다. 다만 정원 대원군은 원종(김포 장릉)으로 추존되었기 때문에 대원군에서 제외하여 3명만을 대원군으로 인정한다.

이로 보아 대원군은 왕이 아닌 왕족 중에서 아들이 왕위에 오른 사람을 말한다. 왕의 아버지에 대한 예우 차원에서 생긴 명칭인 것이다. 이를 분석해 보면 대원군(大院君)의 '大'는 관례상 존경의 뜻으로 붙이는 접두사이고, '君'은 임금의 아들 중 적자(嫡子)를 대군(大君)이라 하는 데 대한 서자(庶子)를 일컫는 명칭이다. 그런데 가운데의 '院' 자를 빼면 대군(大君)이라는 데 의미가 있다. 여기에는 왕의 혈통이나 체면을 위해 적자로 예우를 하겠다는 의미를 포함한 것이 아닌가 한다. '院'은 상왕에 해당하는 의미를 지닌다. 그러므로 대원군은 임금의 아버지로서 왕의 혈통을 이은 상왕과 같은 위치에 해당하는 예우의 명칭이다.

그렇다면 정조의 아버지 사도세자는 왜 대원군이라 하지 않을까. 성종의 아버지 의경세자, 헌종의 아버지 효명세자도 왕위에 오르지는 못했지만 아들이 왕위에 올랐으니 대원군이라고 해야 하지 않을까. 이에 대한 질문은 그들의 혈통을 살펴보면 쉽게 알 수 있다.

선조의 아버지 덕흥군은 중종과 창빈 안씨의 아들이다. 인조의 아버지 정원군은 선조와 인빈 김씨의 아들이다. 철종의 아버지 전계군은 은언군의 아들이다. 은언군은 사도세자의 장남이기 때문에 정조와 배다른 형제다. 그러므로 전계군은 사도세자의 손자다. 이들의 어머니는 한결같이 정비가 아니라 후궁이다. 그러나 사도세자, 의경세자, 효명세자의 어머니는 모두 정비인 중전마마다. 그래서 이들은 왕위에 오른 아들에 의해 왕으로 추존되었다. 혈통에 의해 추존왕과 대원군에는 이렇게 분명한 차이가 있다. 아들이 왕위에 올랐다 하더라도 그 왕이 적자면 왕으로 추존되고, 서자나 방계일 경우에는 대원군으로 추존되었다.

▲ 덕흥 대원군 묘의 문인석

대원군과 명성황후

흔히 대원군은 파락호(破落戶)로 알고 있다. 파락호는 '재산이나 세력이 있는 집안의 자손으로서 집안의 재산을 몽땅 털어먹는 난봉꾼'을 이르는 말이다. 그러나 대원군의 이력을

▲ 흥선 대원군묘의 문인석

보면 결코 파락호라 할 만한 근거가 없다. 28세이던 1847년에는 종친부 유사당상을 맡을 만큼 전주이씨의 상당한 실력자였다. 야사에 전하는 것처럼 그가 안동김씨 가랑이 사이로 지나갈 만큼 얼간이였고, 상갓집 개와 같이 처신했다면 정3품 당상관의 종친부 일을 맡기지 않았을 것이다. 그가 종친부의 일을 맡고 있을 때에 종친부의 건물을 중수하여 문중의 결속을 꾀하려 한 것으로 보아 이미 안동김씨를 견제하기 위한 방법을 강구하고 있었다는 것도 알 수 있다.

고종의 섭정(攝政)에 있을 때 종친부의 중수를 완수한 것이나 경복궁을 중건한 것은 그가 추구하는 것이 무엇인지 분명히 드러난다. 무엇보다도 종친의 결속을 다진 후 왕권을 강화하려는 설계가 이미 그의 심중에 자리하고 있었던 것이다. 그런 대원군이 TV드라마나 영화 등에 우스꽝스런 모습으로 그려져 말기에는 쇄국정책으로 나라의 발전을 저해한 고집쟁이로 알려져 있다. 이는 어디까지나 '천하장안'이라 하는 천희연, 하정일, 장순규, 안필주 등의 중인계급과 스스럼없이 어울렸기 때문에 꾸며낸 이야기가 아닌가 한다.

대원군과 명성황후는 시아버지와 며느리 이전에 예절과 도리를 벗어난 정적이었다. 한미한 집안에서 데려온 며느리가 그렇게 대가 셀 줄은 몰랐지만 이미 때는 늦었다. 그래서 고종을 폐하고 큰아들 재면을 왕위에 올리려고 시도했으나 그것도 어려웠다. 대원군이 작은 아들을 왕위에 올린 것도 사실은 그가 섭정으로 정치의 일선에 나서려는 속셈에서였다. 좌청룡이 약하여 장자가 잘못되는 경우는 조선 초기 태종과 세종대에 이미 선례를 보였다. 그런데 후대에 와서도 사도세자와 효명세자가 그러더니 대원군에 의해 장남 재면이 소외되고 차남이 왕위에 올랐다. 그것도 서울의 풍수 탓이라 해야 할까.

면암 최익현의 상소로 권좌에서 물러나기까지 10여 년은 참으로 강력한 지도력을 발휘한 대원군. 그가 조선 대원군의 대표주자 역할을 하는 것은 살아서 대원군 호칭을 받았고, 명성황후와 권력을 다투면서까지 한동안 역사의 주인공으로 활동했기 때문이다. 다른 대원군은 죽어서 호칭만 받았기 때문에 우리의 역사인식에 각인되지 않았다.

명성황후의 한이 세종문화회관에서 관람객을 감동시킬 무렵 대원군은 마석의 한산한 산 밑에서 쓸쓸히 가을을 맞고 있으리라. 역사의 라이벌이 겪는 또 하나의 설움이다.

◀ 찾아가는 길 ▶

1. **흥선 대원군묘** : 경기도 남양주시 화도읍 창현리 산 22-2에 있다. 경춘가도를 달려 마석에 다다르면 화도사거리를 지나 900m쯤 더 가면 우측에 안내판이 있다. 버스는 서울 강변역에서 1115-2번, 청량리에서 65번 버스를 타고 마석 초·중교 앞에서 내려 산길로 올라가면 묘역이 보인다. 1km 정도.

2. **덕흥 대원군묘** : 남양주시 별내면 덕송리에 있다. 별내면에서 서울 상계동으로 넘어가는 '덕릉고개', 서울과 경기도의 경계지역 수락산 기슭에 있다. 아버지 묘를 '능'으로 승격하고 싶었지만 불가능하자 명칭이라도 그렇게 부르고자 한 선조의 효심이 있는 이름이다. 지하철 4호선 당고개역에서 33번 마을버스(청량리행)을 타고 덕릉고개에서 하차.

3. **전계 대원군** : 포천시 선단동 산 11번지 왕방산에 있다. 의정부역에서 포천행 72, 138, 138-1, 138-5, 138-6번 버스를 타고 선단동(대진대학교 바로 전) 정류장에서 내림. 승용차는 묘역 입구까지 접근이 가능하다.

낙성대에 서린 장군의 기상

―강감찬 장군

낙성대와 서울본대

한때 시쳇말로 유행하던 대학 시리즈가 있었다. 서울대, 서울상대, 서울약대, 전국구, 해외유학파로 90년대 중반기 이후의 학생들이 많이 사용한 말이다. 바로 그들 자신과 관계된 용어였기 때문이다. 당시에는 제법 깜찍한 용어로 인정받았는데 이제는 묵은 말이 되어 웃음거리로 여기지도 않는다. 그저 일반화된 신조어일 뿐이다.

고딩(고등학생)들에게 가고자 하는 대학이 어디냐고 물으면 보통 그렇게 대답했다. 서울대, 서울상대, 서울약대 정도로. 그러면 공부를 잘 하는 학생으로 알고 칭찬을 아끼지 않았다. 그러나 이는 일종의 심리적 도피기재로서 자신의 실력을 감추고 싶은 자존심에서 비롯된 은어다. 거짓말이 아니면서도 사실적 진실에 가까운 어휘의 유희에 자기의 실체를 감춰 버리고 그저 웃어넘기려는 말장난인 것이다.

그 말의 뜻은 '서울대'는 소위 인(in)서울, 즉 서울에 있는 대학을 말한다, '서

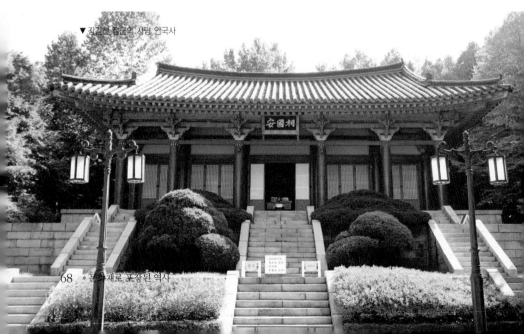

▼ 강감찬 장군의 사당 안국사

울약대'는 서울에서 약간 떨어진 대학으로 수도권 대학을, '서울상대'는 서울에서 상당히 떨어진 충청권까지의 대학을, 그 외의 전국 각지의 대학은 전국구, '해외유학'은 제주도에 있는 대학을 말한다. 지방대를 군이 '전국구'라 하여 지역을 초월한 군자적 모습으로 여유 있게 표현한 것이나 같은 말이라도 발화자의 품위를 높이려는 일종의 해학이다. 연세대든, 고려대든, 삼국대라 하는 동국대, 건국대, 단국대, 그리고 서강대, 이화여대 등 서울에 있는 대학은 모두가 같은 류의 '서울대'로 위장하여 호칭했으니 진짜 서울대학교가 아닌 바에는 그것이 그것이라는 심리적 동일시 현상이다. 어느 대학이라고 대답하기가 멋스러워 장난스런 용어에 자신을 포장하고 일시적 질문의 예봉을 피하려는 언어의 해학이 귀엽기도 하다.

그런데 왜 진짜 '해외유학'은 '글로벌(global)학파'라는 국제적 용어로 포장하지 않았는지 궁금하다. 일종의 부러운 대상이었기에 의도적으로 기피한 용어라 행각되긴 하지만.

그렇다면 진본 '서울대학교'는 어떻게 표현했을까. 이미 서울에 있는 대학을 '서울대'라 했으니 그 용어를 피해 새로 작명한 단어는 참으로 기발하다. '낙성대'가 서울대학교다. '서울본대'라고도 했으나 낙성대를 더 선호했다. '낙성대'가 지닌 심오한 뜻을 낙성대가 무엇인지 어디에 있는지 모르는 사람은 그 뜻을 추론하기가 어렵다.

낙성대에 지는 별

낙성대가 무엇이기에 서울본대인 서울대학교를 지칭하는 말로 사용했을까. 더구나 우리나라 최고의 석학들이 공부하는 학문의 전당을 어이 낙성대로 표현했을까.

낙성대는 '落星垈'다. '落星臺'가 아니다. 전자의 '垈'는 '집터'를 가리키고 후자의 '臺'는 '흙이나 돌 따위로 높이 쌓아 올려 사방을 바라볼 수 있게 만든 곳' 즉 '물건을 떠받치거나 올려놓기 위한 받침이 되는 기구'를 통틀어 이르는 말이다. 낙성대는 바로 전자의 집터를 가리키는 대(垈)를 쓰기 때문에 '별이 떨어진 집터'다. 그래서 '누군가가 죽은 집터'로 이해한다. 별이 떨어진 것은 곧

▲ 강감찬 장군의 동상

훌륭한 인물의 죽음이나 불미스런 일의 발생을 상징하기 때문이다. 과연 그런 것일까.

신라 27대 선덕여왕 16년(647년)에 상대등(요즈음의 국무총리) 비담이 반란을 일으켰다. 여자가 왕이기 때문에 다른 나라의 비웃음거리가 되어 국가적 체면을 위해서도 여자를 왕으로 섬길 수 없다는 이유에서였다. 왕궁이 있는 반월성에는 김춘추와 김유신의 관군이 진을 쳤고, 지척의 명활성에는 비담과 염종을 중심으로 한 반란군이 진을 쳐 대치하고 있었다.

그러던 중 관군이 있는 반월성으로 별이 떨어졌다. 이를 본 반란군은 승리에 취한 듯 사기가 충천했다. 반전을 노린 김유신은 밤에 연을 띄웠다. 연줄에 불을 붙여 올리면 하늘로 별이 솟아오르는 것처럼 보여 하늘의 뜻이 관군에 있다는 것을 속임수로나마 알리기 위해서였다. 예상은 적중했다. 별이 다시 하늘로 올랐다는 소문과 함께 용기백배한 관군이 반란군을 진압했다. 이로 인해 진덕여왕이 왕위에 올랐고 뒤이어 김춘추가 무열왕이 되었다. 별이 뜨고 지는 것은 그만큼 중요한 일이었다.

남해군 설천면 노량리에는 이락사(李落祠)라는 사당이 있다. 이순신 장군이 돌아가신 곳을 기리는 사당이다. 그곳 관음포 앞바다에서 순국하신 이순신 장군의 유해를 충렬사로 옮겨가기 전까지 수습했던 곳인데 여기에도 떨어질 낙(落)을 썼다. 위대한 인물을 그렇게 별에 비유했다. 별은 위대한 인물의 탄생을 예고하기도 하고 죽음을 예고하기도 했으며 상서로운 일을 상징하기도 한다. 그런데 낙성대는 인물이 죽은 곳인지, 탄생한 곳인지 헷갈리게 한다. 일단 낙성이라 한 것으로 보아 훌륭한 인물에 연관된 것만은 분명하다.

지하철 2호선 낙성대역에서 서울대 후문 쪽으로 10여 분만 걸으면 늠름한 장군의 동상을 볼 수 있다. 우리나라에서는 쉽게 볼 수 없는 기마(騎馬) 동상이라서 눈에 더 쉽게 띈다. 다른 동상은 앉아 있는 모습의 좌상(坐像)이거나 서 있는 모습의 입상(立像)이 대부분인데 유럽 국가의 광장에서 흔히 볼 수 있는 말을 탄 형상의 기마동상이다. 이형(異形) 동상이라 할 수 있는 이 동상의 주인공은 누구일까. 그 정면에 서면 강감찬 장군의 명패가 보인다. 힘찬 기상의 강감찬 장군이다.

이곳 낙성대의 사연을 확실히 알고 있는 사람 외에는 대부분이 강감찬 장군이 죽은 곳으로 알고 있다. 그러나 아니다. 강감찬 장군이 태어난 집터다. 예수

▲ 강감찬 장군 사적비

▲ 낙성대 3층 석탑

▲ 탑신의 명문

의 탄생과 같은 경우의 별이다. 그 낙성대에서 우리는 고려시대에 거란족의 침략에 맞선 장군의 기상을 읽어야 한다.

귀주대첩의 영웅

시대는 언제나 그 시대에 맞는 인재를 요구한다. 시대가 인재를 낳는다는 말은 바로 그 말의 역설이다. 난세에는 난세에 맞는 인물을, 평화의 시대에는 평화의 시대에 맞는 인물을 요구한다. 소위 영웅의 탄생이다. 태조 왕건의 시대가 가고 그 아들들이 왕업을 이어가던 고려 초기에는 왕들이 단명하여 왕권이 쉽게 바뀌었다. 그러던 중 성종, 목종에 이은 현종대에는 중국의 거란이 중원을 평정하기 위해서 먼저 고려를 견제하기 시작했다. 그러나 태조 때부터 훈요십조에 거란을 가까이 하지 말라는 유훈을 남길 만큼 야만인 취급을 했던 터라 거란과 고려는 항상 전쟁의 불씨를 안고 있었다. 더구나 거란이 고구려의 후신 발해를 정벌했기 때문에 고려는 언제나 거란에 대한 감정이 좋지 않았다.

그러던 중 993년에 거란은 소손녕을 앞세워 80만 대군으로 침입해 왔다. 제1차 침입이다. 이 전쟁에서 서희의 담판으로 거란이 물러가고 고려는 강동 6주를 차지하는 성과를 거두었다. 송나라를 치기 위한 사전 정지작업으로 고려를 위협하려 한 것이기 때문에 굳이 피흘려 싸울 필요는 없었다. 그래서 송나라와 멀리하고 거란과 우호관계를 맺는다는 선에서 전쟁은 끝났다.

그 후 고려는 계속 송나라와 우호관계를 유지하자 거란은 1010년에 성종이 직접 40만 대군을 이끌고 침입해 왔다. 제 2차 침입이다. 이 전쟁으로 개경이 함락되고 현종은 전라남도 나주로 몽진했다. 이때 전주 근방의 삼례에서 주민들로부터 당한 횡포는 훈요십조가 왕건이 내린 유훈이 아니라 논리의 근거가 되었다.

이 시기의 고려는 18세의 목종이 등극하자 그의 모후 천추태후(千秋太后)라 하는 헌애태후(獻哀太后)가 수렴청정을 하면서 그녀의 정부 김치양과 놀아나는 상태에 있었다. 그들 사이에 아들이 태어나자 친아들인 목종을 죽이고 정부와의 사이에서 태어난 아들을 왕으로 옹립하려 하자 이들의 행위를 눈치 챈 목종이 강조(康兆)에게 도움을 청했다. 그러나 강조는 결국 목종까지 시해하고 현종을 새 왕으로 세웠다. 이를 '강조의 정변' 이라 한다. 거란은 이 변란을 제 2차 침입의 구실로 삼았으니 결국 거란의 성종과 고려의 강조가 대표 주자가 되어 싸운 전쟁이었다.

고려왕의 친조(親朝)를 기다리던 거란의 성종은 고려의 현종이 약속을 어기자 1018년에 소배압에게 10만의 대군을 맡겨 다시 침입했다. 제 3차 침입이다. 여기에서 우리는 강감찬이라는 걸출한 영웅을 만난다. 무신이 아닌 문신으로서 적 10만 대군을 수공(水攻)으로 물리치고 겨우 몇 천 명만 살아 도망가게 한 전적은 귀주대첩이라는 역사로 남았다. 을지문덕의 살수대첩, 이순신 장군의 한산대첩과 더불어 우리나라 3대첩으로 꼽히는 그 빛나는 역사다. 그 역사의 시발점이 바로 낙성대다.

서울대학교가 이 시대에 필요한 인물을 배출하는 곳이듯 낙성대는 강감찬 장군과 같이 당시에 필요한 인물을 배출했다. 그런 공통점이 있는 것만으로도 용어의 대용은 충분하다. 더구나 두 곳이 바로 이웃에 있기 때문에 젊은 학생들이 더 친근감 있게 사용했으리라. 그곳에는 1974년에 공원을 조성하면서 장군의 영정을 모신 '안국사' 라는 사당과 사리탑 같은 3층 석탑이 있고 집터에는 낙성대비가 있다.

　이은상님이 짓고 김충현님이 쓴 「낙성대 유허비」는 규격이 잘 맞지 않아 어색스럽지만 당대의 명문장과 명필을 볼 수 있는 또 하나의 즐거움을 제공해 준다. '안국사' 는 '안국공신' 으로 제수 받은 강감찬 장군의 호에서 따온 명칭이다. 낙성대에서 바로 관악산에 오를 수 있어 등산을 겸한 답사가 가능하다. 100분 정도 오르면 연주대와 연주암이 있고 효령대군의 영정을 만날 수 있어 알찬 여행을 즐길 수 있다.

◀ 찾아가는 길 ▶

지하철 2호선 낙성대역 4번 출구. 서울대 후문 입구 쪽으로 걸어서 10여 분 정도
일반 버스는 사당이나 봉천, 신림쪽에서 시내버스가 자주 있음
승용차는 남부순환도로에서 바로 연결되어 있으나 주차비가 있음
입장료는 없으나 주차비는 10분에 500원

역사의 변이, 효창운동장

창(昌)은 일(日)과 왈(曰)이 합하여 이루어진 회의(會意)문자다. 회의문자는 둘 이상의 한자를 합쳐 그 글자들의 뜻을 모아 새로운 뜻을 창조해낸 문자다. 두 글자를 합하되 한 글자에서는 뜻을, 한 글자에서는 음을 차용하는 형성(形聲)문자와는 그 점에서 다르다. 그 의미대로 창(昌)은 원래 '밝게 말하다'는 뜻인데 '해처럼 영원히 전하여질 아름다운 말'의 의미로 확대되어 '곱다, 아름답다, 기쁨, 경사, 훌륭한 말' 등을 내포하여 '창성하다'라는 뜻을 나타낸다.

그래서 창경궁, 창덕궁과 같이 왕궁은 물론 순창원(명종의 장자 순회사자의 묘), 효창원과 같은 왕실의 묘지명으로도 사용하였다. 이름 하나 지을 때도 작명법과 풍수이론을 접목하던 조선시대에 창(昌)은 그만큼 길하다는 뜻으로 사용한 것이다.

▲ 임정 요원의 묘

▲ 김구 선생 묘

정조의 한이 서린 효창원

효창원은 정조의 맏아들 문효세자가 묻힌 묘다. 지금은 경기도 원당의 서삼
릉에 있지만 원래는 서울 용산의 효창동에 있었다. 1782년 9월에 태어나 1786
년 5월에 죽은 왕세자 문효세자가 태어날 때의 정조실록(1782년 9월 7일)에는 정조
의 기쁜 마음이 나타나 있다.

"비로소 아비라는 호칭을 듣게 되었으니, 이것이 다행스럽다."

그러나 3세에 세자로 책봉할 만큼 기대를 모았던 세자가 1786년 5월 11일에
창덕궁 별당에서 요절하고 말았다. 이에 고복(皐復)을 하고 윤7월 19일에 장사지
냈다. 비록 어린 세자지만 5월에 죽은 세자를 석달이 지난 윤7월에 장사지낸
것은 왕실의 모든 예를 갖추었기 때문이다. 이는 정조가 아버지의 사랑을 제대
로 받아보지 못한 아버지로서, 아들에게 사랑을 베풀기도 전에 죽어 버린 아쉬
움의 정성이었다. 그래서 아들을 장사지내고 무덤에서 하루를 지내며 친히 신

주(神主)를 쓰고 초우제(初虞祭)를 지내기도 했다.

효창원은 정조가 억울하게 죽은 아버지 사도세자를 길지로 천장하기 위해 점지한 명당이었다. 풍수지리에 조예가 깊은 정조는 궁궐에서 가까운 명당에 아버지를 모시고 효심을 다하려 했다. 그러나 아들이 먼저 가 버렸다. 묘호의 첫자에 효(孝)자를 사용하여 효창원이라 한 것은 바로 효성을 다하지 못한 회한의 표현이기도 하다.

효(孝)는 아들[子]이 노인[老]을 밑에서 떠받드는 모형을 본떠 만든 글자다. 노(老)자 아래에 있는 비(匕)를 생략하여 효도를 가리키는 회의문자다. 아버지를 모시려 했던 곳에 아들을 묻고 아쉬움을 달래던 대왕 정조. '효창'이라는 이름에는 그렇게 정조의 애절한 사랑이 담겨 있다. 효를 가장 아름다운 덕목으로 보았고 효를 통해 기쁨과 아름다움을 추구했으며, 그 효가 해처럼 지지 않는 영원한 가치이기를 원했던 윤리와 통치이념이 살아 있는 곳이다. 그래서 아들도 문효(文孝)라 했다.

그러나 정조의 아픔은 그것으로 끝나지는 않았다. 문효세자를 묻고 채 아픔이 가시기도 전에 의빈 성씨가 죽었다. 2년 전에 돌도 안된 옹주를 잃었는데 이번에는 아예 그들의 어머니마저 가 버린 것이다. 그것도 아이를 임신한 상태였다.

"이제부터 국사를 의탁할 데가 더욱 없어졌도다."

정조실록(정조 10년 9월 14일)의 기록에는 이렇게 제왕의 외로움이 나타나 있다. 아버지 복 없으면 자식복도 없는 것일까. 중전과의 사이에서는 아예 자식이 없고 네 명의 후궁에게서는 두 아들과 세 옹주를 얻었다. 그러나 의빈 성씨가 죽은 후 1787년에 맞이한 수빈 박씨와의 사이에서 1790년에 태어난 순조와 숙선옹주만 살아 장성했다. 스스로 군사(軍師)라 할 만큼 학식과 덕망이 있고 문무를 겸비한 건장한 임금이 정비와 네 명의 후궁 사이에서 겨우 1남 1녀만 살아남았다는 것은 후손에게 큰 아쉬움으로 남는다. 그 후 효창원에는 1854년에 순조의 후궁 숙의 박씨와 그녀의 소생 영은옹주가 묻혀 왕실묘역으로서의 위상을 갖추었다. 그렇게 시작된 것이 바로 용산구 효창동 일대의 효창원이다.

효창공원

2007년 9월 17일에 방영을 시작하여 2008년 6월 16일에 종영된 MBC의 드라마 〈이산〉은 정조를 주제로 한 드라마다. 드라마에서는 송연이가 먼저 후궁이 되지만 두 번째 후궁 화빈 윤씨 소속의 궁녀였기 때문에 순서가 뒤바뀌었고, 더구나 송연이가 어린 시절 이산의 친구였다는 것은 시청자를 TV앞에 앉혀 놓으려는 계획적인 구성이다. 또한 화빈 윤씨와 의빈 성씨가 같은 날에 아이를 낳게 하여 누가 아들을 낳을 것인가에 대한 궁금증을 증폭시키는 것은 드라마가 지니는 한계일 수밖에 없다. 요즈음 퓨전 역사물이 등장하는 마당에 '이산'과 같은 역사 소재 드라마는 교실에서 등한히 하기 쉬운 역사를 드라마를 통해서나마 공부할 수 있는 긍정적인 의미가 있기는 하다.

역사가 드라마에 의해 그렇게 왜곡되듯 역사의 현장은 정치적 논리와 힘에 의해 왜곡되기도 한다. 효창원이 대표적인 곳이다. 왕실묘역으로 시작된 효창원은 1894년 일본군이 효창원 남단에 주둔하면서부터 훼손되기 시작했다. 그

▲ 이봉창 의사 동상

▲ 백범기념관의 김구상

후 창경궁을 창경원으로 바꾸듯 1924년에 효창원을 일반인의 놀이터인 효창공원으로 바꾸어 버렸다. 그렇게 일제에 의해 효창공원으로 바뀐 효창원은 1944년 10월 고양시의 서삼릉으로 천장하여 왕실묘의 흔적을 지워 버렸다. 그 영향은 아직까지 남아 효창원에 얽힌 정조의 한과 왕실의 역사를 잊고 있는 것이 현실이다. 민족성을 말살하고 조선 역사의 뿌리를 흔들어 버린 일제의 계획은 아직까지도 유효한 것이다.

효창운동장

효창공원은 광복을 맞은 후 또 한 번의 소용돌이에 휘말렸다. 1946년에 김구 선생이 일본에 있는 이봉창, 윤봉길, 백정기 의사의 유해를 이곳 효창원의 문효세자가 묻혔던 곳에 국민장으로 안장하고 그 왼쪽에는 안창호 선생의 유택을 가묘로 설치해 놓았다. 이어 1948년에는 이동녕, 차리석 선생의 유해를 중국에서 모셔와 조성환 선생과 함께 의빈 성씨가 묻혔던 자리에 안장하였다. 그후 1949년 안두희에 의해 암살당한 임시정부의 주석 김구 선생마저 이곳에 묻혔으니 상해 임시정부의 정통성을 찾을 수 있는 요건을 갖추었다. 그래서 김구 선생을 중점으로 한 독립운동상을 그려볼 수 있는 곳이다.

미국을 중심으로 한 재외 한인세력의 구심점 역할을 한 이승만 박사는 김구 선생과 정치노선이 달랐다. 시일이 걸리더라도 남북 단독정부를 세워야 한다는 김 주석의 이상론과 남한만이라도 단독정부를 세운 후 대화로 풀어야 한다는 이 박사의 현실론이 대립한 것이다. 결국 1948년 총선을 통해 이승만이 대통령이 되었고 이듬해 김구 선생은 암살당하여 국가를 위해 서로의 힘을 결집하지 못한 채 영원히 화합할 수 있는 기회를 잃고 말았다.

그 후 자유당 정권에게 효창공원은 콧잔등의 사마귀 같았는지 1959년 제2회 아시아 축구대회를 개최하기 위해 효창운동장을 건립하였다. 일곱 분의 유해도 다른 곳으로 옮기고 골프장을 건설하려 하였지만 임시정부 국무위원을 역임한 김창숙 선생을 비롯한 관계 여러분의 반대로 무산되었다.

효창원이 효창공원으로 바뀐 것은 일제에 의한 민족정신의 말살이라 한다면 효창운동장으로의 변신은 불안한 정권이 정적의 자취를 소멸하려는 내부적 갈등의 소산이었다고 할 수 있다.

이제 효창공원은 효창원으로의 복구와 백범 묘소의 성역화를 위해 몸살을 앓고 있다. 2005년 광복 60주년 기념사업으로 서울시 소유인 효창운동장과 반공 충혼 위령탑을 다른 곳으로 옮기고 효창원 주변을 독립공원화하기로 결정하였다. 예산도 책정했다. 1989년 효창운동장을 제외한 이 지역을 사적지로 지정하여 역사적 가치를 인정한 효창원은 이제 옛 모습을 되찾을 전망이다.

찾아가는 길

지하철 6호선 효창공원 역에서 1번이나 2번 출구로 나오면 10분 정도의 거리에 있음. 영내에 들어가 오른쪽으로 돌면 임정 요원묘, 원효대사 동상, 아기우물, 반공기념탑, 김구 선생묘, 백범기념관, 윤봉길 의사 동상, 충렬사 등의 순서로 답사가 가능하다. 백범기념관 바로 뒤에 있는 대한노인회 중앙회 건물 옆에는 고 육영수 여사 송덕비가 있다. 입장료 없고 담장을 사이로 숙명여자대학교가 있다.

충절의 상징 사육신공원

노량진 묘지공원과 사육신 논쟁

서울 동작구 노량진 1동 155-1. 한강을 향해 내달리던 지맥이 물길에 놀랐는지 마치 제방이라도 이루듯 널찍하게 열어놓은 둔덕에 묘지공원이 있다. 무덤을 금기(禁忌) 사항으로 여기는 마을 주변에 묘지공원을 조성한 것은 아무래도 이상한 일이다. 집 주변에 무덤이 있으면 이장해 달라는 민원이 자자한 것이 현실인데 이곳은 오히려 역사의 맛을 즐기는 듯 엄숙하고 진지하다.

이광수와 김동인의 소설로 찾아왔던 단종이 엄앵란의 데뷔작 〈단종애사〉로 찾아오더니 최근에는 2007년 9월 20일 국립극장 '달오름'에서 오태석의 희곡 〈태〉를 통해 다시 찾아왔다. 장르를 초월한 문화의 소재(contents)로 다양하게 살아나 역사를 증언하는 그의 외침은 이곳에서 힘을 발한다.

죽음으로 절개를 지킨 여섯 신하라 해서 흔히 사육신(死六臣)이라 하지만 그 사육신은 사지가 찢긴 참혹한 죽음과 삼족(三族)의 멸문지화로 씨가 말린 아픔을 감내한 대가로 얻은 훈장과도 같은 명칭이다. 그 명칭대로라면 이곳에는 여섯 기의 묘가 있어야 하는데 일곱 기다. 그런데도 사칠신(死七臣) 묘라 하지 않고 사육신묘 공원이라 한다.

▼ 사육신묘 일부

▲ 김문기의 묘

1976년 모 일간지에 사육신의 유응부는 김문기를 잘못 표기한 것이라는 기사가 실렸다. 이에 국사편찬위원회에서는 1977년에 당시 학계의 영향력 있는 15인을 중심으로 특별위원회를 구성하여 유응부 대신 김문기가 사육신이 되어야 마땅하다는 결론을 내렸다. 이후 신문 지상에는 이가원 선생과 몇몇 학자들이 반론을 제기하기 시작했고 여기에 다시 반대 측 학자가 재반박하는 상황이 벌어졌다. 이것은 김문기의 위상을 알고 보면 굳이 따질 만한 논쟁거리는 아니다. 다만 단견에서 비롯된 권력가의 욕심에 학자들이 휘둘렸다는 세인의 평이 자자하기 때문에 아쉬움이 있을 뿐이다. 당시의 중앙정보부장 김재규가 김녕김씨였기 때문에 권력으로 밀어붙였다는 것이다.

노량진에 사육신묘가 조성된 것은 어느 스님이 성승(성삼문의 부친), 박팽년, 유응부, 이개, 성삼문의 시신을 이곳에 모신 데서부터 비롯되었다 한다. 처음에는 다섯 분이었는데 임진왜란 이후 성승의 묘를 찾을 수 없어 네 분의 묘만 남았다. 그래도 이곳을 사육신묘라 했다. 그 전례에 의하면 일곱 분의 묘가 있는데도 사육신묘라 한 것이 이상할 것은 없다. 다만 진정한 사육신이 누구누구냐에 대한 이론(異論)이 제기된다는 데에 문제가 있다.

사육신은 남효온의 《육신

▲ 사육신과 김문기의 위패

전(六臣傳)》에 의해 알려졌으며 숙종과 정조대에 이르러 국가적인 명칭으로 일반화되었다. 단종 복위사건이 있던 당시에는 반역자들의 이름을 함부로 거론하는 것조차 힘들었다. 그런 시기에 남효온은 죽음을 무릅쓰고《육신전》에 그들의 이름과 활동상을 기록했다. 남효온은 수양대군에 의해 파헤쳐지듯 옮긴 단종 어머니의 소릉(昭陵)에 대해 상소를 올렸으나 반응이 없자 벼슬길을 버리고 의롭게 살다가 죽었다.

후세에 그를 생육신의 한 사람으로 호칭했으니 남효온은 세조에게 반체제적 인물이었다. 그렇기 때문에 단종복위에 관련된 그의 기록은 오히려 객관적인 기록일 수 있다. 그러나 한명회와 신숙주가 편찬 책임자였던 승자의 기록《세조실록》은 반대파에 대하여 철저히 반역자로 기술할 수 있는 여지가 있다. 그래서 정사(正史)가 오히려 편견일 수밖에 없다.

사육신과 삼중신

김문기는 1399년에 충북 옥천에서 태어났다. 문신이었는데도 기골이 장대하고 무예에 뛰어나 함길도 관찰사와 함길도 병마절도사를 역임했고 거사 당시에는 공조판서와 군총사령관격인 도진무를 겸했다. 그런 막중한 직무를 담당하고 있었기에 단종복위에 없어서는 안될 중요한 인물이었다. 그들의 출생년도를 보면 성삼문 1418생, 이개 1417년생, 하위지 1412년생, 박팽년 1417년생 등으로 김문기는 하위지보다 13세, 성삼문보다는 무려 19세나 위다. 유응부와 유성원은 출생년도가 밝혀지지 않아 알 수 없으나 같은 또래일 것으로 짐작된다. 김문기는 출발부터 이들과 직급과 역량이 달랐다. 그것은 1791년(정조 15년)에 단종을 위해 절의를 지

▲ 성삼문의 묘

키다 죽은 신하들을 추제(追祭), 배식(配食)하기 위해 작성한 장릉배식록(莊陵配食錄)을 보면 자세히 기록되어 있다. 장릉 옆에 설치한 이 단에는 정단(正壇)에 32명, 별단(別壇)에 198명의 명단을 올렸다. 정단의 32명 중 여섯 등급으로 나뉘어 배향된 사육신과 삼중신의 위상은 분명히 다르다.

첫째, 육종영(六宗英)으로 안평대군과 금성대군을 비롯한 6명의 종친

둘째, 사의척(四懿戚)으로 여량 부원군 송현수(정순왕후 父), 예조판서 권자신(문종비 현덕왕후의 동생) 등 4명의 외척

셋째, 삼상(三相)으로 영의정 황보인, 좌의정 김종서, 우의정 정분 등 3명의 정승

넷째, 삼중신(三重臣)으로 이조판서 민신, 병조판서 조극관, 이조판서 김문기 등 3명의 판서

다섯째, 양운검(兩雲劒)으로 성승(중추원동지사), 증 병조판서 박쟁

여섯째, 사육신(死六臣)으로 유응부가 포함된 6명

그 밖에 형조판서 박중림, 지평 하박, 좌참찬 허후, 수찬 허조, 증이조참판 박계우, 순흥부사 이보흠, 도진무 정효전, 영월호장 엄홍도 등이다.

이로 보아 김문기는 사육신보다 두 단계나 위인 판서계열의 삼중신으로 이

▲ 논산의 성삼문 묘(이곳에는 다리만 묻혀 '일지총' 이라고도 함. 충남문화재 제81호)

미 사육신을 능가하는 공신으로 추대되어 있다. 이를 후손이 잘못 알고 사육신에 포함시키려 하는 것은 김문기의 위상을 두 단계나 내리자는 자승자박이나 다름없다. 굳이 김문기를 사육신에 포함하자면 얼마든지 그 자격요건은 충분하지만 일반화된 역사의식을 바꾸려는 데서 이론이 제기되어 논란이 되고 있다. 사육신은 일반인에게도 잘 알려져 있으나 삼중신은 알려져 있지 않아 그런 오류를 범한 것이 아닌가 하여 아쉬움이 남는다. 유응부는 역사에 대대로 사육신으로 인정받아 왔고 김문기는 그보다 격이 높은 삼중신으로 높은 충절을 현창하고 있는데도 가문과 학계에서 논란이 이는 현상이 아쉽

▲ 사육신을 상징하는 육각형 시비
각면에 사육신의 시가 새겨져 있음.

다. 사육신이든 사칠신이든 그 진실은 모두가 충절을 다한 신하였다는 데 있다. 새삼 대하무성(大河無聲)이라는 말이 생각난다.

◀ 찾아가는 길 ▶
　　지하철 1호선 노량진역에서 천천히 걸어 10분 거리에 있음.
　　지하철 4호선 동작역에서 내려 내린 방향에서 노량진 영등포행을 타면 10분 이내에 도착. 입장료 없음. 맨발로 걸어도 될 만큼 길이 편안하고 경사가 완만함.

성가산에 숨은 역사

―번외의 사육신과 박팽년

　성가산이 있다. 지리부도나 지도 등의 공식 문서에는 찾을 수는 없으나 누구나 쉽게 찾아갈 수 있는 우리 주변의 산이다. 이 산에 올라 유유히 흐르는 강물을 지켜보면 역사는 그렇게 무심한 것이 아니라는 사실에 위로를 받는다. 그러면서도 역사를 지켜온 인물이나 그 유적에 대하여 무관심했던 자신을 발견하면 그 분들에게 죄송하고 부끄러워진다. 정의는 무엇이고 올곧은 삶은 무엇인지, 또 그런 삶의 결과는 어떤 의미가 있는지에 대한 말없는 가르침이 배어 있는 성가산은 오늘의 우리를 돌아보게 한다.

　세월은 강물처럼 잔잔하면서도 누구에게나 공평하다는 사실을 깨닫게 하는 산, 그 성가산은 성(成)씨 집안의 산이라는 뜻이니 한자로 쓰면 '成家山'이다. 지금은 사육신 공원이라 하는 한강변의 한적한 노량진 구릉이다. 그래서 산이라 하기에는 밋밋했던지 행정적으로는 이름을 얻지 못하고 민간에 의해 구전되어 온 전설상의 이름이다. 그러나 저자는 그 작은 이름에서 역사의 진실을 읽는다. 힘없이 무지렁이로 사라진 생명들의 고결한 숨결을 느낀다. 약자에게는 아무런 힘도 없이 비켜가고 강자 편에서 큰 줄기를 이루어 가는 것이 역사 같지만, 그러나 역사는 언제나 공평하다. 숱한 세월 속에서 때로는 답답할 정도로 침묵하기도 하고, 때로는 웅변 같은 사자후로 진실을 토해내기도 한다. 그래서 역사는 강물과 같다고 한다. 바위 덩어리든 침몰한 뱃조각이든 자잘한 모래든 모두를 감싸 안고 잔잔히 흐르다가 어느 날 갑자기 거친 물길로 쓸어내기도 한다. 그것이 역사의 속성이요 무심하지 않은 세월의 진실이다. 성가산은 세월의 그런 속성을 읽게 한다. 역사의 진

▲ 달성 육신사의 현판 '절의묘'

▲ 달성 육신사 입구

위를 가려 어느 것이 옳은 일인지 판단하게 한다. 역사의 물줄기 속에서 누가 진정한 승자이고, 지고도 이기는 자들의 아픔을 헤아리게 한다. 세월과 역사의 힘을 느끼게 하는 산, 그 이름도 없는 언덕, 성가산에서 나는 여인의 지혜로 몰락한 집안의 대를 이은 역사를 찾아 나선다.

성가산의 유래와 창녕성씨

그 많은 성씨(姓氏) 중에서 성(成)씨 하면 누구보다 먼저 성삼문을 떠올리며 자연스럽게 사육신으로 생각의 고리를 이어간다. 성삼문의 명성과 그에 얽힌 역사가 살아서 교훈하기 때문이다. 노량진의 작은 언덕에 불과한 이 성가산(成家山)만으로도 성삼문의 충절을 알 만하지만 무엇보다도 성삼문으로 하여 창녕성씨의 성가(聲價)가 위대해졌다는 것에 의미가 있다. 이는 세종 이후 조선 말기에 이르기까지 대대로 성삼문만큼 거론된 인물이 없기 때문에 나타난 결과이기도 하다.

광해군 이후 조선 최고의 기피인물은 허균이었다. 그래서 허균은 조선왕조

▲ 달성 육신사 전경

실록에 부정적인 의미로 무려 185회나 거론되었다. 그러나 성삼문은 460여 회 실렸으면서도 단종복위 사건 당시의 부정적인 의미는 사라지고 후대로 갈수록 긍정적인 의미로 거론되었다. 이 두 사람의 이름이 실록에 실린 시기를 감안한 다 하더라도 성삼문은 허균을 충분히 능가한다. 더구나 같은 시기의 동료 박팽 년이 206회에 걸쳐 거론된 점에 비하면 성삼문의 성가는 월등할 수밖에 없다. 임금이 바뀔 때마다 뜻이 있는 신하들이 성삼문을 거론하며 사육신에 대하여 논했기 때문에 성삼문은 자연스럽게 사육신의 대표주자로 인식되었고, 조선시 대 충절의 대명사가 되었다.

관련 자료를 살펴보면 근거는 충분하지만 일반인에게 그렇게 알려진 데에는 아무래도 성가산의 영향이 컸으리라는 생각이 든다. 그 작은 언덕에 아버지 성 승과 아들 성삼문이 같이 묻혔으니 충효가 최고의 덕목이던 당시에 일반인들 에게는 최고의 화제로 떠올랐을 것이고, 발 없는 입소문이 전국을 누볐을 것이 다. 더구나 생육신 중의 한 사람인 성담수가 그와 6촌간이라는 사실과 함께. 그 것이 오늘날까지 이어져 초등학교 교과서에도 그의 시조가 실려 불의한 시대 에 국민에게 대리만족을 주는 청량제 역할을 하고 있다.

번외의 사육신

사육신 중에 그들의 충절을 비교한다는 것은 무의미한 짓이다. 아니 미련한 짓이다. 누구의 공이 크고 작은가를 따진다는 자체가 피 흘려 죽은 충신과 역사를 우롱하는 짓이다. 다만 사육신이나 생육신에 포함되지 않았더라도 뜻을 같이하여 끝내 죽음으로 절의를 지킨 충신들에 대해서 너무 무관심하지 않았나 하는 점이 아쉽다. 예를 들면 청재 박심문(1408~1456)은 세조의 왕위 찬탈 이후 사육신과 더불어 거사를 계획했던 사람이다. 그가 명나라 사신으로 갔다 돌아오던 중 의주에서 사육신이 처형되었다는 소식을 듣고 '육신으로 더불어 죽기를 맹세하였는데 혼자서 살 수 없다' 며 음독 순절하였다. 사육신의 한 사람인 유성원도 집에서 아내와 이별주를 나눈 후 자결하지 않았던가. 그들을 저자는 번외의 사육신이라 칭한다. 성가산의 사육신 공원에는 적어도 당시에 뜻을 같이 하여 죽은 '번외의 사육신' 내역도 같이 안내해야 옳다. 장릉배식록에 이름이 올랐어도 일반인에게는 주로 사육신만 알려졌기 때문이다.

사육신의 후손들

《조선왕조실록》이나 《추강집》의 〈육신전〉, 《연려실기술》 등을 보면 성삼문

▲ 태고정

▲ 전직 대통령 휘호 및 방명록

못지않게 부각되는 인물이 있다. 박팽년이다. 유응부와 김문기는 무관으로서의 기백을 보여 역사를 읽는 이에게 시원한 느낌을 주고, 세조를 끝까지 우롱한 박팽년은 호쾌한 느낌을 준다. 국문하는 세조를 임금이라 칭하지도 않았고, 이미 신하로서 녹을 받지 않았느냐는 세조의 다그침에 신(臣)이라 한 적 없고 녹을 먹지 않았다는 말로 끝까지 불사이군의 지조를 꺾지 않았다. 그러자 충청도 관찰사 시절 올린 장계를 조사해 보니 신(臣)자 대신 거(巨)자가 쓰여져 있었고, 세조에게 받은 녹은 곳간에 그대로 쌓여 있었다. 백이숙제를 닮으려는 성삼문의 시조와 꼭 닮은 부분이다. 이들은 심문을 받기 전에 입을 맞추지는 않았지만 진술이 일관되게 똑같았다. 그래서 결국엔 모두가 멸문지화(滅門之禍)를 당하여 후손이 끊겼다.

아버지와 함께 극형에 처해진 성삼문 집안은 삼빙(三聘), 삼고(三顧), 삼성(三省) 등 세 동생과, 맹첨(孟詹), 맹년(孟年), 맹종(孟終) 그리고 갓난아기 등이 죽임을 당해 다른 육신들과 함께 후손이 끊겼다. 그런데 박팽년의 집안은 여인들의 기지에 의해 극적으로 대를 이었다.

박팽년의 집안은 아버지 박중림과 네 명의 동생, 그리고 헌(憲), 순(珣), 분(奮) 등 세 아들이 모두 처형당했고, 그의 어머니와 처, 제수, 자부 등은 공신들의 노비나 관비가 되어 끌려갔다. 이때 둘째 아들 박순의 아내(성주이씨)는 대구의 교동 현감 이일근(李軼根)의 딸이었다. 그래서 친정집 달성의 하빈에 가까운 경상감영의 관비로 청원하여 경상감영의 소속으로 배속되었다. 공교롭게도 이씨가 임신중이었는데 세조는 이씨가 아들을 낳으면 죽이고 딸을 낳으면 관비로 삼으라는 어명을 내렸다. 마침 이씨의 여종도 임신중이어서 여종이 이씨부인에게 같이 아들을 낳으면 자기 아들을 죽이고 자기가 딸을 낳으면 바꾸어 키우자고 했다. 해산하고 보니 이씨는 아들을 낳았고 여종은 딸을 낳았다. 그래서 아이를 바꿔 키웠다. 박팽년의 유복손은 하빈의 외가에서 박비(朴婢, 박씨 성을 가진 노비란 뜻)라는 이름으로 하인의 손에서 자랐다. 그 뒤 성종 10년(1479년) 박비의 나이 16세 되던 해에 경상도 관찰사로 부임한 이모부 이극균(李克均)의 권유로 이 사실을 자수하자 성종은 오히려 기뻐하며 박비(朴婢)라는 이름을 일산(一珊)으로 고쳐주었다. 신분을 회복한 박일산은 후사가 없는 외가에서 물려받은 재산으로 아흔아홉 칸의 종택을 짓고 이 곳 하빈면 묘리(묘골)에 뿌리를 내려 순천박씨의 묘골 입향조가 되었다.

달성군 하빈면 묘리

묘골은 묘리(妙里)다. 묘한 마을이라는 뜻이다. 묘(妙)하다고는 하지만 이곳 주민들은 자전에도 없는 '설 립(立)' 자 변에 '작을 소(少)' 자를 합친 새로운 문자를 창안하여 사용한다. 나지막히 둘러싸인 용산의 지맥이 살아서 꿈틀거리는 이곳 묘골에 박일산은 태고정(일명 一是樓, 보물 544호)과 사당을 지었다. 처음에는 박팽년만 배향하였는데 현손 박계창이 박팽년의 기일에 함께 죽은 다섯 분이 굶주린 채 사당 밖에서 서성이는 꿈을 꾸었다. 이 후 하빈사(河濱祠)를 지어 후손으로부터 제사를 받지 못하는 충신들까지 함께 제향했다. 이것이 오늘날의 하빈면 묘골의 육신사다. 1974~1975년에 「충효위인 유적화 사업」의 일환으로 정리하는 가운데 박정희 전 대통령은 「육신사」 친필을 남길 만큼 남다른 애정을 보였다. 이곳 육신사 경내에는 박정희, 최규하 전 대통령과 박팽년의 18대손인 박준규 전 국회의장의 휘호가 실린 비가 서 있어 절개를 지킨 의연한 죽음이 비열한 삶의 영화보다 훨씬 낫다는 것을 체득케 한다. 성가산에 숨은 역사가 주는 또 하나의 깨달음이다.

┌─ 찾아가는 길 ─

지하철 1호선 노량진역에서 천천히 걸어 10분 거리에 있음.
지하철 4호선 동작역에서 내려 내린 방향에서 노량진 영등포행을 타면 10분 이내에 도착. 입장료 없음. 맨발로 걸어도 될 만큼 길이 편안하고 경사가 완만함.
달성육신사 : 대구광역시 달성군 하빈면 묘리 628.

행주산성과 행주치마

역사와 언어의 상관성

언어학의 한 분야에 어원론이 있다. 단어의 기원 및 그 유래를 연구하는 학문이다. 이는 언어의 변천 과정을 추적하여 연원을 찾아야 하기 때문에 고서에 바탕을 둔 서지학적 연구가 필수적이다. 서양은 희랍어, 그리스어로 된 고서가 많아서 어원의 연구가 비교적 쉽게 이루어지지만 우리나라 경우는 고서가 있다 하더라도 고유어가 아닌 한자어라서 연구에 어려움이 많다. 그래도 일반인들은 학자들의 어려움은 아랑곳없이 발음의 유사성에 기인한 민간 어원설에 바탕을 둔 의미를 좋아한다. 검증되지 않은 언어에 흥미 있는 해석을 가미한 민간 어원설에는 시대상은 물론 해학성이 있기 때문에 일반인들이 즐겨 사용한다. 이론적으로는 맞지 않아도 그 속에 담긴 언중(言衆)의 심리와 문화적 배경이 있고, 친근감과 재미를 더해 주는 매력이 있어 용례가 줄어들지 않는다. 특

▼ 권율 장군 동상

히 역사적 사실에 바탕을 둔 어원은 역사 교육에도 많은 도움을 주어 언어생활에 윤활유 역할을 하기도 한다.

임진왜란을 통해 배에 실려 온 담배가 '다음배'의 준말에서 비롯되었다는 어원설은 그럴 듯하다. 담배라는 말이 없던 시절 담배에 맛을 들인 애연가가 '담배'를 사기 위해 항구에 가서 그 연초를 구하려 하자 가게 주인은 '다음배가 와야 한다'는 말로 대신했다. 담배는 배로 실어오기 때문에 다음배가 와야 담배가 공급되는 것은 당연하다. 병자호란시 포로로 끌려갔다가 되돌아온 여인을 '환향녀(還鄕女)'라 한 데서 비롯되었다는 '화냥년', 원나라에 여자 아이를 조공으로 바치는 것을 피하기 위해 거짓 사내처럼 키웠다 하여 '가시네'가 '가사내'에서 비롯되었다거나, 갓을 쓰고 다니는 아이의 '갓슨아'에서 비롯되었다는 '가시나' 등 수없이 많다. 그 대표적인 것이 소나기와 안성맞춤이다. 소나기는 소를 팔기 위해 우시장에 가던 두 노인네가 갑자기 몰아붙인 구름을 보고 비가 올 것(A)인지 안 올 것(B)인지 다투다가 '소내기'를 걸었다는 데서 비롯되었다. 내기를 걸고 길을 가는데 갑자기 비가 내리자 A가 B의 소를 차지하였다. 그런데 금방 비가 그치자 이번에는 B가 A의 소를 차지하였다. 그렇게 갑자기 왔다가 그치는 비, 즉 '소내기를 건 비'는 민간어원설의 전형적인 경우다. 안성맞춤도 안성 유기와는 아무 상관이 없는 민간어원이다. 다만 일반인들이 이미 익숙하게 사용하고 있는 소나기나 안성맞춤과 발음이 유사한 안성과 소내기를 접목하여 흥미 있는 어원을 찾아낸 것이다.

민간어원설의 허실

임진왜란은 조선 성리학이 실천보다는 이론에 치중한 탁상공론이었음을 만천하에 드러나게 한 사건이었다. 전쟁이 끝난 후에는 피난길에 오른 임금을 호종하지 않았다 하여 반역으로 몰아붙이기까지 하는 현상에는 아예 할 말을 잊는다. 전쟁을 사전에 막지 못한 것은 차치하고 피해를 최소화 하지 못한 데 대한 철저한 반성과 사후 대책으로 국방인식을 새롭게 하는 것이 아니라 또 다시 당리당략으로 정쟁을 일삼았으니 반세기도 못되어 맞은 병자호란은 그 때 이미 예고되어 있었다 해도 과언이 아니다.

전술했듯이 '애비'는 전라도 지역에서 두려운 대상을 만나거나 아이들이 위험한 물건을 만지려 할 때 금지의 개념으로 감탄사처럼 사용하는 말이다. 이는 '내 코' 즉 '아비(我鼻)'에 ㅣ모음역행동화현상이 일어난 토속어다. '지팡이'를 '지팽이' '아지랑이'를 '아지랭이'로 읽는 경우와 같은 예다.

'화냥년'이나 '애비', '홍청망청' 그리고 '가시네' 등은 모두 자랑스럽지 못한 역사에 결부하여 해석하는 빈정거림과 두려움이 묻어 있는 말이다. 언어는 그렇게 사회를 반영하는 거울이라는 데 주목할 필요가 있는 것이다.

행주산성과 행주치마

우연이든 필연이든 역사는 그 결과를 중시한다. 아쉬움에 당시의 역사를 가정(假定)하는 것은 가슴이 아플 뿐이다. 가정보다는 차라리 혁혁한 공을 세운 인물을 통해 역사의 귀감을 찾는 것이 오히려 위안이 된다. 임진왜란 중 명재상 유성룡, 명장 이순신, 그리고 권율 장군과 같은 인물을 통해서 우리의 자존심을 찾는 것이 낫다는 뜻이다. 특히 권율은 행주대첩을 통해 우리의 자존심을 세우게 한 행주치마의 어원을 제공한 장본인이라서 행주산성에 숨은 역사는 어원적 이야깃거리를 제공한다.

권율은 장군이 아니라 문신이다. 아버지는 영의정 권철, 사위는 백사 이항복

▲ 행주대첩비각

으로 철저한 문부(文部)의 가족이다. 1582년에 문과에 급제한 이후 임진왜란 당시에는 정3품의 의주목사였다. 권율은 문약한 사대부나 당리당략에 치우친 탁상공론의 이론가가 아니라 국난극복을 성리학의 가르침을 실천에 옮긴 참된 문인이었다. 그는 한양 회복

을 위해 북진하다가 용인에서 일
본군에 패퇴한 후 부대를 정리하
여 다시 금산군 배티[梨峙] 전투
에서 왜군을 무찌르고 호남으로
내려가려는 왜군을 차단했다. 그
공로로 전라도순찰사로 승진하
였고 이어 오산의 독왕산성(禿旺山
城=독산성)에서 왜군을 무찔러 보급
로를 차단한 후 한양의 턱밑에 해
당하는 행주산성에 진을 쳤다.

▲ 권율 장군 영정

권율은 행주산성 전투에서 승
리하여 왜군을 철수하게 하는 결
정적인 역할을 했다. 벽제관에서
명군을 격파한 여세로 쉽게 한양을 접수하려던 왜군에게 행주산성은 콧잔등의
사마귀였다. 이를 무찌르기 위해 3만 병력의 왜군은 2,300여 군사가 방어하고
있는 성을 포위하여 수차례 공격을 감행했으나 2만 4천여 명의 군사를 잃고 패
퇴했다.

이때 여자들이 치마를 잘라 앞치마를 만들어 돌을 담아 날랐다. 이에 군사들
은 힘을 얻어 적을 무찌르는 데 큰 도움이 되었다. 그 이후 일반인에게 행주산
성 전투에서 여인네들이 행주치마에 돌을 날라 적을 무찌르는 데 결정적인 역
할을 했다는 소문이 돌았고, 그 숭고한 정신은 '행주치마' 라는 말로 일반인에
게 알려져 자랑스러운 용어로 사용하기 시작했다.

자랑스럽다. 열 배가 넘는 적군을 무찌르는 데 여인네들의 역할이 컸다니, 그
것도 치마에 안아 나른 돌들이 결정적인 역할을 했다니 이 얼마나 자랑스럽고
떳떳한 일인가. 여기에 그 누구도 이론을 제기할 사람은 없다. 아니 그런 말은
일반인에게 더 알려서 역사의 귀감을 삼아야 한다. 그러나 분명 행주치마는 그
이전에도 있었다. 더구나 적을 무찌르는 데 결정적인 역할을 한 것은 변이중이
개발한 화차 때문이었다. 지금도 행주산성의 기념관에는 당시에 사용한 무기

들이 진열되어 있는데 변이중이 개발한 화차는 당시의 최첨단 무기였다. 그리고 행주산성은 아군이 진입하기 전에는 빈 성터였다.

　그 곳에 여인네가 있을 이유가 없고 설사 그들이 행주치마에 돌을 날랐다 해도 과연 얼마나 적을 치는 데 도움이 되었을지도 의문이다. 절박한 상황 속에서 적군을 물리친 개가에 힘을 얻은 언중(言衆)이 언어의 유사성에 덧입혀 민간 어원설로 굳어진 말이 아닌가 싶다. 일반 대중들은 전쟁의 폐해 속에서도 상상을 가미하여 재미 있는 이야기를 남에게 무용담처럼 전할 수 있다는 데에 큰 위로와 힘이 되었을 것이다.

　행주치마는 임진왜란 이전 중종시대의 문헌에 보이는 '행ᄌ쵸마' 다. 행ᄌ쵸마는 역관 최세진이 중종 12년(1517년)에 신숙주의 《사성통고》를 증보 편찬한 《사성통해(四聲通解)》와 10년 뒤 발행한 한자 학습서 《훈몽자회(訓蒙字會)》에도 보인다. 더구나 행주는 이미 고려 초기에 나타난 지명이다.

▲ 행주기씨 유허비

행주산성

　행주의 역사는 고양의 역사와 맥을 같이 한다. 대부분의 지명이 신라 경덕왕대에 한자로 고친 것이 오늘날까지 굳어졌는데 행주는 고려 초기에 행주로 개칭하여 덕양이라는 명칭을 같이 사용하였다. 그래서 행주산성은 한강을 끼고 나지막히 앉아 있는 덕양산에 자리잡고 있어 행주와 덕양이라는 명칭이 같이 살아 있다. 덕양산은 해발 125m밖에 안 되는 산이지만 주변이 평야로 열려 있어 조망이 좋다. 더구나 한강을 마주하고 있어 천연 요새를 이룬다.

　산성 입구에 들어서면 장군의 동상이 북녘을 향해 늠름히 서 있고, 2~3분 거

▲ 산성길

리에 사당인 충장사가 있다. 조금 위에는 대첩기념관이 있는데 당시의 무기를 전시해 놓았다. 정상에는 1602년에 세운 전승기념비와 헌종 11년(1845년)에 세운 기념비가 있다. 최정상에 우뚝 솟은 행주대첩비는 장군의 기상을 보는 듯하여 저절로 머리가 숙여진다. 당시의 상황을 조각한 부조들이 눈길을 끄는데 특히 대첩비의 뒷면에 새긴 행주치마에 얽힌 이야기의 조각은 역사에 각색을 한 느낌이 든다.

　행주산성 안에 있는 행주기씨 유적도 같이 봐야 한다. 원나라 기황후를 배출한 행주기씨 문중의 유적이다. 마을에 있는 행주서원(권율장군을 모신 곳), 행주산성 입구에 있는 해병대 전적비를 보는 것도 답사의 재미를 더해 준다. 서울에서 가까운 거리에 있으므로 주변 난지도의 하늘공원과 연계하여 답사하면 아이들의 역사 교육에도 큰 도움이 되리라 믿는다.

> ⊁ **찾아가는 길** ⊀
>
> 　난지도를 지나 정면에 봉긋 솟아 있는 산이 덕양산이다. 88도로에서 행주대교를 타고 일산 고양쪽으로 달리면 대교 북단에서 우측으로 빠지는 진출로가 있다. 안에 들어가면 푸근한 시골마을이다. 마을 가운데 외길을 달리면 행주산성이다.

칠궁에 묻힌 여성사

갈라진 역사의 뿌리

서울특별시 종로구 세종로 1번지. 그곳은 어디일까.

왕조시대 도읍의 중심지는 임금이 국사를 논하는 집무실과 그의 가족이 거주하는 곳이었다. 즉 궁궐이 국가와 도읍지의 중심지였다. 이에 준하여 지방도시도 지방관의 집무실과 그의 가족이 머무는 관청이 중심을 이루었다. 그러나 시대가 바뀌면 당연히 그 중심지도 권력의 핵심지에 따라 바뀐다. 그래서 서울특별시 종로구 세종로 1번지의 경복궁은 그 번지를 청와대에 물려주고 1-1번지로 물러나 '한양의 중심지'로서의 역할을 다했다.

2007년 4월 1일 이후 청와대는 '서울특별시 종로구 청와대로 1번지'로, 경복궁은 '종로구 사직로 22번지'로 바뀌었다. 주소체계가 건물 중심에서 도로 중심으로 바뀌면서 청와대와 경복궁은 아예 도로를 따라 역사의 뿌리를 달리한 것이다. 서울의 중심지는 한양의 중심지가 아니라는 확실한 근거를 마련한 셈이다.

▼ 청와대 영빈관

왕조시대 '조선'의 역사와 민주시대 '한국'의 역사가 같은 뿌리일 수는 없다. 그러나 한양과 서울은 호칭만 다를 뿐 장소가 바뀌지는 않았다. 그래서 백악산은 오랜 세월 동안 한반도의 역사를 하나의 뿌리로 품어 왔는데 이제는 '청와대로'와 '사직로'로 갈라진 두 역사를 지켜봐야 한다. 샴쌍둥이처럼 자라던 역사가 이제 분리수술을 마치고 청와대 중심의 새 1번지 시대를 열어가고 있는 것이다.

행정적으로 지명이 바뀌기 전에는 주소도 바뀌지 않는다. 그래서 번지수를 1과 1-1로 구분하여 1번지의 위상을 지켰지만 이제 그 일번지는 정치 일번지, 문화 일번지, 청춘 일번지 등과 같이 다양하게 쓰인다. 각 분야에서 최고를 상징하는 일번지는 도심의 중심지가 어디인가를 판정하는 기준으로도 작용한다.

권력의 일번지인 경복궁과 청와대 주변에 또 다른 일번지가 숨어 있다. 저자가 명명한 '여성사 일번지'다. 그것도 성리학이 남녀의 유별을 철저히 강요하던 시절에 신분을 초월한 여성의 역사가 아픔인지 기쁨인지 구분할 수 없는 애환(哀歡)으로 살아 있다.

신분의 한계를 극복한 여성

아들이 왕위에 올랐는데도 아버지는 왕위에 오르지 못했던 왕족을 예우하여 대원군이라 한 것은 선조의 아버지 덕흥 대원군을 시발로 인조의 아버지 정원 대원군, 철종의 아버지 전계 대원군, 고종의 아버지 흥선 대원군 등 4명의 대원군이 있었다는 것은 앞에서도 소개한 적이 있다. 그렇다면 왕의 친모가 왕비가 아닌 후궁인 경우는 어떤 예우를 받았을까.

청와대의 서쪽에 있는 영빈관. 경복궁의 후원이었던 그곳은 임금이 직접 농사를 짓던 팔도배미 자리였다. 앞마당에 궁궐처럼 삼도(三道)를 내고 팔도배미의 의미를 살려 8등분하였는데 길에서 마당으로 오르는 계단에는 소맷돌을 내어 한껏 궁궐의 분위기를 자아냈다. 그 영빈관을 벗어나 우측(서쪽 방향)으로 돌아가면 칠궁(七宮)이 있다. 궁정동으로 더 알려진 곳이다. 여기에 일곱 사당이 있어 칠궁이라 하는데 이곳을 답사하기 전에는 먼저 용어를 정확히 알아야 한다.

칠궁이라는 명칭에 궁(宮)자가 있어 궁궐의 일부처럼 생각하면 오산이다. 궁

▲ 저경궁과 대빈궁 기둥(대빈궁의 기둥은 원형임)

(宮)을 대궐이나 궁전의 뜻으로 생각하여 경복궁에 속한 궁궐의 일부로 생각하기 십상이지만, 그러나 미안하게도 사당이다. 궁자는 종묘, 사당의 뜻으로 사용하여 왕실의 사당에는 궁호를 쓴다. 칠사(七祠)나 칠묘(七廟)라 하지 않고 칠궁(七宮)이라 한 것은 그 때문이다.

숙빈 최씨는 궁궐 내명부에서 직급이 가장 낮은 무수리였다. 무수리는 궁궐의 각 처소에서 물을 긷거나 불을 때는 등 험한 잡역을 담당한다. 그런 무수리가 숙종의 눈에 들어 연잉군을 낳고 중전 다음인 정1품 빈(嬪)의 직첩을 받았다. 장희빈과 인현왕후 사이에서 끝까지 인현왕후를 감싸고 섬겨 숙종의 승은을 입은 것이다. 그렇게 태어난 연잉군은 장희빈의 아들 경종이 왕위에 오른 지 4년 만에 후사도 없이 요절하자 그 뒤를 이어 왕위에 올랐다. 그가 바로 영조다.

영조의 효성

선조가 후궁의 아들이라는 것을 큰 부담을 안고 살았듯 최 숙빈은 아들 영조에게 심리적으로 큰 콤플렉스를 안겨 주었다. 그래서 돌아가신 어머니의 신분을 높이려 무진 노력했으나 조선은 임금이라도 마음대로 하지 못하는 법치주의 사회였다. 어쩔 수 없이 1725년(영조 1년)에 영조는 어머니를 기리기 위해 경복궁내에 사당을 세우고 숙빈묘(淑嬪廟)라 했다. 그러다가 20년이 지난 1744년에 육상묘(毓祥廟)로 개칭하였고, 다시 10년이 지난 1753년에 육상궁으로 승격하였다. 사당을 묘(廟)에서 궁(宮)으로 격상하기까지는 무려 30년이라는 세월을 참아야 했다.

그 인고의 세월은 파주의 광탄면에 있는 숙빈의 무덤 소령원에도 고스란히 남아 있다. 숙빈은 무수리였던 신분 때문에 주위로부터 제대로 대우를 받지 못하다가 영조가 왕위에 오르기 5년 전에 돌아가셨다. 숙종이 살아 있는데도 누구 하나 감싸주는 사람이 없어 묘호도 제대로 받지 못하여 소령묘라 했다. 빈의 직첩을 받았으니 당연히 원이라야 하는데도 묘라 했으니 아들로서는 당연히 한이 맺힐 일이었다. 그래서 왕위에 오른 영조는 어머니의 묘를 왕비의 능으로 격상시키려 했다. 그러나 신하들의 반대를 물리치지 못했다. 선왕이 하지 않은 일을 후왕이 시행하면 불효라는 명분에 밀린 것이다. 그렇게 아픔을 참은 29년, 드디어 영조는 묘를 원으로 격상시켜 소령원이라 했다. 능으로 격상시키고 싶었으나 후궁의 묘호 원을 찾은 것만도 다행이었다. 그래서 소령원에는 숙빈이 돌아가셨을 때 세운 비와 영조 등극 후에 세운 비, 그리고 29년 후에 소령원으로 격상된 후에 세운 비가 있다.

▲ 제사 때 쓰던 우물 냉천

▲ 연호궁과 육상궁

　'淑嬪海州崔氏昭寧墓' 는 정조 즉위 후에 세운 비문이고 '朝鮮國和敬淑嬪昭
寧園' 은 소령원으로 승격시킨 후의 비문이다. 묘(墓)와 원(園)의 차이는 사(祠)와
궁(宮)과 같이 큰 차이가 있는 것이다.

궁정동(宮井洞)의 칠궁

　지명에 궁(宮)자가 들어있으면 범상치 않은 곳이다. 그 이름만으로도 권위를
느끼게 하고 때로는 위압감을 주기도 한다. 궁정동이 '궁정동 안가' 로 불리던
시절에는 비밀 정치와 권력의 대명사로 떠오르던 것이 대표적인 예다. 그러나
궁정동은 육상궁에서 '궁' 자를, 영조의 효성에 감동하여 뜨거운 샘물이 솟았
다는 온정동에서 '정' 자를 합성하여 만든 지명이다. 영조의 효성으로 인하여
생긴 지명이다. 그것이 이제는 칠궁으로 인하여 원래 이름의 뜻을 찾아 반갑
다. 궁정동은 위압과 잘못된 권력의 이름이 아니라 따뜻한 효성을 지닌 이름인
것이다.

　궁정동의 육상궁에 여섯 사당이 들어서 칠궁이 되기까지의 내력은 이렇다.

　1908년 순종은 육상궁과 같은 사당이 주변의 여기저기에 흩어져 있어 제향

을 올리기가 번거로운 것을 보고 육상궁 주변으로 이전하게 했다. 이에 추존왕 원종(인조의 부친)의 어머니 인빈 김씨의 저경궁, 경종의 어머니 희빈 장씨 대빈 궁, 진종의 어머니 정빈 이씨 연우궁, 장조(莊祖)의 어머니 영빈 이씨 선희궁, 순 조의 어머니 수빈 박씨 경우궁 등 다섯 신위를 합설하여 육궁(六宮)이라 했는데 1929년에 순헌황귀비 엄씨의 덕안궁을 합설하여 칠궁이 되었다.

이를 요약하면 다음과 같다.

대빈궁(大嬪宮) 숙종의 후궁, 경종의 생모 희빈 장씨의 신궁.

육상궁(毓祥宮) 숙종의 후궁, 영조의 생모 숙빈 최씨의 신궁.

선희궁(宣禧宮) 영조의 후궁, 추존왕 장조(사도세자)의 생모 영빈 이씨의 신궁.

연우궁(延祐宮) 영조의 후궁, 추존왕 진종(효장세자)의 생모 정빈 이씨의 신궁.

경우궁(景祐宮) 정조의 후궁, 순조의 생모 수빈 박씨의 신궁.

저경궁(儲慶宮) 선조의 후궁, 추존왕 원종의 생모인 인빈 김씨의 신궁.

덕안궁(德安宮) 고종의 후궁, 영친왕의 생모인 순헌황귀비의 신궁.

사당의 건물은 모두 사각기둥인데 대빈궁은 원기둥(두리기둥)이다. 이는 장희 빈이 인현왕후의 뒤를 이어 5년간 중전의 자리에 있었기 때문이다. 두리기둥은 왕실의 건물이나 대웅전과 같은 건물에만 사용할 수 있다. 그리고 주의 깊게 살펴보면 칠궁인데도 건물은 다섯 채밖에 없다. 한 건물 앞에 안내문이 두 개 씩 세워진 것은 두 분의 위패를 같이 모신 것이다. 연우궁과 육상궁을 한 건물 에 합사했고 경우궁과 선희궁도 같은 예다.

· 찾아가는 길
1.21사태(김신조) 이후 민간인 통제구역이었으나 2001년 청와대 개방과 더불어 민간인에게 개방했 다. 인터넷으로 청와대 관람을 신청하면 청와대와 함께 관람할 수 있다.

나라의 얼굴-청와대

땅의 운명

'한 번 해병은 영원한 해병' 이라는 말이 있다. 해병대 출신들은 귀신 잡는 해병의 성가를 과시하기 위해 이 말을 사용한다. 하지만 일반인들은 주변의 어떤 환경에도 굴하지 않는 굳센 의지를 강조하거나, 어쩔 수 없는 상황을 받아들여야 할 강제적인 의미가 필요할 때 사용한다. 재미 있는 것은 이 말이 땅에도 적용된다는 점이다.

남산과 한강 사이에서 배산임수의 전형을 이루는 용산은 정치적으로나 경제적으로 사람 살기에는 더없이 좋은 곳이다. 그러나 조선 말기에 일본군이 주둔하여 군용지로 바뀌더니 지금은 미군이 대를 이어 진을 치고 있다. 비슷한 예로 경기도 광주의 천진암 일대는 주어사가 있는 맞은편의 양자산(앵자봉)과 함께 절집이 들어서기에 좋은 곳이다. 그러나 이제는 천주교 성지로 바뀌어 '천진암' 이라는 암자의 명칭까지 고스란히 천주교에 넘겨주어 종교부지로 사용되고 있다. 한 번 해병이 영원한 해병이듯 한 번 요새는 끝까지 요새요, 한 번 집터는 끝까지 집터일 수밖에 없는 땅의 운명을 설명하기에 적절한 곳이다.

▼청와대 녹지공원

땅의 운명, 그것을 지리에 밝은 선대의 학자들은 풍수지리의 이론으로 풀이했다. 주변의 환경과 산세, 그리고 바람과 물의 흐름에 의해 땅의 용도를 결정했는데 그것이 곧 땅의 운명을 결정지었다. 그 대표적인 곳이 도읍지로서의 한양이요, 가장 좋은 집터로서 임금이 머무는 경복궁터였다. 그것은 한양이 삼국시대부터 눈독을 들였던 명소요, 고려 숙종 9년(1104년)에 이궁을 지을 만큼 길지였던 데에서 비롯된다. 일찍부터 그렇게 도읍지로서의 운명을 지닌 땅, 거기에 국지적으로 경복궁터는 나랏님이 살 집터의 운명을 타고난 땅이었다. 대한민국의 수도 서울과 대통령의 집무실 청와대는 그런 운명 속에서 태어난 것이다.

나랏님이 사는 집

미국의 화이트하우스(백악관)는 1800년에 지은 건물인데 1814년 영국과의 전쟁 때 불탄 것을 보수하면서 외벽을 하얗게 칠하여 화이트 하우스라 했다. 일반적으로 그렇게 부르다가 26대 T.루즈벨트 대통령대에 이르러서 정식 명칭으로 채택되었다. 영국의 버킹엄궁은 1703년에 버킹엄 공작 셰필드가 저택으로 지은 건물이었다. 그것을 1761년 하노버 왕조의 조지 3세가 이를 구입한 이후 오늘날까지 국왕이 거처로 사용하고 있다.

이들의 지형은 사신사를 갖춘 서울의 지리와는 다르다. 지리를 보는 그들의 관점도 우리와 별반 차이는 없겠지만 좌청룡, 우백호, 남주작, 북현무의 사신사를 따지지 않는다. 더구나 조산(祖山)과 주산(主山) 등 지기(地氣)의 흐름을 상관하지 않는다. 그들은 정치적인 이유나 지리적 접근의 편이성 등을 우선하여 땅을 사용했다. 호주가 수도(首都)를 정할 때 주민이 많은 두 도시가 서로 수도가 되어야 한다고 주장할 때 시드니와 멜버른의 두 도시 중앙지점 캔버라를 택하여 수도를 건설한 것은 명당이 따로 없다는 것을 반증하기도 한다.

그러나 서울은 다르다. 한양은 대를 이어 국가의 수도로서 '서울' 일 수 있는 이유가 있고 왕조가 바뀌어도 나랏님이 거처할 수 있는 집이 있을 만한 이유가 있다. 바로 그 땅이 지닌 운명 때문이다. 한 번 해병은 영원한 해병이라는 말이 어울리는 어정쩡한 논리가 쉽게 적용되는 것이 바로 땅의 사용이다. '경무대'가 거부감을 주는 명칭이라 해서 '청와대'로 바뀌었지만 청와대는 결국 경무

대의 대를 이었고, 그 근원은 한양 이전부터
지목받은 명당론의 운명 때문인 것이다.

▲ 청와대 로고

청와대의 역사

'청와대'는 푸른 기와로 지붕을 얹은 집
이라는 뜻이다. 과연 푸른 기와집이다. 그
푸른 기와집 청와대는 언제부터 사용한 이름일까. 버킹엄궁이나 백악관에 대
해서는 아는 사람이 많지만 정작 우리 것에 대해서는 무관심하다. 아니 너무
친숙하여 그 뿌리를 따져볼 필요조차 느끼지 못하는 것이 사실이다. 몰라도 우
리 것이요, 무지해도 불편을 느끼지 못하기 때문에 그냥 청와대요, 그냥 푸른
기와집이다.

그러나 그 청와대의 시원을 알고 보면 이에도 역시 벗어날 수 없는 땅의 운명
이 있다는 것을 알게 된다. 청와대의 전신을 경무대에서 찾을 수 있기 때문이
다. 세종은 고려의 이궁터에 경복궁을 완성했다. 그 때 경복궁 뒤뜰에 농사를
체험하며 권장하는 농경재와 왕궁을 지키기 위한 수궁(守宮)으로 융문당, 융무
당 등을 건립하면서 경무대도 함께 지었다. 경무대의 연원은 바로 여기에 있
고, 그 경무대가 청와대의 뿌리이기에 청와대의 타고난 운명의 끈은 길고도 깊
다.

경복궁의 명칭 경복(景福)은 임금의 덕과 만수무강을 기원하는 내용으로《시
경》에서 인용한 것이다.

> 君子萬年(군자만년) 우리 임 천년 만년 오래 사시고
> 介爾景福(개이경복) 큰 복 누리시어 만수무강하소서.

그래서 그런지 경무대와 경교장 등 건물의 이름에 경자를 사용한 예가 자주
보인다. 경복궁은 임진왜란 때 파손되었던 것을 270여 년 동안 방치했다가 대
원군이 1868년에 중건하였다. 이때 경무대도 같이 복원했다.

1939년에 일제는 경복궁 후원에 조선총독부의 관사를 완공한 후 7대 총독 이

나미(南太郞)와 8대, 9대 총독이 거주하였고, 해방 이후 군정시대에는 하지 중장이 기거하였다. 1948년 정부수립 이후에는 이승만 대통령이 이곳의 옛 이름을 되살려 아예 경무대라 했다. 그 오랜 역사를 지닌 경무대는 백악관이나 버킹엄궁, 또는 호주 수상 관저 등이 감히 흉내낼 수 없는 긴 역사를 안고 원래의 이름으로 부활한 것이다.

그러나 경무대는 다시 역사 속으로 자취를 감추었다. 김구 주석이 머물던 경교장은 아직도 아련한 기억으로 추모지만 경무대는 이승만 대통령의 독재로 인해 부정적인 대상으로 바뀌었다. 한때의 순사가 무서운 말이었듯, 경찰만 보아도 괜히 섬뜩해지듯, 경무대는 경복궁의 경이 아니라 경찰의 경이요, 놀랄 경의 이미지로 바뀌어 버린 것이다. 그래서 윤보선 대통령은 각계의 의견을 들어 경무대를 청와대로 바꾸었다.

청와대가 청와대다워진 것은 아무래도 박정희 대통령 집무시절이다. 그러나 또 한 번의 회오리가 있었다. '청와대'를 '황와대'로 고치자는 의견이었다. 황금빛 노란 색은 곧 황제의 색깔이기 때문에 황와대로 해야 한다는 것이다. 황제가 노란 옷을 입고 중국의 자금성이 황금빛을 띄는 것도 그런 이유에서다. 이는 결국 황제의 등극을 의미하는 것이다.

여기서 우리가 주시해야 할 것은 아직도 '청와대'는 사대주의적 명칭이니 주체적인 명칭으로 바꿔야 한다는 의견이 보인다는 점이다. 청은 좌청룡으로 동쪽을 가리킨다. 즉 중국의 동쪽은 결국 우리나라를 이르는 말이니, 푸른 기와보다는 전통적인 검은 기와로 바꿔야 한다는 주장이다. 그러나 청기와는 일반 기와가 아니다. 천백도에서 도자기 굽듯 구워낸 기와이기 때문에 천년 이상

▼ 인왕산에서 바라본 청와대와 북악산

▲ 청와대 전경

의 수명을 자랑하는 고려청자를 상징한다. 더구나 이를 영역하면 '블루 하우스'로 '화이트 하우스'의 아류라고 주장하는 의견도 있다. 한 번 비하하면 자꾸 비하하는 시각으로 보일 수밖에 없고 한 번 바꾸면 자꾸 바꾸고 싶은 것이 사람의 마음이다. 이는 정당의 명칭이 오래 가지 못하는 우리의 풍토에서 쉽게 찾아볼 수 있는 예다. 필요에 의해서 창당하고, 뜻이 맞아 합당하여 만들어 낸 좋은 이름과 그 진지한 역사성을 스스로 내던져 버리는 것이 오늘날 우리의 정치현실이다. 청와대는 청자로 지붕을 인 우리나라의 얼굴이자 세계 어느 곳에 내놓아도 뒤지지 않는 역사성과 품위가 있는 대한민국의 상징이다. 그래서 한 번 해병은 영원한 해병인 것이다.

◀ 찾아가는 길 ▶

청와대는 개인적으로 입장이 불가능하다. 홈페이지에 가입한 후 인터넷으로 예약해야 한다. 매주 화요일~금요일에 입장이 가능하며, 토요일은 둘째와 넷째 주에만 입장할 수 있다. 반드시 신분증을 지참하여 관람시간 20분 전까지 경복궁 동편 주차장에 모여야 한다. 문의 (02)730-5800

역설의 고장, 강남

  역설은 논리적 모순을 일으키는 논증이다. 건강부회(牽强附會)와 같은 억지논리에 빠져들게 하는 착각을 주기도 하지만 그 속에 진리가 있다고 인정하는 패러독스(paradox)를 말하기 때문에 역설은 오히려 강한 긍정의 또 다른 표현이다. 그래서 오늘의 강남이 존재하는 이유를 역설의 논리에서 찾아보는 것도 강남을 이해하는 한 방법이다.

  이론풍수에서는 사람이 살기 좋은 지형의 첫 번째 조건을 무엇보다도 자좌오향(子坐午向)의 정남향을 기준으로 한 배산임수(背山臨水)를 지적한다. 그 이론에 비추어 볼 때 강남은 배산임수가 아니라 배수임산(背水臨山)의 역풍수에 해당한다. 가장 일반적인 상식을 뒤엎은 곳이기 때문에 강남은 풍수적으로 사람이 살

▲ 압구정동의 88도로

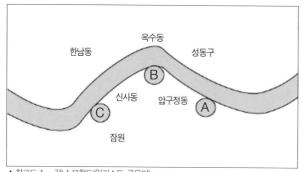
▲ 참고도 1 – 강남 모형도(일러스트 공유미)

기 어려운 곳이다. 남향으로 앉은 강남의 아파트는 한강을 등지고 대모산과 구룡산을 바라보는 지형이다. 강남은 그렇게 풍수의 첫 번째 조건부터 맞지 않는다. 더구나 물은 살아 움직이는 양(陽)의 기운이기 때문에 강물이 범람하는 한강변에 집을 짓는다는 것은 상식적으로도 맞지 않는다.

참고도 1을 보면 동쪽의 광진구와 송파구를 거쳐 흘러오는 강물은 수량이 불어나면 저지대 강남으로 범람한다. 더구나 맞은편 옥수동의 높은 바위지대에 부딪쳐 소용돌이를 일으켜 강남쪽으로 그 힘을 몰아가기 때문에 참고도 1의 Ⓐ지역에 쏠린 물은 Ⓑ지역을 휩쓸고 Ⓒ지역으로 흐르려 한다. 그래서 압구정동이나 신사동처럼 한강을 마주하고 있는 지역은 항상 수해의 위험을 안고 있다.

참고도 2는 하천이나 강 주변의 지리적 특성을 그린 단면도다. 강 주변의 범람원에 자연제방과 배후 습지가 조성되고 그 곳을 벗어나 물로부터 어느 정도 멀어진 곳에 농사를 지을 수 있는 농경지가 조성되기 때문에 사평원을 지나 논현동의 농경지는 강변지역의 지리적 특성이 잘 나타나는 곳이다.

참고도 2의 Ⓐ지역에 인공제방을 없애면 예전의 용산이 여기에 해당하고 강 건너 Ⓑ지역은 바로 강남에 해당한다. 자연제방만으로는 수해로부터 안전하지

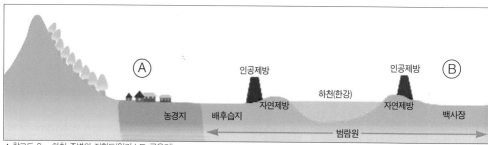
▲ 참고도 2 – 하천 주변의 지형도(일러스트 공유미)

않기 때문에 그 위에 굳건한 인공제방을 쌓고 백사장이나 습지를 보강하여 땅
기운을 돋운 후 건물을 지어야 하는 곳이다. 예전의 강남은 그런 곳이었다. 강
원도와 경기도 지역에 큰비가 내리면 수해 걱정을 하는 곳이었다. 그런 강남을
풍수로 따져 부자가 날 곳이라고 하는 것은 역설중에도 역설이지 않은가?

개성에서 한양으로 천도할 때 조선 왕조는 먼저 정궁인 경복궁이 자리할 곳
으로 네 곳을 골랐다. 그 중의 하나가 왕십리였다. 좌청룡 우백호는 물론 배산
임수로도 완벽했기 때문이다. 그러나 오늘의 현실은 그 모든 조건을 초월한다.
외면했던 모래밭과 뽕밭이 서울의 얼굴로 변한 것은 시대가 가져온 풍수의
역설이다. 물론 강남의 산들은 문장대가 있는 속리산을 조산(祖山)으로 하여 그
힘찬 지맥이 서남으로 뻗어 오다가 한강 앞에서 다시 힘을 응축하여 물을 마주
하고 멈춘 육산(肉山)으로 흙산이기 때문에 부자가 날 곳이라는 주장이 없는 것
은 아니다.

그러나 풍수는 이론에 맞춰 조건을 따지고 연구하는 학문이기 이전에 삶의
편의성을 추구하는 본능적 행위이다. 때에 따라 햇빛과 바람이 들고, 식생활을
해결할 수 있는 토지와 맑은 물이 있으면 풍수로서는 그만인 것이다. 그러기에
일반인들도 자좌오향의 배산임수를 보면 금방 살기 좋은 곳이라고 인정한다.
그런데도 강남을 부자가 살 곳이라고 예견하는 것은 견강부회치고는 최상급의
견강부회다.

고려시대에는 개경의 지기(地氣)가 다하였으므로 평양으로 천도해야 한다는
묘청의 주장도 있었고, 광해군시대에는 한양의 지기가 다했으므로 파주 교하
로 천도해야 한다는 이의신의 주장에 의해 한참 공사를 진행하기도 했었다. 사
람은 땅의 기운과 교감하며 살기 때문에 땅의 기운이 다하면 불상사가 자주 일
어나 결국엔 그 곳을 떠나야 한다는 것이 풍수이론의 주장이다. 그렇다면 강남
이 부상하는 것은 강북은 지기가 다했기 때문일까.

한양은 지정학적으로 한강의 북쪽을 말한다. 소위 수지북왈양(水之北曰陽)이라
는 풍수이론에 의해 한강의 북쪽이 양(陽)에 해당하므로 '韓陽'이라 했다. 그래
서 한강의 남쪽은 모두가 음(陰)에 해당하여 한양의 축에 끼지도 못하고 광주
군, 시흥군 등에 속해 있었으며, 강남은 한양 사람들을 먹여 살리기 위한 근교

▲ 한강 둔치의 진입로 토끼굴

농업의 농산물 생산지 역할을 담당했을 뿐이다.

그 음지 강남이 1970년대 들어 새로운 기운을 얻어 지기(地氣)를 살리기 시작
했다. 경부고속도로의 개통으로 그 배후도시가 필요했고 김신조 일당의 청와
대 습격사건 이후 무장간첩이 자주 출현하자 시민들은 자연히 강남을 선호하
기 시작했다. 거기에 신흥 부자들의 욕구를 채워 주기 위해 서울시로서는 강남
개발이 필수적이었다. 개발 초기에는 강북의 부자들이 강남으로 이사왔다가
다시 강북으로 되돌아가는 기현상도 있었지만 이제는 '강남특별구' 라는 별명
이 붙어 강남은 돈 많은 졸부들이나 사는 곳이라는 질시의 눈총을 받고 있는
것이 현실이다.

그러나 강남은 강남일 수밖에 없다. 그렇게 시대와 시민의 욕구에 의해 개발
한 곳이기 때문에 구도심지가 안고 있는 단점을 보완하여 편리하고 쾌적한 곳
으로 개발해야 했다. 바둑판 모양으로 왕복 6~8차로의 시원한 도로도 필요했

고 학교와 학원은 물론 백화점과 여러 가지 편의시설도 필요했다. 더구나 신거주 개념의 아파트 단지를 조성하여 넓은 평수의 아파트도 지어 강북으로 되돌아가는 사람들을 붙잡아야 했다. 그러다 보니 다른 지역보다 생활 여건이 월등하게 좋아져 중산층이 확산된 오늘날에는 오히려 그들의 욕구를 충족할 수 없는 현실에 이르렀다. 강남의 부동산이 폭등할 수밖에 없는 것도 그 때문이다. 그러다 보니 내 집 한 채 가지고 강남에 사는 서민들은 강남에 사는 이유만으로 졸부 대접을 받는다. 원래 콩밭 매며 어렵게 살던 원주민들이 강남구민이라는 원죄를 짊어지고 질시를 받으며 살고 있다.

성남 시민들은 분당 신도시에 대하여 질시하지 않는다. 고양 시민들도 일산 신도시에 대하여 질시하지 않는다. 분당이나 일산이 구도시의 불편을 최대한 탈피했기 때문에 사람들이 모여들었다. 강남도 서울 구도심의 불편을 탈피하여 신도시를 개발해야 했다. 요즈음의 젊은이들은 강남으로 이주하여 살면 강남입성이라 하여 무엇인가를 이룬 성공담으로 여긴다. 또 다른 삶의 목표와 가치를 설정하는 데 큰 역할을 한 것이 강남이다.

강남이 그렇게 되기까지는 또 하나의 역설의 문화를 창조해야 했다. 한강이 주민들로부터 멀어진 것이다. 강물이 흐르면서 조성한 자연제방으로는 범람하는 강물을 막을 수 없어 인조 제방을 쌓고 그것도 모자라 물길도 바꿨다. 더구나 그 제방은 물막이로서의 기능만이 아니라 서울 교통의 동서 축을 담당하면서 사람과 한강을 분리시켜 버렸다. 배후 습지나 논밭 등을 한강물로부터 철저히 차단하고 사람이 쾌적하게 살 수 있는 환경을 조성하다 보니 한강은 그렇게 우리 곁에서 멀어진 것이다. 한강을 만나기

▲ 시멘트 구조물로 정비한 한강변

▲ 한강변 자전거도로

위해서 왕복 8차로의 자동차 전용도로로 바뀐 한강 둑을 건너는 것은 생명을 내던지는 행위나 다름없다. 겨우겨우 토끼굴 같은 통로를 찾아 기어들거나 승용차를 이용해야 한강을 만날 수 있다.

이는 땅의 기세가 약하면 탑이나 나무 등으로 보완하여 이용하는 비보풍수(裨補風水)를 적용한 예다. 즉 둑을 비보로 하여 모래밭에 이루어낸 기적이다. 둑을 이용하여 자연과 사람을 철저히 분리해야만 쾌적한 환경이 되는 것은 자연을 거스르며 창조해낸 또 하나의 역설인 것이다. 그 허한 땅, 유구한 세월이 만들어낸 버려진 땅을 사람들은 역설을 통해 서울의 얼굴로 바꾸었다.

서슬이 퍼렇던 문정왕후는 중종이 제1계비 장경왕후와 서삼릉에 묻혀 있었는데 자기가 같이 묻히고 싶어 중종릉을 지금의 강남땅 삼성동으로 옮겨 버렸다. 길지라며 죽은 신랑까지 빼앗아 왔지만 그러나 능역이 물에 잠기는 바람에 문정왕후는 남편 곁에 묻히지 못하고 쓸쓸히 태릉에 묻혔다. 부처도 돌아앉는다는 시앗의 투기에 의해 중종 홀로 물난리를 이겨내야 하는 수고를 감내하고 있다. 강남은 예전부터 봉은사를 품고 있는 수도산 아래까지도 물로부터 안전하지 못했다는 기록으로 보아 절대 명당일 수 없는 곳이다. 그런 강남을 이제는 물로부터 철저히 차단하고, 수도산과 매봉산을 도시의 섬으로 만들어 버리면서까지 선망의 대상으로 변화시켰다. 아직도 한국의 문화를 선도하는 역설의 문화 속에서 이제는 새롭게 자연과 더불어 살고자 하는 신선한 역설의 문화, 환경 친화적인 문화를 창조하려 애쓰고 있지만 바라기는 주민들이 한강에 쉽게 다가갈 수 있도록 획기적으로 환경을 개선해 주면 좋겠다.

성공회와 강화도 성당

정치논리에 짓밟힌 순수

기독교는 유대교에 뿌리를 두지만 예수의 해석에 따라 여러 종파로 갈린다. 세계 종교로 영역을 넓힌 가톨릭을 비롯하여 동방정교회, 성공회, 개신교 등 기독교 4대 종파의 예만 보더라도 모든 종교는 교리적 해석과 정치적 이해관계에 의해 얼마든지 갈라질 수 있다. 그중 이슬람은 그 뿌리가 같으면서도 숭배 양식과 문화의 차이에서 전혀 다른 종교처럼 보인다. 그러나 이슬람도 기독교 4대 종파와 더불어 유일신 '여호와(야훼)'를 믿는다. 이슬람의 '알라'는 명칭이 달라 다른 신처럼 보이지만 영어의 'The God'에 해당하는 아랍어다. 즉 기독교의 하나님, 천주교의 하느님과 같은 유일신이다.

그렇게 하나의 뿌리에서 비롯된 종교의 줄기는 자기들이 믿는 유일신을 위해 곁가지를 잘라내야 한다. 전쟁도 불사하는 것이 그 이유다. 이것은 자기들

▼ 강화성공회성당 정문

▲ 배 모양의 옆모습(구원의 방주와 반야용선을 상징함)

의 영역을 넓히기 위한 종교행위의 일종인데, 여기에는 종교적 순수성을 지키기 위한 이유만이 아니라 정치적 이유도 개입한다는 데 문제가 있다.

　기독교와 이슬람 간의 대립은 중세시대 십자군 전쟁에 그 연원이 있다. 신앙의 성스러운 깃발을 앞세워 성지 탈환을 위한 명목으로 시작한 전쟁이었지만 그 이면에는 유럽이 중동지역으로 영향력을 확장하려는 의도가 있었고, 아랍권이 장악하고 있는 무역권을 빼앗으려는 목적이 있었다. 그래서 성전(聖戰)이라기보다는 철저한 살육과 보복을 반복한 정치적인 욕심이 담긴 전쟁이었다.

　순수한 종교의 이념으로 상대방에게 사랑과 평화의 전도사 역할을 했으면 그렇게 심한 종교 전쟁은 피할 수도 있었을 것이다. 그러나 종교에 포장된 정치 이념은 아직도 죄 없는 백성을 전쟁터로 내몰고 있다. 영국과 아일랜드의 구교와 신교 싸움이 그렇고, 동방정교회를 믿는 세르비아계가 인종청소를 하겠다며 이슬람이나 가톨릭을 믿는 크로아티아계에 저지른 만행 등이 그렇다. 더구나 힌두교의 인도와 이슬람의 파키스탄이 전쟁 끝에 갈라선 이후 핵무기까지 개발하여 무장한 것을 보면, 사랑, 평화, 박애 등의 순수한 종교이념도 정치 논리에 악용되면 극우의 민족주의와 극단의 이기주의에 빠지는 한계를 보이는 것이 현실이다. 그런 의미에서 볼 때 한 뿌리에서 갈라진 종교는 교리 해석상의 차이에 의한 경우도 있지만 정치인의 행위나 권력자의 권력 유지 차원에서 나타난 경우도 있다. 기독교의 한 축을 담당하는 성공회가 그런 경우다.

성공회의 유래

성공회를 천주교로 아는 사람이 많다. 사제의 복장이나 예전 등이 가톨릭적이고 '목사'라 하지 않고 '신부'라 하는 명칭 때문이다. 그러나 성공회는 개신교에 가톨릭의 옷을 입힌 프로테스탄트다. 캔터배리 대주교는 로마 교황과 같이 중앙집권적인 절대 신권을 행사하지 않고 동방정교회의 총대주교처럼 연합체의 대표권을 행사한다. 서로가 독립된 형태를 유지하다 보니 교리가 조금씩 달라도 견제와 협력으로 원만한 관계를 유지한다. 다만 캔터배리 대주교를 형식적으로 교황과 같은 수장으로 인정하며 각 나라의 대주교들은 동등한 관계로써 대표권을 행사한다. 그렇게 교세를 세계로 넓힌 성공회는 영국의 헨리 8세가 결혼문제로 로마 교황청과 갈등을 빚으며 갈라선 종파다.

영국은 596년에 로마 교황 그레고리 1세가 성 어거스틴을 파견한 이래 로마 교황청의 지배를 받았다. 그러다가 헨리 8세(1509~1547 재위)가 형의 약혼자였던

▼온수리 성공회 성당

캐서린과 결혼하였으나 아들을 낳지 못하자 그녀의 시녀였던 앤 볼린과 결혼하고 캐서린과의 결혼이 법적으로 무효라며 로마 교황청의 허락을 받으려 했다. 그러나 클레멘스 7세 교황은 앤 볼린과의 결혼은 물론 캐서린과의 혼인무효는 타당하지 않으며 법적 구속력도 없다는 선언과 함께 헨리 8세와 그의 대리인 영국의 크랜머 대주교를 파문했다. 그러자 영국에서는 1534년에 영국 주교의 임명은 영국 국왕에게 있으며 국왕이 잉글랜드 교회의 유일한 수장이라는 국왕지상법을 반포했다. 이어 1536년에는 로마의 감독권을 폐지하여 정면으로 맞섰다. 이로 인해 영국은 성공회라는 새로운 교파를 창시하여 로마 가톨릭으로부터 독립, 세계에 교세를 확장했다. 종교는 동서양을 막론하고 그렇게 정치권에서 편의대로 해석하여 아전인수(我田引水)격으로 현실에 적용하는 경우가 많았다. 그것도 신의 이름으로……. 그래서 종교 싸움에는 패자가 없다. 확신범과 같은 신념으로 싸우기 때문에 모두가 승자다. 그러나 신은 이런 국면을 즐기며 지켜보고 있는지도 모른다. 싸우고 갈라지면 그만큼 신봉자가 더 늘어나는 좋은 기회(?)이기 때문이다.

서양건축의 한국화

우리나라 건축가들은 전통 목조건축물로는 부석사 무량수전이 가장 아름답다고 했고, 현대 서구식 건물로는 정동의 성공회 성당을 가장 아름다운 건축물로 꼽았다. 모두가 종교 건축물이다. 세계 건축물로서 가장 아름다운 것은 무엇일까. 구 건축미학의 시원은 파르테논 신전을 꼽는데 그것도 종교 건축물이다. 그만큼 종교는 인간의 삶에 중요한 역할을 했다. 고대부터 현대에 이르기까지 서구적인 품위를 지닌 건축물이 파르테논 신전을 모형으로 한 것도 그 이유다. 건물의 얼굴에 해당하는 정면의 장엄, 출입문의 장식과 기둥의 생김새, 기둥머리나 지붕 합각부분의 마감 처리 등 어느 한 부분만 모방했어도 그 건물의 품격은 살아난다. 백악관이나 영국 박물관이 그렇듯 종교 건축물은 동서양을 막론하고 현대건축의 미적 장식에 크게 작용한다.

강화도 관청리의 성공회 강화성당은 한국적 외양에 서양의 문화를 담아낸 이색적인 아름다움을 갖춘 건물이다. 우리 전통 건축의 기법을 그대로 적용하

▲ 사찰의 대웅전과 같은 구조의 성당

지 않고 서양의 바실리카 양식을 취하여 문화의 접점을 찾은 독특한 양식이다.

바실리카 양식은 고대 로마에서 재판소나 공공 거래를 하는 직사각형의 건물이다. 건물 중앙에 높게 솟은 신랑(身廊 : nave)을 내고 '중랑(中廊)이라고도 함' 양 옆으로 측랑(側廊 : aisle)을 낸 기법이다. 신랑과 측랑 사이에는 일렬로 세운 기둥(열주, 列柱)이 있다. 명동성당은 양식이 다른 고딕식 건물이지만 성당 내부의 기둥과 천정의 아치가 열주와 아케이드를 이루고 있어 비슷하다. 서양의 교회는 직사각형의 긴 끝쪽에 출입문이 있고 맞은편에 지성소(至聖所)가 있기 때문에 길게 지붕을 떠받치는 기둥이 있어야 한다. 그러나 우리 건축은 직사각형의 중앙에 출입문이 있기 때문에 열주가 필요 없다. 두 벽을 잇는 대들보가 있으면 그만이다. 그 대들보와 열주가 동서양 건축의 중요한 차이점이다. 강화도의 성당은 바로 우리 건축적 미학을 살리면서도 바실리카 양식의 멋을 가미한 동서교류의 건축물이다. 서양건축의 동양화, 동양건축의 서양화다. 2층을 낮게 올려 창을 낸 기법도 바실리카 양식이지만 서양식이라는 거부감이 없다. 작은 건물 속에 동서화합의 오묘한 건축미학이 숨어 있다.

성공회 성당의 특징

우리나라의 성공회는 1885년 울프 선교사가 부산에 입항하여 선교를 시작한 이후 1890년부터 본격적인 선교를 시작했다. 영국 캔터배리 대주교 벤슨은 해군군목 코프(C. J. Corfe, 한국명 : 고요한)를 한국 주교로 파견했다. 코프는 두 명의 의사를 비롯한 선교단을 이끌고 인천에 도착하여 포교활동을 펴나갔다. 그 당시 고종은 국력 시장을 위해 무기 구입은 물론 군사 훈련에 힘을 쓰고 있었는데 영국으로부터 해군 교관을 지원받아 해군 교육(요즈음의 해군사관학교)을 실시하고 있었다. 그러다가 학교가 폐쇄되고 교관들이 영국으로 돌아가자 그들이 살던 집을 성공회에서 구입하여 성당을 세운 것이 지금의 성공회 성당이다.

1900년 11월 15일에 준공했으니 지금으로부터 110여 년 전의 건물이다. 그 당시 강화도에 이방종교가 포교를 위해 성당을 짓는다는 것은 여간 어려운 일이 아니었다. 그래서 택한 것이 한국 전통 건축과 한국인의 정서에 어울리는 환경으로 꾸미는 묘안을 착안해낸 것이다. 그 성당을 구체적으로 살펴보면 다음과 같다.

첫째, 한국의 사찰과 똑 같은 외양이다. 일명 짝퉁이다. 건물의 앞 기둥에 성

▲ 강화 성공회 성당 동종(당좌를 십자가로 표현했음)

경 주련을 내걸었고 지붕에는 절만(卍)자 대신 십(十)자가를 달았으나 절 만자가 구부러진 십자가이므로 관심이 없으면 무엇인지 구분할 수 없다.

둘째, 축대(강화산성의 일부였음)를 쌓아 사찰 분위기를 최대화 했다. 이 축대를 선으로 이으면 배 모양이다. 구원의 방주와 반야용선을 견주게 했다.

셋째, 사찰의 보나 도리 끝에 새긴 연꽃 대신 네 잎의 백합꽃을 그려 비슷하게 장식했다.

넷째, 입구를 사찰의 사천왕문처럼 꾸미고 대문 위에는 홍살을 내었다. 대문에 태극문양으로 각색한 십자를 새겨 외부종교에 대한 거부감을 없앴다.

다섯째, 사찰의 범종처럼 입구에 내건 큰 종은 비천상이나 보살상 대신 태극문양의 십자를 돋을 새김했다. 얼른 보면 십자가 아닌 태극문양으로 보인다.

여섯째, 성당 앞 왼쪽 마당에 불교를 상징하는 보리수 두 그루를 심었다.

일곱째, 성당 뒤 사제관도 사대부가 사는 집과 같은 전통 건축물이다.

출입문을 삼문으로 내고 홍살문을 낸 뒤 사천왕사처럼 꾸미고, 그것도 모자라 범종을 달고 보리수를 심은 것은 이방종교에 대한 거부감을 최소화하려는 노력이었다. 이런 세밀한 선교정책에 의해 성공회 성당은 민중 속으로 파고들어 김마가(희준)를 우리나라 최초의 성공회 신부로 길러 냈다. 심지어 1914년에는 성미가엘 신학원을 설립하여 하나님의 종을 많이 배출해 냈다.

선교사 한 사람의 영향이 얼마나 큰지를 보는 실체가 바로 강화 성공회 성당이다. 이후에 설립한 강화도 온수리 성당도 이와 같은 경우의 건물이다. 온수리 성당도 꼭 답사하길 바란다.

찾아가는 길

강화도 강화 성공회 성당(사적 제424호) : 인천광역시 강화군 강화읍 관청리 422번지. 46번 국도를 타고 강화대교를 타고 염해를 건너면 강화도다. 다리를 건너 1.5km쯤 직진하면 우측에 강화군청이 보이고 이곳에서 200m 직진하면 우측으로 고려궁행 작은 샛길이 보인다. 샛길로 접어들면 100여m만 올라가면 우측에 성공회 성당이 보이고 최근에 정비한 주차장이 있다. 주차장 아래턱에 김상용 절의 비가 있고 300m 더 올라가면 고려궁지. 고려궁지 주차장에서 500m 더 올라가면 강화 북문이 있다.

강화도는 고려왕조의 유적과 왕릉, 왕비릉, 이규보의 묘, 정재두의 묘, 이건창의 묘와 생가, 교동도의 유배지, 석모도의 간척 현장, 숙종조에 강화유수 민진원이 축조한 간척지 선두포, 항몽유적지 등까지 봐야 제대로 답사했다 할 수 있다. 2박 3일로 계획하면 족하다.

탑골공원인가, 파고다공원인가

국보와 보물, 그 1호의 상징성

국보 1호는 숭례문이고 보물 1호는 흥인지문이다. 그렇다면 국보 2호와 보물 2호는 무엇인가. 갑자기 막막해진다. 초등학생도 다 알 만한 수준이라서 쉽게 대답하리라 생각하지만 오산이다. 1위와 2위의 차이는 그렇게 엄청나다. 1위는 누구나 기억하는 데 비해 2위는 1위의 위력에 눌려 아예 존재조차 생각하지 않는다.

미국프로골프협회의 PGA(Professional Golfers' Association of America)나 여자프로골프협회의 LPGA에서 활동한 선수는 그 대회에서 몇 차례 우승했느냐에 의해 성가(聲價)를 가름하고, 아마추어 선수들은 올림픽이나 국제규모 대회에서 금메달을 몇 개나 획득했는가에 따라 능력을 평가받는다. 스포츠 선수들이 기를 쓰

▲ 탑골공원 손병희 선생 동상

고 1위를 목표로 하는 것도 바로 이 때문이다. 지난 2008년 2월 10일 밤에 숭례문이 불탈 때 국민들은 분루를 삼키며 발을 동동 구른 것도 국보 1호의 상징성 때문이었다. 같은 목조건축물로서 국보 55호인 법주사 팔상전에 불이 붙어 활활 타오르고 있다면 숭례문이 불탈 때와 같은 반응을 보였을까. 2005년 4월에 산불로 낙산사가 불타는 모습이나 보물 479호의 낙산사 동종이 녹아내릴 때도 숭례문이 불탈 때와 같은 절박함과 분노는 없었다. 문화민족의 자존심이라는 국보와 보물에 대한 인식이 그러할진대 다른 분야는 오죽할 것인가.

▲ 대원각사비 보물 제3호(사진 문화재청)

참고로 제20호 이내의 국보와 보물을 보면 국보는 2호 원각사지십층석탑, 3호 북한산 진흥왕순수비, 4호 고달사지부도, 5호 법주사쌍사자석등이다. 잘 알려진 익산 미륵사지 석탑은 11호, 부석사 무량수전은 18호, 불국사 다보탑은 20호다. 보물은 2호 보신각종(원래 원각사종), 3호 대원각사비(탑골공원), 4호 중초사지당간지주(안양), 5호 중초사지삼층석탑(안양) 등이며 강화하점면 5층석탑이 10호, 광주춘궁리 5층석탑이 12호다.

2009년 8월 현재 국보는 311점, 보물은 1,617점인데, 그 중 앞에서 예를 든 몇 점만 보아도 낯익은 문화재가 낯선 것보다 훨씬 뒤로 밀려 있다는 것을 알 수 있다. 이는 역사와 문화적 가치가 높아서 앞 번호를 배정한 것이 아니라 단순히 관리를 위해 편의상 배정한 것이기 때문이다. 즉 국보 1호인 숭례문이 국보 11호인 미륵사지석탑이나 국보 20호인 불국사 다보탑보다 가치가 있는 것이 아니라는 의미다.

그러나 문화재의 실체를 알고 나면 허탈감에 빠지기도 한다. 그래서 광복 60

주년을 맞은 2005년에는 훈민정음을 국보 1호로 지정하자는 감사원의 건의에 대해 문화재청에서 긍정적으로 검토한 적이 있었고, 1996년에는 국보 1호를 교체해야 한다는 의견도 있었으나 그것으로 끝이었다. 1호가 지니는 심리적인 위상을 그렇게 쉽게 바꿀 수도 없지만 단순히 관리를 위해 배정한 번호를 바꿔 혼란을 야기할 수 없다는 이유이기도 했다. 그래서 1호만 바꾸자는 대안을 제시했으나 그 역시 논의로만 끝나고 말았다. 국민의 뇌리에 인식된 1번의 상징성은 실질적 의미를 능가한다. 국보 1호와 보물 1호가 우리 문화재를 대표하는 가장 귀한 것으로 알고 있는 것이 그 이유다.

보물은 '문화재보호법'에 의해 '문화재위원회'에서 심의한 후 문화재청장이 지정하는 데 비하여 국보는 문화재위원회에서 국보로 지정할 만한 가치가 있는 것이라고 상정하면 '문화재위원회 국보지정분과위원회'에서 다시 한 단계 높은 심의를 거쳐 지정한다.

문화재보호법 제 2장 제 5조(보물 및 국보의 지정)를 보면 다음과 같다.

① 문화재청장은 문화재위원회의 심의를 거쳐 유형문화재 중 중요한 것을 보물로 지정할 수 있다. ② 문화재청장은 제 1항의 보물에 해당하는 문화재 중 인류문화의 관점에서 볼 때 그 가치가 크고 유례가 드문 것을 문화재위원회의 심의를 거쳐 국보로 지정할 수 있다.

즉 '유형문화재 중 중요한 것을 보물'로, '보물에 해당하는 문화재 중 인류문화의 관점에서 볼 때 그 가치가 크고 유래가 드문 것을 국보'로 지정할 수 있다고 했다. 즉 일단 보물로 지정된 것 중에서 더 가치가 있는 것을 국보로 지정

▲ 대원각사비 이수

한다는 원칙을 세운 것이다. 그래서 보물과 국보는 꾸준히 늘어난다. 공사 중 지하에서 발굴한 문화재가 보물급이나 국보급일 때 심사하여 추가하는 방법과, 이미 지정된 문화재 중에서 보물·국보급으로 가치를 인정받은 것은 상급문

화재로 승격하여 등재하기 때문이
다. 최근에 보물 제 200호였던 경주
남산의 칠불암마애석불이 국보 312
호로, 보물1313호였던 강진무위사
의 극락전 아미타벽화가 국보 313
호로, 보물 1366호였던 송광사 화
엄전 화엄탱이 국보 314호로 승격
을 고지한 것이나, 고종황제가 사
용하던 '황제 어새(御璽)'를 보물 제
1618호로 지정 고시한 것이 좋은
예다.

파고다공원인가, 탑골공원인가

국보 2호 '원각사지 십층석탑'은
어디에 있는 것일까.

그 명칭의 원각사지(圓覺寺址)는 절
터라는 의미인데 원각사를 알고 찾
는 이는 드물다. 원각사는 원래 고
려시대에 창건된 흥복사(興福寺)였

▲ 국보 제2호 대원각사지 10층석탑

다. 조선 태조 때에는 조계종 본사로 지정될 만큼 중요한 사찰이었는데 어떤
이유에서인지 폐사되었던 것을 1464년(세조 10년)에 터를 넓혀 중건하고 원각사
로 개칭했다. 불심이 깊은 세조시대였기 때문에 범종과 석탑은 물론 전각을 두
루 갖춰 사찰의 격을 한껏 높였다. 그러나 연산군은 1504년에 원각사를 폐사하
고 지금의 을지로 입구역 주변에 있던 장악원(掌樂院)을 그곳으로 옮겼다. 주지
하다시피 연산군은 채홍사와 채청사를 두어 전국의 미녀를 끌어들인 다음 장
악원에서 기녀로 양성하던 곳이다. 그 기녀들과 성균관에서 음행을 일삼자 이
를 비방하는 투서가 날아들어 한글을 사용하지 못하게 한 연산군이 바로 원각
사를 폐사한 주범이다.

▲ 원각사지십층석탑(사진 문화재청)

그 후 원각사는 중종 때 문정왕후가 복구하려 했으나 억불숭유의 국책에 밀려 폐사지로 남아 있었다. 한때의 위용을 자랑하던 원각사 범종은 숭례문 보루로 옮겨졌다가 광해군 때에 보신각으로 옮겨 지금은 보물 2호인 '보신각종' 으로 더 알려져 있고, 빈 절터의 석탑과 석비 등은 국보와 보물이 되어 지난날의 영화를 회상하고 있으며 그 절터는 '탑골공원' 이 되어 3.1운동의 성지 역할을 하고 있다.

1897년(光武 원년), 황제로 등극한 고종은 탁지부(오늘날의 재정담당부)의 영국인 고문 브라운(J.M. Brown)의 건의에 의해 원각사지에 서구식 공원을 건립했다.

당시 이 고을은 탑이 있는 고을이라 하여 탑골, 탑동, 탑마을 등으로 불렸는데 공원명을 '탑골공원' 이라 하지 않고 굳이 파고다공원이라 한 이유는 무엇일까. 그것은 멀쭉하게 키가 큰 십층석탑은 부재가 하얀 대리석이라서 백탑이라 한 데서 유래한다. 그것을 영문으로 표기하면 'paktap' 인데 'pagada' 와 스펠링이 비슷하여 자연스럽게 파고다공원으로 명명했다는 설이다. 민간어원설로 치부하기는 너무 어쭙잖고 언어의 유희로 보기도 관련성이 적어 보인다. 'pagada' 는 바로 탑을 뜻하는 단어이기 때문이다.

'pagada' 는 포르투갈어 'pagode' 에서 유래한 말로서 페르시아어 butkadah(신이 사는 곳), 또는 산스크리트어 bhagavat(성자, 신)가 전화(轉化)한 것으로 보고 있다. 그렇기에 파고다는 신이 사는 불탑이나 사원을 가리키는 말이다. 그렇게 엄연히 파고다 자체가 탑을 의미하는 용어인데 백탑에서 추론한다는 것은 무리다. 그보다는 브라운이 영국인이다 보니 자연스럽게 탑보다는 파고다에 더 익숙하여 'pagada park' 로 건의한 데서부터 비롯된 것으로 보는 것이 옳다.

우리 말은 고유어, 귀화어, 외래어, 외국어로 구성되어 있다. 혈통이 순수한 우리 말은 고유어지만 오랜 세월이 지나는 동안 우리 것으로 혈통을 바꿔 버린 것은 귀화어다. 볼펜이나 텔레비전과 같이 외국어이면서도 우리 말처럼 쓰이는 것은 외래어다. 그러나 '시너지' 효과, '인프라' 구축과 같은 말은 아직 외국어다. 그렇게 볼 때 '탑' 은 이미 귀화한 우리 말로 봐야 한다. 산스크리트어의 스투파가 탑파로, 탑파가 다시 탑으로 축약 변화하여 오랜 세월 동안 불교 문화와 함께 했기 때문에 외래어나 외국어 느끼는 사람은 아무도 없다. 그러나 파고다는 아직도 외국어라 느끼는 사람이 많다. 그만큼 파고다공원보다는 탑골공원이 우리 정서에 맞는 용어다.

그래서 서울시에서는 1979년에 3.1운동 60주년을 맞아 공원을 정비하고 1992년 파고다공원을 탑골공원으로 명칭을 고쳐 사적 354호로 지정 관리하고 있다. 처음 파고다공원으로 문을 열었을 때는 황실전용공원으로서 음악연주와 재실로 이용하다가 1913년에 일반인에게 공개하여 시민공원으로서의 첫발을 내디뎠다. 우리나라 서구식 근대공원으로서는 인천의 자유공원에 이어 두 번째 공원이었지만 한양의 한복판에서 시민을 위한 공원이 탄생했다는 것은 의미 있는 일이다. 국보 2호인 원각사 십층석탑과 보물 2호인 보신각종, 그리고 보물 3호인 대원각사비 등 내로라하는 문화재를 간직했던 원각사지, 이제는 3.1운동의 함성을 듣는 민족정신의 산 교육장으로 다시 태어나 도심에서 휴식을 취하는 시민들의 삶을 지켜보고 있다.

> **찾아가는 길**
> **탑골공원** : 서울특별시 종로구 종로2가 38-1번지. 지하철 1호선 종로3가역 1번 출구. 3호선 2-1번 출구. 5호선 5번 출구 버스 일반 111번, 간선 143, 150, 160번 이용

경천사지 10층석탑 앞에서
—부끄러운 문화유산 국보 제86호

탑의 개관

탑은 인도의 산치대탑에서 시작된 것이지만 부처님의 사리를 안장한 무덤이라는 개념은 시대가 지나면서 퇴색했다. 불상이 없던 무불상(無佛像) 시대에는 절대적인 예배의 대상이었으나 불상이 예배의 대상으로 부각하면서 탑은 절을 상징하는 대표적인 장식품으로 바뀌었기 때문이다. 인도에서는 왕릉과 같은 봉분과 그 위에 상투를 틀듯 작은 방형의 장식을 올려놓은 것을 포함하여 탑이라 한다. 이것이 중국에서는 봉분을 생략하고 상투 부분만 따로 조영하여 탑이라 했다. 그것도 벽돌을 구워 웅장한 빌딩처럼 쌓았다. 그래서 중국은 전탑(塼塔)의 나라라 한다. 그에 비해 우리나라에서는 벽돌을 굽는 기술이 없어 나무로 탑을 쌓았다. 그러나 재질이 썩고 화재로 손실되는 일이 있어 돌로 탑을 쌓기 시작했다.

목탑도 그렇지만 특히 석탑을 쌓으려면 고도의 세련된 기술, 예술적 안목을 갖춘 기능공, 질 좋은 화강암 등이 필요한데 그 모든 조건을 갖춘 곳은 익산이었다. 국보 11호 '익산 미륵사지 석탑'의 탄생은 우연이 아니었다. 그 이후 목탑의 형식을 취한 석탑이 주류를 이루었는데 삼국시대의 탑은 지역에 따라 특성을 보인다.

신라는 분황사의 모전석탑(무른 사암을 벽돌처럼 잘라 쌓은 탑)을 비롯하여 안동, 영양, 의령 등지에서 보인 전탑들이 특이한 형태를 보이는데 한 시기를 지난 신라에서는 감은사지의 3층 석탑이 전형을 이루어 불국사의 석가탑에 이르러 꽃을 피웠다. 그래서 신라계 석탑은 대부분 안정적이고 단아한 3층이다. 백제는 익산 미륵사지의 석탑에서 고도의 발달한 기술과 예술혼을 보이다가 부여 정림사지의 5층석탑이 전형을 이룬다. 신라의 탑에 비해 지붕돌의 처마 끝이 더 날렵하고 허리가 둔중한 중년 여성과 같은 온화한 느낌을 주는 특징이 있다.

이에 비해 고구려에서는 백제계, 신라계의 탑이 사각인 것과는 달리 팔각이며 다층의 구조를 이룬다. 묘향산 보현사탑을 비롯하여 월정사, 묘적사, 수종사의 탑들이 고구려 계열의 팔각 다층 석탑이다. 특히 월정사의 팔각 구층석탑은 현란한 아름다움을 자랑한다. 귀고리를 단 여인의 아름다움과 같이 지붕돌이 가볍게 들려 있는 여덟 곳의 귀퉁이마다 풍경(風磬)을 달아 바람이라도 불면 시각 위에 청각의 자극을 더해 준다.

그렇게 지역적 특성을 보인 탑들이 통일신라는 물론 고려, 조선시대에 이르러서도 지역적 특성을 벗어나지 않는다. 같은 재료를 사용하더라도 전라도, 경상도, 충청도의 음식맛이 다르듯 문화도 고유의 특성을 벗어나지 않는다.

구례 화엄사 쌍사자석탑이나 빈신사지 석탑, 불국사의 다보탑과 같은 탑을 이형(異形)탑이라 한다. 삼국시대의 전형에서 벗어나는 탑을 그렇게 표현하지만 경천사지의 10층석탑은 그 용어로 포장해 버리기에는 너무 아름답고, 규모가 크고, 그 속에 담긴 부처의 나라가 인상적이다. 그래서 그 미적인 존재, 딱딱한 대리석의 물성(物性)을 초월하여 불교의 아름다움을 조영해낸 결정(結晶)이 현대인의 시각을 자극한다. 더구나 탑골공원에 일란성 쌍생아와 같은, 아니 명품의 짝퉁과 같은 원각사지 10층석탑이 있어 그 아름다움을 비교 감상할 수 있다. 보면 볼수록 우리 고유의 형식에서 벗어난 그 미모는 동서양의 혼혈아가 보여주는 이국적인 모습에 감탄이 절로 인다. 그러나 그 아름다움에 가려진 이면을 알고 보면 우리에게 하나의 부끄러운 역사 유물이라는 사실에 아쉬움이 덧입혀진다.

경천사지 10층석탑의 실체

일제 36년은 우리 문화의 틀을 완전히 바꿔 놓았다. 일제는 문화재 약탈, 창씨개명 등으로 내선일체를 추구하며, 경복궁 정면에 총독부 건물을 짓고 창경궁을 동물원으로 바꿔 왕실의 위상을 깎아 내렸다. 그 상처를 지우기 위해 정부는 국립중앙박물관으로 사용하던 총독부 건물을 헐어버렸다. 과연 그것이 능사인가. 그렇다면 서울 역사(驛舍)도, 한국은행 본점 건물도 다 헐어야 한다. 부끄러운 역사도 우리의 역사인데, 더구나 그것이 주는 교훈은 교과서에서 언을 수 있는 그 이상의 것인데 지우개로 연저자국 지우듯 흔적을 없애 버렸다.

상하이는 식민지와 같던 조차(租借)시절에 세운 서양식 건물 때문에 관광 명소가 되었고, 남미 국가들도 식민지시대에 제국이 남긴 건물과 문화재가 그들의 얼굴 역할을 한다. 우리도 한때 중앙청과 민족정신의

▲ 경천사지 10층석탑 2층

그릇인 국립박물관으로 사용한 건물이라면 헐어 없애 버리는 것보다 다른 곳으로 이전하는 것도 생각해 볼 일이었다. 물론 그런 의견도 있었지만 기술상 어려움이 따른다면 모형으로라도 남겨 그곳에 일제 잔학상의 자료를 전시하는 공간으로 사용했어야 했다.

경천사지 10층석탑은 고려시대에 가장 부끄러운 의도로 조영된 건축물인데도 그 수려한 아름다움 때문에 수치는 감추고 국립중앙박물관에 자랑스러운 문화재로 서 있다. 문화재에 대한 모순된 논리는 그렇게 같은 부류일지라도 멸시와 존대의 양극으로 갈리는 경우가 많다. 이 탑이 경복궁 뜰에 있을 때 그 미려(美麗)한 자태에 매료되어 그 누구도 그 실체를 파악하며 감상하지 않았다. 아니 감탄사만 연발하며 그 속내를 알려 하지도 않았다. 각 층마다 돌을새김으로 조각된 불상과 문양들이 불국의 아름다움을 연상하게 했고, 짧은 상식이 있는 사람은 고려시대 개경에 있던 탑이었으니 고구려 계통의 수작이라고 속단했을 뿐이다. 그러나 그 탑의 정체를 알고 나면 이완용의 독립문을 보는 것과 같은 느낌이 들어 고려와 조선의 매국노들이 활개치던 역사의 아픔에 젖어든다.

　"至正八年戊子三月日(지정팔년무자삼월일)"

이 조탑명(造塔銘) 때문에 건립 시기가 분명히 밝혀졌다. 지정팔년은 1348년(충

▲ 국립중앙박물관 건물 안에 있는 경천사지 10층석탑

목왕 4)인데 중국은 원나라의 순제가 다스리던 기간이다. 일제 36년에 의해 짓밟힌 역사와 문화가 얼마나 부끄럽게 우리의 발목을 잡는지를 생각하면 고려시대 원나라 간섭기는 상상을 초월한다. 고종대의 최씨 무인정권이 물러나고 고종의 아들 왕전이 왕위에 오른 이후 고려는 원나라의 속국이었다. 왕전의 묘호를 원나라의 국호인 원종(元宗)이라 할 만큼 원과 가까이 지냈다. 원종의 집정기는 제외하더라도 그의 아들 충렬왕이 등극한 1274년대부터 반원정책을 펴다가 다시 친원정책으로 돌아설 수밖에 없던 공민왕이 암살당한 1374년까지만 계산하더라도 원나라의 부마국으로서 지배를 받던 시기는 정확히 백년이다. 더구나 원나라 순제의 제2 황비는 고려 공녀 출신 기황후였는데 그녀의 아들이 황자(皇子)가 되어 막강한 권력을 휘두르고 있었다. 그녀의 오빠 기철이 정국을 농단하던 시절 고려의 임금은 원나라가 폐위하기도 하고 다시 복위하기도 했으며, 부자간에 정적이 되어 싸우면 원나라로 압송당하는 등 원의 허수아비 역할을 하던 시기였다. 경천사지 10층석탑은 바로 그 때에 건립되었다.

물건은 만드는 사람의 의도에 따라 가치가 달라진다. 탑이나 사찰도 마찬가지다. 시주자의 발원에 의해 그 의미가 달라진다. 그 발원문은 대부분 국태민안(國泰民安)과 임금의 안위와 누구누구의 건강 장수를 기원하는 것이 일반적이다. 이 탑의 발원도 그와 같은 내용이다. 그러나 그 의도가 불순하다. 경천사지 10층석탑은 친원파 강융(姜融)과 고용봉(高龍鳳)이 시주하여 원나라의 기술자와 재료(대리석)를 들여와 원나라 양식으로 쌓은 탑이다. 조선 말기에 친일파들이 돈을 내어 일본의 재료로 일본 기술자들이 쌓은 일본식 탑이나 다름없다.

강융은 딸이 원나라 승상 탈탈의 소실이 되어 세도가가 되어 있었고 고용봉은 기황후의 후원으로 원나라의 벼슬을 했던 환관 출신으로 친원세력의 대표적인 인물이었다. 그들이 발원하여 세운 탑이니 발원문은 불문가지다. '원나라 황제, 황후, 황자의 만수무강을 축원' 하여 그들이 오래 살고 그들의 정권이 오래 가기를 비는 내용이다. 발원대로 황제가 오래 살고 원나라가 강성해야 그들도 고려에서 떵떵거리며 행세할 수 있는 매국노적 발상에서 탄생한 수치스런 문화재가 오늘날에는 우리의 자랑스러운 국보다.

원나라 황실에서 보기에는 파리의 개선문과 같은 자랑스러운 유물이었을 것이다. 그러나 고려인들에게는 분명 벼락이라도 맞아 없어져야 할 부끄러운 대상이었다. 그 유물이 국립중앙박물관 건물 중앙복도의 한 켠에 떡 버티고 서있다. 그나마 다행인 것은 중앙에서 동쪽으로 조금 치우쳐 놓았다는 점이다. 그것으로 우리의 작은 자존심을 지켰다고나 할까.

경천사지 10층석탑의 가치와 역사적 의의
세계적으로 자랑할 만한 큰 박물관을 가진 나라일수록 도둑질을 많이 한 나라다. 대영박물관이나 루브르박물관에 전시된 문화재는 어느 나라 것인가. 힘센 나라일수록 큰 도둑이었는데 그들을 징벌할 만한 국제적 힘이 없기 때문에 문화재를 빼앗긴 약자들은 아무 말도 못하고 자기문화재를 그 나라에 가서 봐

야 한다. 우리나라의 「몽유도원도」가 그렇고, 「수월관음도」가 그렇고, 외규장
각 도서 등이 그랬다. 강대국들은 국력을 자랑하듯 외국물품도 자랑스럽게 진
열하는데 약소국들은 힘센 나라에서 문화재를 임대하여 진열한다. 자기의 유
형문화재를 빼앗긴 것도 억울한데 외세에 짓밟힌 시절 독립문이나 경천사지
10층석탑과 같이 버리고 싶은 유산이 국보로 지정된 경우가 많다. 그래도 박물
관은 곧 국력과 비례하기 때문에 그것이나마 진열할 수 있으면 다행이다.

　없어져 버린 중앙청 건물을 통해 당시 유행하던 건축술과 위정자들의 능력
이 국가에 미치는 영향 등을 공부할 수 있다는 것은 후손에게 교훈을 줄 수도
있기 때문에 아쉬움이 남는 것이다. 그래서 부끄러운 문화유산일지라도 정확
히 알아야 하고 그것들이 지니고 있는 미술사적 가치를 알아야 한다.

　경천사지 10층석탑은 다른 곳에서는 볼 수 없는 희귀한 양식이라서 존재의
가치가 있다. 우리의 탑은 삼층, 오층 등 홀수의 양식이 대부분인데 짝수의 10
층이라는 것과, 사면에 또 하나의 사각형을 돌출시킨 아(亞)자형 탑이라는 것이
특이하다.

　아자형은 위에서 보면 십(十)자 모양이다. 결국 지상에서 바라본 10층의 십(十)
과 위에서 바라본 십(十)자가 이 탑의 주제를 표방한다. 이 탑의 조탑명(造塔銘)에
는 경천사는 화엄종이라고 밝혀 놓았는데 화엄종에서는 십(十)을 완전한 수로
본다. 즉 화엄의 완성은 십에 있다고 보기 때문에 원나라 건축양식에 화엄교리
를 접목한 건축물이다. 그렇게 원나라의 영향을 받아 탄생한 이형이지만 그 속
에는 우리의 전통 기법도 남아 있다. 3층 기단부와 그 위의 3층까지는 아(亞)자
형이고 4층부터는 4각형의 전통적인 우리 양식이다.

　기단부와 3층까지는 사각형 안에 작은 사각형을 돌출시켜 아(亞)자로 꺾었는
데 이때 한 면에 생기는 면은 모두 12면이다. 즉 한 면의 열두 개 면마다 새긴
불상은 백제와 신라계 탑에서 볼 수 없는 서유기 이야기까지 조각해 놓았다.
특히 3층 지붕은 지붕을 2중으로 올려 겹지붕의 형식을 취했다. 어쩌면 하단의
원나라 양식과 상단의 우리 양식을 구분하기라도 하는 듯 경계선이 분명하다.
이로 인해 10층탑을 3층탑과 7층탑의 결합이라고 하기도 한다. 3층 기단부의
구조를 그대로 이은 3층까지는 체감율(遞減率)이 분명하다. 4층부터는 정사각형

▲ 탑신의 조각(사진 문화재청)

의 지붕돌이 체감율 없이 10층까지 이어졌다.

　3층까지가 둔탁한 엉덩이의 하체 부분이라면 4층부터는 다이어트에 성공한 슈퍼모델의 허리와 가슴살이 없는 목까지의 상체다. 행여 밖에 있다면 심한 비바람에 쓰러지지 않을까 걱정이 들 만큼 날렵하다.

　이 탑에서 눈여겨봐야 할 것은 각 층의 모서리에 낸 기둥과 난간이다. 우주(隅柱)라 하는 모서리 기둥은 목조 건축물의 필수적인 부재로서 각진 석탑의 딱딱한 맛을 완화시켜 주는 구실을 하며 탑신의 아래 난간과 어울려 한옥의 은은한 맛을 살려 준다. 더구나 이들을 덮고 있는 지붕돌은 한옥의 팔작지붕이다. 이는 현실 세계에서 품위 있게 사는 사대부의 집을 묘사한 것이겠지만 불탑인 만큼 부처님이 사는 극락세계를 묘사한 것이다.

　가인박명(佳人薄命)이라 했던가. 그 말은 분명 이 탑에 해당하는 말이다. 빼어난 자태에 수려한 조각으로 남의 시선을 끌었기에 욕심내는 임자가 많았다. 고향을 떠난 사람들은 항상 본향을 향한 꿈을 안고 살지만 제자리를 떠난 문화재는 원래의 가치를 상실한 변질품으로 전락할 수 있다. 누가 경천사지 10층석탑을 감상의 대상으로 여겨 왔는가. 부처님의 무덤으로서, 사찰을 상징하는 엄숙한 예배의 대상을 누가 석조미술품으로 변질시켜 놓았는가. 얌전한 규수집 여인이 술집 여인이 되어 길손을 유혹하는 듯한 모습에 안타까운 마음이 든다.

'다나카' 라는 일본 궁내부대신은 우리의 아름다운 예술품을 '다 낚아' 갈 사람이었는지 그 고즈넉한 절터에서 세인의 마음을 정화(?)시켜 주던 이 탑을 1907년 3월에 일본으로 반출해 갔다.

반대하는 사람들을 총으로 위협하며 급히 가져가더니 데라우치 총독과의 감정싸움과 국내외의 여론에 밀려 10여 년을 창고에 처박아 풀어보지도 못한 이 탑을 1918년 11월에 반환했다. 너무 손상이 심해 조립하지도 못하고 40년 동안 경복궁 회랑에 보관했다가 1959년부터 수리하여 1960년 경복궁 뜰에 복원해 놓았다. 이는 다시 1995년에 해체 10년간 완벽하게 복원 처리하여 2005년 용산 국립박물관에 새 터를 잡았다.

주인 잘못 만나 고생 참 많이 했다. 이제 새 터에서 많은 손님을 맞고 있으니 그 위용을 다시 찾았다. 바라기는 이 탑의 설명문에 분명히 부끄러운 문화유산임을 밝혀야 한다. 미술사적 가치도 충분히 설명해야 하지만 그 존재의 의미와 친원파에게 수탈당한 고려인의 아픔도 밝혀 놓아 후세로부터 제대로 평가받게 해야 한다. 그것이 박물관의 일이요, 문화재의 가치이며 역사의 교훈이다. 근세의 일제사는 극한 아픔으로 남아 있고 오래된 역사는 낭만의 대상이나 재미있게 추억할 수 있는 이야기의 대상이어서는 안된다. 역사의 잣대는 분명해야 한다.

▶ 찾아가는 길 ◀

경천사지10층석탑(국립중앙박물관) : 서울특별시 용산구 서빙고로 137. 지하철 4호선 이촌역 2번 출구 이용하면 5분 거리에 있음. 버스를 이용할 경우 지선 0018번, 간선 502번

세밑에 생각나는 사람

토정 이지함

혼란스런 시기에는 민심이 동요한다. 가뭄과 홍수가 심하여 흉년이 들거나, 질병이 창궐하면 민심 이반현상이 일어난다. 곳곳에서 반란이 일어나고 도둑들이 떼를 지어 국가의 기강을 흔들어대기도 한다. 그러나 행동력이 약한 일반 대중은 사이비 종교에 빠지기도 하고 혹세무민하는 사기꾼에게 속아 일생을 망치기도 한다. 부역과 군역으로 시달리면서도 항의 한 번 제대로 할 수 없는 민초들은 산으로 숨어들어 화전을 일구거나 화적떼가 되어 사람들을 괴롭혔다. 그런 시기에 민초들을 위무(慰撫)하고 그들의 아픔을 대변한 예언자가 있었으니 그가 바로 토정 이지함이다. 어려운 시기의 세밑에 토정 선생이 그리운 것은 어인 일일까.

▲아산 여민루

▲ 이지함 영모비 앞(비양)

　이지함은 중종 2년(1517년)에 충남 보령의 외가에서 태어났다. 외가는 외삼촌 김극성이 중종반정에 참여한 4등 공신으로 권력과 재력을 갖춘 집안이었고, 친가는 목은 이색의 6대손으로 큰형 지번의 아들 이산해가 영의정에 오를 만큼 당당한 집안이었다. 14세에 아버지, 16세에 어머니를 여의자 큰형 지번과 함께 3년간 시묘살이를 하면서 지번에게 학문은 물론 인격 형성에도 많은 도움을 받았다. 지번을 따라 한양에 온 지함은 정종의 후손인 모산수(정4품) 이정랑(李呈郎)의 딸과 결혼하여 23세(1539년)에 장남 산두(山斗)를 낳고, 큰형 지번은 후에 북인의 영수가 되는 산해(山害), 둘째형 지무는 산보(山甫)를 낳았다.

　이때 그는 지번으로부터 학문에 열중하라는 가르침을 받고 광릉수목원에서 공부를 하여 사서삼경에 달통할 정도로 열정을 쏟았다. 그렇게 열심히 학문을 닦았지만 지함은 과거에 응시하지 않았다. 일반적으로 알려지기는 마포나루에 토굴을 쌓고 살면서 주변인들의 일진이나 봐주던 기인(奇人), 또는 사람들이 한 꺼번에 몰려들기에 《토정비결(土亭秘訣)》이라는 책을 써서 자기의 운명을 스스로 알아보게 했는데 어려운 사람들에게 희망을 주기 위해서 두루뭉실하게 표현했다는 정도다.

토굴에 살면서 주민의 운명감정이나 하다가 죽은 사람(?), 과연 그랬을까.

그는 57세 때인 1573년에 탁행(卓行)으로 포천 현감을 제수 받았다. 고을 수령으로서 그는 가난한 백성들을 구제하기 위해 상소문으로 올렸는데 상책, 중책, 하책으로 요약한 3대 창고론이다. 그러나 답이 없자 미련없이 사직하고 고향으로 돌아갔다.

그 후 62세 때인 1578년에 아산 현감을 제수 받았다. 탁행은 참봉(參奉)이라는 종9품의 최말단직을 내리는 것이 관례였으나 토정은 6품에 해당하는 현감을 제수 받았다. 학식과 덕행이 탁월하고 명망이 있었기 때문이다. 아산에 부임한 토정은 거리에 걸인들이 많은 것을 보고 걸인청(乞人廳)의 신설하여 평소에 품은 민본사상을 실천했다. 그러나 하늘은 쓸 만한 사람을 먼저 불러간다던가. 주민을 위해 한참 일하던 토정은 이질에 걸려 7월 17일에 운명을 달리했다.

토정이 살았던 16세기는 임꺽정과 같은 도적떼가 횡행하는 사태가 나타날 만큼 정치적으로 혼란한 시기였다. 남명 조식이 문정왕후의 섭정을 과부의 횡행으로 빗대어 조소하고, 명종을 고아나 다름없는 임금이라고 혹평하는 상소를 올릴 만큼 학자들은 현실 정치에 불만이 많았다. 민초들은 민초대로 미륵신

▲ 이자함 영모비 뒤(비음)

앙과 같은 구세주를 기다리며 예언서에 빠져 들어 정감록을 믿고 산 속에 묻히는 사람이 많았다. 토정비결도 그 시기의 산물이다. 토정비결을 토정이 지었다는 증거와 기록은 어디에도 없다. 후대에 토정의 유명세를 빌어 다른 사람이 가차(假借)한 것으로 보는 것이 정설인데 명리학의 사주(四柱)와는 큰 차이가 있다. 즉 당시에는 시계가 없어 생시를 잘 모르기 때문에 시간을 제외하고 간단하게 추명하는 방법이다.

사변 철학에 안주하지 않고 실천인으로 살았던 토정. 그의 사상은 포천에서 올린 상소문과 아산에서 걸인청을 설치하여 어려운 백성을 구제한 애민정신에 잘 나타나 있다. 특히 생활력이 없는 사람들에게 능력에 맞게 재활교육을 했다는 점은 오늘날 사회복지정책의 귀감으로 1601년 영국의 엘리자베스 구빈법보다 훨씬 앞서는 정책이다. 그는 위정자가 섬겨야 할 대상은 백성이며 가장 두려워해야 할 대상도 백성이라는 것을 실천한 용기 있는 정치인이었다.

동서 분당 때 심의겸과 함께 서인으로 지목되었으나 당파에는 관여하지 않고 오히려 당쟁완화를 위해 노력했던 김계휘(1526~1582)가 율곡에게 토정이 어떤 사람이냐고 묻자 '진기한 새, 괴이한 돌, 이상한 풀'이라고 답한 것은 토정의 모든 것을 함축한 의미 있는 평이다.

《허생전》은 생활에 대한 아무런 대책도 없이 책만 읽는 남편에게 장사도 못하느냐는 마누라의 바가지 긁는 장면으로 시작한다. 실학자 박지원, 그는 문체반정의 장본인으로서 양반사회에 대한 모순된 생활을 그렸는데 그 주인공 허생은 다름 아닌 토정 이지함을 모델로 취했다. 유몽인의 어우야담에 그의 행적이 자세히 기록되어 있어 그 가능성을 짐작케 한다.

명종 4년(1549년)에 이홍남과 이홍윤 형제의 청홍도 사건이 있었다. 형이 아우를 역모죄로 고변하고 토정의 장인을 그 수괴로 지목한 것이다. 이로 인해 처가 집안은 멸족당하고 토정도 천민으로 강등되었다. 그 후 토정은 소금을 만들어 팔기도 하고 고기잡이에 나서기도 했다. 행동력이 없는 양반의 허세를 털어버리고 허생전의 주인공과 같은 삶의 길을 택한 것이다. 특히 개간사업을 하여 재산을 모아 가난한 이웃에게 나누어 주었다. 그 때 토정은 이미 《허생전》의 주인공이었다.

그런 토정에게 또 하나의 충격적인 사건이 일어났다. 죽마고우 안명세의 죽음이다. 명종 원년(1545년)의 을사사화를 지켜본 사관 안명세는 소윤 윤원형 일파가 대윤 윤임 일파를 모함하여 죽였다고 기록했다. 이 사건을 통해 권력을 잡은 윤원형 일파는 사초를 읽어 보고 안명세를 처형했다. 토정이 토굴을 지은 것이나 기인으로 살기 시작한 것은 이때부터로 짐작된다.

토정은 기인적 행동을 많이 했다. 갓이 다 떨어지자 솥을 썼다. 평생을 써도 닳지 않는 솥갓. 얼마나 기발한 착상인가. 당시에는 의관을 갖추지 않으면 양반 행세를 할 수 없는 시기였지만 토정은 격식 따위에 신경 쓰지 않았다. 솥을 쓰고도 전국을 나다니며 많은 학자와 문인을 만나 교유하는 불구소절(不拘小節)의 기인이었다.

그렇게 기인으로 살았던 토정의 정치철학은 무엇인지 핵심을 알아본다.

첫째, '도덕지부고(道德之府庫)'로 인심의 창고를 말한다. 이 도덕의 창고는 한없이 크고 넓어서 온갖 재물이 있는데 정치인(임금)이 법칙을 세워 먼저 곳간을 열어 백성들에게서 베풀면 백성들 역시 자기의 창고를 열어 그 법칙을 잘 지키

▲ 토정 이지함 묘

▲ 토정터

며 백성들이 재물을 더불어 모으고 나누어 풍요로운 사회가 된다고 지적했다. 이는 인심의 곳간을 정치인(임금)과 백성이 소통하는 공간으로 보고 그 소통 방안을 제시한 것이다.

둘째, '인재지부고(人才之府庫)'로 인재의 창고를 말한다. 국가에서 아무리 훌륭한 정책을 세워도 지도자가 현명하지 못하면 무용지물이 되고 마는 현실을 지적했다. 바람직한 인재 등용을 위해서 곳곳에 많이 있는 인재들을 적재적소에 맞게 등용해야 한다고 구체적인 사례를 들어 지적한 이 부분은 인재가 없어 나라가 발전하지 못한다는 선조의 탄식을 꼬집은 것이다.

셋째, '재물지부고(財物之府庫)'로 온갖 재물을 생산하고 저장하는 창고를 말한다. 육지와 바다는 온갖 재물을 생산하고 간직하는 창고이기 때문에 이를 잘 다스려야 백성에게 돌아가는 이익이 커 잘 살 수 있다고 지적했다.

물산을 장려하면서 지역주의의 폐단을 없애자는 지적이다. 그리고 국유지나 사유지에 포함되지 않는 곳을 어느 한 지역에 사용권을 준 뒤 어느 정도 부를 축적하면 다른 지역으로 돌려 보자는 의견이었다.

이 상소문은 상공업을 경시하는 풍조를 개혁해 보려는 사회개혁적 사상이 담겨 있다. 즉 상공업을 발전시켜 농업을 보완해야 나라가 부강해진다는 이론을 편 것이다. 당시의 사회적 이념은 상공업에 치중하여 농사를 가벼이 하면 이농현상이 일어나 국가의 기본이 흔들린다는 생각으로 민간인의 상공업 행위를 국가에서 통제했다.

그러나 16세기에는 광산의 개발과 지방 시장의 출현, 그리고 사무역의 등장으로 사실상 본업(本業)인 농업에 종사하는 사람보다 말업(末業)인 상공업에 종사하는 사람이 더 많을 정도로 상공업의 필요성이 인정되는 상황이었다. 이러한 현실을 직시한 토정이 상소를 올리는 것은 당연한 일이었지만 조정에서는 이 현실을 들어줄 리가 없었다.

위의 3대 부고론은 새로운 '국부론(國富論)' 이라 할 수 있는데 이 사상은 후기 실학사상에 접맥되어 우리나라 실학의 비조(鼻祖)로 인정받고 있다. 보통 실학의 선구자는《지봉유설》을 쓴 이수광(1563~1628)으로 꼽지만 오늘날에 이르러서는 역사학계는 물론 경제학계에서까지 토정을 실학의 비조로 삼는다.

2007년 4월 13일 한산이씨 토정공파 종회에서는 마포구 한강 삼성 아파트 단지에 토정 이지함 선생의 영모비를 건립했다. 마포구의 토정동은 토정 선생으로 인하여 생긴 동명(洞名)이기 때문에 주변에 토정 선생의 덕을 기리는 영모비를 건립했다는 것은 당연한 일이다.

국가와 민족을 생각하는 참된 정치인이 요구되는 이 시기에 그의 동상과 영모비를 찾아보는 것은 의미 있는 일이다. 마포대교 북단의 토정동은 법정동인데 용강동의 관할이다. 마포대교 북단의 유수지 주변에 토정터를 알리는 비석이 있어 그의 행적을 찾아보는 데 도움이 된다.

이율곡이 장자에 맞먹는 책을 써보라고 권유할 만큼 큰 학자였으면서도 민을 위해 실천궁행했던 실학의 창시자 이지함, 모든 면에서 어렵다고 하는 이 시기에 토정 선생이 그리운 것은 오직 백성과 이웃을 생각한 참된 정치가였고 국리민복을 생각한 사상가였기 때문이다.

─┤ 찾아가는 길 ├─
서울시 마포구 토정동 138(한강 삼성아파트 경로당 옆). 마포대교 북단의 토정동은 용강동의 관할이다. 마포대교 북단의 유수지 주변에 토정 터를 알리는 비석이 있어 그의 행적을 찾아보는 데 도움이 된다.

정초에 나타나는 신앙본능

―동묘

서울의 수호신 관제묘

세월이 또 하나의 매듭을 지었다. 흔적도 없는 세월이 어떻게 그렇게 매듭을 지어가는지 신기하기만 하다. 한 달, 한 계절, 한 해 등 한 번도 탈선하지 않고 꼬박꼬박 역사를 꾸며 나가는 세월, 그 어김없는 천리(天理) 때문인지 작은 매듭에 초연한 사람도 큰 단위의 매듭 앞에서는 마음이 부산해진다.

그래서 연말연시가 되면 스산한 마음을 달래려 찾는 곳이 있다. 교회와 절이다. 대입수능 시험을 앞둔 백일 전부터 철야기도와 백팔배를 드리는 중생으로 인하여 예수님과 부처님이 부쩍 바빴는데 연이어 한숨 돌릴 틈도 주지 않고 매달리는 것이 정초다.

그래도 우리나라는 그 바쁘신 성자의 짐을 덜어드릴 만한 곳이 있어 다행(?)이다. 깃발을 매단 장대가 수없이 많은 골목길을 지나노라면 예수님과 부처님

▼ 관우의 신상(사진 종로구청)

도 이곳에서 만큼은 한결 짐이 가벼워진 느낌이 드실까? 누군가 절대자에게 의존해야 마음이 편안한 사람들, 그것은 연약한 인간의 신앙본능이다. 그 신앙심은 국적을 초월한 종교를 받아들여 신봉하기도 하고, 도사형 인간들에게 미혹되기도 한다.

그런 류의 사건과 토속신앙의 심층 보도가 많이 나타나는 것도 한 해의 시작 무렵이다. 그것은 세월이 일년을 단위로 매듭을 짓고 새해를 시작하려 할 때 절대자에게 의존하려는 원초적 신앙행위의 다름 아니다.

이제 경인년(2010년) 새해가 밝았다. 올해 정초에도 작년 못지않게 민초들은 복을 빌 대상을 찾아 분주했다. 그러나 아직도 복을 비는 대상이 무엇인지에 따라 사회적 시선이 다른 것이 현실이기에 역사적 실존 인물을 신으로 추앙하여 복을 비는 현장을 찾아본다.

관우와 동묘

지하철 1호선과 6호선이 교차하는 곳, 종로구 숭인동으로 동대문 밖에 있는 지하철역이 어디냐고 물으면 '동묘앞역' 이라고 답한다. 그러나 '동묘가 무엇이냐?' 혹은 '동묘가 무엇하는 곳이냐?' 고 물으면 대부분의 사람이 쭈빗거린다.

묘는 무덤의 묘(墓)와 사당의 묘(廟)가 있는데 동묘(東廟)는 후자의 묘다. 즉 서울의 동쪽에 있는 사당이라는 뜻이다. 그런데 숭인동은 예전에 동대문구에 속했으나 지금은 종로구에 속해 있다. 저자는 행정구역상 다시 동대문구에 속해야 한다고 본다. 동대문구에 동대문이 없는 기현상을 바로잡기 위해서도 필요하고, 인(仁)은 분명 동쪽을 가리키기 때문이다.

숭례문이 예(禮)를 숭상하는 문인 것처럼 숭인동은 인(仁)을 숭상하는 마을이다. 방향을 동양철학과 연관지어 보면 인(仁)은 동쪽, 의(義)는 서쪽, 예(禮)는 남쪽, 지(智)는 북쪽, 신(信)은 중앙을 가리킨다. 그래서 동대문을 흥인(仁)지문, 남대문을 숭례(禮)문, 서대문을 돈의(義)문, 북문을 홍지(智)문, 중앙을 보신(信)각이라 했다. 그런데 중앙의 종로구에 숭인동이 포함되어 있다는 것은 정치적이거나 지역적 이해관계가 있었으리라는 것을 짐작하게 한다.

인(仁)을 숭상하는 동네 숭인동, 그곳에는 《삼국지연의》의 주인공 관우를 모신 사당이 있다. 한때 무속인들이 관우를 신주로 모신 '관성교'의 본부가 있었는데 지금은 공원으로 바뀌어 주민들의 휴식처 역할을 하는 '동묘공원'이다. 동묘는 동관왕묘의 준말이다. 동쪽에 있는 관우왕의 사당이라는 뜻이다. 이는 관왕묘, 관성묘, 관제묘 등 여러 가지 이름으로 불리기도 한다. 그만큼 존경과 흠모의 대상으로서의 존칭에 변화가 있었다는 의미다. 즉 관왕묘가 관제묘로 바뀐 것은 관우를 왕에서 황제로 격상시킨 명칭이며 관성묘라 한 것은 왕이나 황제보다 성인의 지위로 높여 부른 호칭이다. 그래도 그 많은 명칭의 핵심에는 반드시 관우가 있다.

그렇다면 관우가 우리나라에서 신의 지위로 숭앙받게 된 것은 어떤 이유에서일까. 그것은 관우가 그를 따르는 군사에게 승리를 안겨 주었다는 전쟁신으로서의 역할에서 비롯되었다.

1598년 일본군과 싸우다 부상을 입은 명나라 장수 진린은 관우의 혼령이 도와 살았다고 믿어 남대문 밖에 관우의 사당을 지었다. 지금은 동작동 국립 현충원의 동작산 남쪽에 자리한 남묘다. 당시 중국에서는 송나라 이후 관우를 재물의 신, 신의의 신, 사악한 것을 물리치는 수호신으로 여겨 일반인의 숭앙을 받았다. 그런 분위기 속에서 진린이 관우 사당을 세워 전쟁신으로 삼은 것은 명나라 군사로서 당연한 일이다.

그 후 전쟁이 끝나고 명나라에서는 4천냥의 자금과 물자, 기능공, 심지어 황제의 친필 현판까지 보내와 관우의 사당을 지으라 했다. 전쟁의 후유증으로 어려움이 있었으나 1601년 완공했으니 이국의 신 관우가 한양의 동쪽과 남쪽을 수호하는 신장역할을 시작한 것이다. 그래서 건물도 중국풍이다. 전면을 제외한 벽들이 모두 벽돌이며 건물의 형식도 중앙에 문을 낸 가로 건물이 아니라 성당이나 교회처럼 관우의 신장이 멀리 보이는 세로 건물의 형태다. 이것이 명나라 군사의 정신적 위안소가 역할을 했다. 그래서 전쟁 중에는 안동, 남원, 성주, 강진, 여수, 영동, 김제, 강화 등 명나라 군사가 주둔하는 곳에는 어김없이 관우사당을 지어 이 땅에 중국신의 영역을 넓혔다.

그러던 것이 고종시대에 와서는 전주의 관성묘를 비롯하여 한양에 북묘와

▲ 중국식 건축양식의 동묘(사진 종로구청)

서묘를 세워 관우신앙의 전성기를 맞았다. 지금도 서울의 장충동 1가의 성제묘(聖帝廟), 장충동 2가의 관성묘(關聖廟), 방산동의 성제묘 등이 남아 있어 국가로부터 얼마나 많은 보호를 받았는지 상상이 가능하다(제갈공명 사당 : 중구 예장동과 용산구 보광동에 있음).

나라가 위태로울 때에 원병을 보내 도와준 데에 대한 보답으로 이국(異國)의 신까지 섬기는 처지가 되었으나 명나라 군사가 돌아간 이후 일반 백성들은 이를 외면했다. 그러던 것이 1691년(숙종 17년) 숙종이 동묘에서 제사를 지내고 시문을 지어 동묘와 남묘에 게시하면서부터 관심의 대상으로 떠올랐다. 이후 영정조 시대에는 관왕묘 제사를 국가의례로 격상시켜 관우의 충의를 통해 왕권을 강화하는 방편으로 이용했다.

1882년 임오군란을 피해 피난길에 올랐던 민왕후는 자칭 '관성제군의 딸'이라는 무녀 '李姓女'(이씨 성의 여자)가 환궁의 날을 예언하여 큰 신임을 받고 북묘 건립을 주청하여 1883년에 지금의 서울과학고 아래에 북묘를 세웠다.

그 이듬해에 갑신정변이 일어나자 고종은 이곳으로 피신하여 난을 피했다.

그것이 고종에게는 관우신의 도움을 체험한 현장이었고 관우신을 맹종하게 된 계기였다. 그래서 이곳에서 겪은 일을 친히 비문으로 지어 비를 세우게 했다. 그것이 지금은 용산국립중앙박물관 동편에 서 있는 북묘비다.

이후 1902년에 고종은 서묘까지 세우고 관우를 황제로 예우하여 관왕묘를 관제묘(關帝廟)로 격상했다. 그래서 명칭을 '현령소덕의열무안관제'로 바꾸었다. 역사의 실존 인물이 외지에서 황제로 등극하며 최고의 신으로 예우받기에 이른 것이다. 물론 서묘는 관우만을 위한 사당은 아니다. 촉한의 소열제(昭烈帝) 유비를 위시하여 관우, 장비, 제갈량, 조운, 마초, 황충, 옥보, 주창, 조루, 관평 등을 제사지내는 사당으로 숭의묘(崇義廟)라 했으나 통칭 서묘라 했다.

국가의 위난을 관우신에게 의지하여 타개해 보려 했던 고종은 한양도성의 동서남북에 관우의 사당을 세워놓고 든든해 했겠지만 그러나 국제 정세에는 신앙이 아무 힘이 없었다. 헛된 신앙이 얼마나 무력한 것인가를 보여주는 냉혹한 현실만 있었다. 1908년에 제사에 관한 조칙에 의해 관제묘의 제사를 모두 폐지하여 각 지방 관청에 귀속시켜 버린 것이다. 소위 칙령 50조의 향사이정(享祀釐整)이다. 한때 왕실과 조정에 의해 들불처럼 확산되던 관우 숭배 사상은 이렇게 된서리를 맞았다.

관우의 위상

일개 장군으로서 자신의 목숨도 지키지 못한 관우가 어찌 위대한 신으로 숭앙받을까. 조선으로서는 강대국의 신앙을 받아들인 형태라 하지만 중국에서는 어떤 위상의 인물이기에 그렇게 신으로까지 숭앙받을까. 이를 알아보는 것이 우리의 작은 자존심이라도 회복하는 일이다.

우리는 문묘(文廟)에 대해서는 잘 알고 있으나 무묘(武廟)는 알지 못한다. 문묘 대성전은 공자를 모시는 사당으로서 성균관과 향교 등에서 자주 보았으나 관우를 모시는 무묘는 쉽게 보지 못했기 때문이다. 우리에게 문(文)과 무(武)는 그렇게 맞선 대상이 아니었다. 대대로 문을 숭상하다가 무신의 난을 당하면서도 항상 무(武)는 문(文)의 그늘처럼 대우했다.

그러나 중국은 문묘와 무묘가 분명히 맞서 있다. 아니 공자의 문묘보다 관우의 무묘가 훨씬 더 많다. 관우의 위상은 그 하나만으로도 짐작할 수 있는데 중국의 묘제를 보면 관우의 위상은 더 분명해진다. 중국에서는 황제의 무덤을 능(陵)이라 하는 데 비해 성인의 무덤은 림(林)이라 한다. 그런데 중국

▲ 동묘(사진 종로구청)

의 그 오랜 역사 동안 성인의 예우로 무덤을 림이라 한 것은 공자와 관우뿐이다. 즉 공자의 무덤은 공림, 관우의 무덤은 관림이다. 관우는 살아 있을 때 그렇게 큰 공적을 남긴 것도 아닌데 왜 그렇게 성인으로 존숭받는지 아리송하다. 관우가 감히 공자에 비견할 만한 인물인가. 그렇지는 않다. 그러나 관우는 분명 왕권시대에 필요한 인물상이었다. 유비 한 사람에게 충성했다는 것이 가장 큰 미덕이라면 그것만으로 성인이라 추앙받기에는 미흡하다. 그러나 그 미흡한 충성심이 전쟁이 끊이지 않는 중국의 왕조에게는 꼭 필요한 덕목이었다. 한 왕조에서 한 임금에게 충성을 다 하고 죽음으로 신의를 지킨 사람, 그것이 관우를 신격화 하는 요체였다. 시대가 그런 인물을 요구한 것이다.

고종은 기울어 가는 국운을 쓸쓸히 지켜볼 수만은 없었다. 국가를 구하기 위해 관우 같은 충신이 필요했다. 그래서 관우의 사당을 짓고 관우를 황제로 추켜세우며 극진히 예우했다. 어쩌면 기적을 바라는 마음이었는지도 모른다. 숙종은 명나라에 경도되어 만동묘와 대보단을 지어 숭배했고 소중화 사상에 빠진 송시열 일파와 명나라 귀신을 섬기는 데 정성을 다했다.

명나라를 섬기는 것이 최대의 의리라 여겼던 숙종은 그것을 상징하듯 무덤까지 명릉이라 했다. 그러나 고종대에는 제국주의의 역학 속에서 살아나가야 한 국력 최우선 시대였다. 그 험난한 국제 관계를 벗어나지 못하고 고종의 꿈이 무참히 깨지면서 관우 숭배 사상도 함께 시들해졌다. 청일전쟁과 러일전쟁

에서 승리한 일본의 신사가 그 위치를 대신한 것이다.

새해의 염원

동양학에서는 동서남북의 사방을 방위마다 다시 셋으로 세분한다. 즉 동쪽은 인묘진(寅卯辰), 남쪽은 사오미(巳午未), 서쪽은 신유술(申酉戌), 북쪽은 해자축(亥子丑)이다. 남쪽을 예로 들면 동쪽에 가까운 남쪽[南南東]을 사(巳), 서쪽에 가까운 남쪽[南南西]을 미(未), 남쪽의 중앙인 정남을 오(午)라 한다. 그래서 정남을 정오(正午)라 하고 낮 12시도 정오라 한다.

더불어 방위를 나타내는 12지는 계절을 의미하기도 한다. 동쪽은 봄, 남쪽은 여름, 서쪽은 가을, 북쪽은 겨울이다. 2009년도가 기축(己丑)년이었으니 계절로 보면 축(丑)이 북방과 겨울을 나타내므로 겨울에 해당하는 춥고 음산한 음(陰)의 해였다. 그러나 2010년은 양(陽)의 기운이 시작되는 경인(庚寅)년이다. 인(寅)은 동쪽 방향으로서 봄의 시작이므로 언 땅이 녹고 겨울의 기운이 물러가며 봄의 생기가 돋아나는 생명의 해인 것이다. 한 해의 경제가 어둡고 국제 정세도 암울했다면 새해는 양의 해이며 봄을 알리는 동쪽 방향의 시작이기 때문에 모든 것이 나으리라는 분석이다. 동양철학의 묘미는 음양론과 10간 12지의 절묘한 조화에 있다.

행복은 느끼는 자의 것이요 만족하는 자가 얻을 수 있는 것이다. 티벳이나 오지(奧地)인들의 행복지수가 아주 높은 것이 좋은 예다. 우리도 각자의 신앙을 바탕으로 행복하고 편안한 한 해가 되었으면 좋겠다.

◆ 찾아가는 길 ◆

동묘(관왕묘 보물 제142호) : 서울 종로구 숭인동 238-1
지하철 1호선 3번 출구 6호선 4번 출구를 이용하면 걸어서 5분 이내의 거리에 있음

설경에 겹쳐 오는 의학의 역사
—제중원

갑신정변과 근대의학

2010년 1월의 서울은 풍요롭게 열렸다. 그동안 오염에 물든 도심을 깨끗이 포장이라도 하듯 쉬지 않고 내리는 눈발은 '눈이 많이 오면 풍년이 든다'는 속설에 젖어 마음까지 풍요롭게 했다. 신정 1일이 금요일이었으니 3일까지는 달콤한 휴식이었다. 연휴를 마친 4일은 새해 첫 월요일, 각 기관마다 시무식을 겸한 날이라서 즐거운 마음으로 출근을 서두르는 날이다.

그러나 그날은 무려 104년 만에 맞는 환상이었다. 1907년에 기상을 관측한 이후 25.6cm가 내린 1969년의 기록을 깨고 25.8cm가 내렸으니 어른 아이 할 것 없이 '이런 눈은 처음'이라며 모처럼 순결한 서울의 모습에 취해 있었다.

〈닥터 지바고〉의 시베리아 모습이 이랬으리라는 상상만으로도 설경의 깊은

▲ 구 대한의원(현 서울대학교병원 의학박물관)

▲ 마로니에 공원 김상옥 열사 동상

감상에 빠져 있는데 언론에서는 눈 폭탄이라며 오보를 낸 기상청에 뭇 매질을 해댔다. 그것이 저널리즘의 특성이라지만 어디 정확한 보도가 나왔다 한들 눈폭탄이 향기 가득한 눈꽃으로 바뀌었을 것인가. 폭탄은 폭탄일지라도 눈은 눈이었다. 그저 하얗게 열린 도심의 아름다움에 취해 겨울의 속살이 이런가 싶었다.

겁도 없이 차를 몰고 나온 시민들이 길가에 차를 버리고 종종대는 순간 나는 발길을 옮겨 4호선 전철을 타고 혜화역에서 내렸다. 대학로 마로니에 공원에서 겨울을 만끽하는 젊음을 보고 싶어서였고, 종로경찰서를 폭파하고 서른넷의 젊음을 산화한 김상옥 열사의 동상을 보고 싶

어서였다. 예전의 젊음과 오늘날의 젊음을 비교하며 나태해지는 내 젊음을 채근하기에는 마로니에 공원이 제격이었다. 더구나 일경에 쫓길 때 눈 덮인 남산 길에서 짚신을 거꾸로 신고 일경을 따돌렸다는 일화는 설경과 더불어 떠오르는 정경이다. 자연환경을 멋지게 이용한 재치가 모처럼의 설경을 의미 있게 하는 날, 그 곳에서 나는 아픈 역사의 주변을 서성거렸다.

김상옥 열사의 동상은 의연하게 뒷짐을 지고 길 건너 서울대학병원을 바라보고 있다. 그것도 인자한 모습으로 병원 앞마당에 있는 의학박물관을 주시한다. 악의라고는 전혀 찾아볼 수 없는 인자한 얼굴. 그것은 의술을 빙자해 조선인을 우롱하는 이토 히로부미(이등박문, 伊藤博文)의 속내를 꿰뚫어보는 대형(大兄)의 모습이다. 일제의 야욕이 아직도 생생하게 박제되어 있는 의학박물관을 노려보는 눈망울은 이등박문을 감시하는 민족의 눈길이리라.

제중원과 세브란스 병원

급진 개혁파에 의한 갑신정변은 3일천하로 끝났지만 의학계로서는 큰 행운이었다. 미국 북장로교 선교사 알렌이 칼을 맞은 민영익(명성황후의 조카)을 살려낸 것이 우리나라 근대의학의 시원을 열게 한 직접적인 계기가 되었기 때문이다. 서양의술에 매료된 고종은 알렌의 청을 받아들여 반역죄로 죽은 홍영식의 집에 우리나라 최초의 서양식 병원인 '광혜원'을 열게 했다. 광혜원(廣惠院)은 널리 은혜를 베푼다는 뜻이지만 당시 식자층에 널리 알려진 논어의 '박시제중(博施濟衆)'을 인용 '제중원(濟衆院)'으로 개명했다. 1884년 9월에 선교 목적으로 한국땅을 밟은 알렌은 3개월이 지난 12월 4일의 갑신정변에서 치명상을 입은 민영익을 살려 서양의학의 진수를 보여 주었다. 그 결과 1885년 4월 10일에 조정의 도움을 받아 이 땅에 근대 병원을 개원했다. 그러나 지금의 헌법재판소 구내에 있던 홍영식의 집은 많은 환자를 돌보기에 비좁아 1887년에 지금의 을지로 입구와 명동성당 사이의 구리개로 옮겨 그 규모를 넓혔다. 그러다가 1904년 알렌이 미국의 독지가 '세브란스'의 후원을 받아 복숭아골(서울역 맞은 편)에 세브란스 병원을 열었다. 제중원의 건물과 토지는 정부에 반환하고 병원의 집기와 환자는 세브란스 병원으로 옮게 진료를 계속했다.

조선 합병의 전초기지 대한의원

조선시대의 의료기관은 내의원과 전의감, 그리고 혜민서와 활인당이 있었다. 내의원은 궁궐 안에서 임금의 건강을 담당하는 기관이었고 전의감은 지금의 견지동 부근에서 궁궐의 약재를 담당하는 기관이었다. 이 두 기관이 왕족과 고위 관리를 대상으로 의료행위를 펼친 데 비해 혜민서와 활인서는 일반 서민을 대상으로 의료행위를 펼쳤다. 그 중 혜민서는 구리개에 있었기 때문에 예부터 '구리개 약방'이라 했는데 그 곳에 운명처럼 제중원이 들어선 것이다. 활인서는 의원이 가정방문하는 방법으로 의료활동을 펼쳤기 때문에 일반인의 의료 혜택은 턱없이 부족했다. 그런 민중에게 무료로 의료 혜택을 베푸는 것은 하늘이 내린 은혜였다. 그래서 이등박문은 1907년에 창경궁의 후원 함춘원 자리에 '대한의원'을 건립하고 무료 시술로 민중의 마음을 끌어들이기 시작했다.

대한의원을 설립한 자리는 사도세자의 사당 경모궁이 있던 자리다. 정조는 창경궁에서 가장 잘 보이는 곳에 아버지의 사당을 지어놓고 한 달에 한 번씩 참배한다는 의미로 창경궁 담장에 '월근문'을 내었다. 그만큼 왕실에서 소중하게 여기던 곳에 일제는 대한의원을 지었다. 당시 한양의 건물은 초가집이나 기와집 정도가 전부였는데 창경궁의 후원 함춘원은 낮아도 산이라서 이곳에 우뚝 선 대한의원은 어디에서도 볼 수 있는 위엄 있는 건물이었다. 그 규모와 건축 양식도 조선인들이 위압감을 느낄 수 있을 만한 새로운 양식이었다. 1900년 전후의 건축 양식은 대부분이 제국의 위엄을 나타내기 위해 네오바로크 양식을 취했다. 서울 역사나 한국은행 본관 건물 등 당시의 건축물들이 그러하다. 창경궁이 내려다보이는 곳, 감히 누가 왕실을 내려다볼 수 있는 이곳에 건물을 지을 수 있을 것인가. 이등박문은 조선의 왕실에서 백성에게 베푸는 혜택을 지워 버리려 애썼다. 일제의 앞선 의학으로 백성의 마음을 사로잡아 조선을 병합하는 데 거부감이 없도록 정지작업을 서둘러댄 것이다.

그 대표적인 것이 바로 '대한의원'의 설립이다. 조선 초부터 시행하던 혜민서와 활인서가 폐지된 후 고종은 1906년에 적십자사 병원을 설립하여 백성에게 의료 혜택을 베풀며 자신의 황제권을 강화하려 노력하는 중이었다. 고종의 그런 의중을 안 이등박문은 조선 조정의 의료행위를 차단하고 자신들이 앞서 그 일을 행하기 위해 적십자사 병원과 의학교, 광제원 등을 통합하여 대한의원으로 재탄생시킨 것이다.

그것도 모자라 1909년에는 전주와 청주에 자혜의원을 설립하고 그 이후 각도에 하나씩 짓더니 광복 전까지 전국에 46개의 병원을 설립했다. 의술로 백성의 마음을 끌어들여 친일을 하게 하려는 술책이었다. 이 자혜의원은 관동대지진 이후 재정적 지원이 줄어들어 1925년에 도립병원으로 바뀌었다. 예전에 전국 중소도시에 있던 도립병원은 일제가 그런 의중으로 설립한 것이다.

병원이란 그 설립의 목적이 어디에 있든 환자를 치료하고 죽을 사람을 살려낸다는 것은 찬양할 만한 일이다. 더구나 의술을 가르쳐 후학을 양성하고 시혜의 범위를 넓힌 것도 잘 한 일이다. 그러나 조선 왕실의 의료행위를 방해하면서까지 조선 합병의 수단으로 활용한 것은 우리 민족을 말살하려는 술책이다.

그렇기에 대한의원은 일제가 조선병합의 전초기지로 삼은 건물이며 인면수심(人面獸心)의 인간성이 담긴 부끄러운 유산이다. 르네상스 시대의 건축 양식을 절충하여 웅장하면서 아름다운 자태를 지닌 대한의원, 그 고색창연한 건물 뒤에 서울대학병원이 하얗게 두 팔을 벌리고 서 있다. 마치 큰 어미새가 새끼를 품어 안을 듯한 모습이다. 그래서 의학 박물관으로 변한 대한의원 앞에서 보면 서울대학병원의 건물은 엄마의 품과 같은 느낌이다.

▲ 지석영 선생 동상

그래서였을까. 그 병원에는 툭하면 마음의 평정이 필요한 정치와 경제의 큰 지도자들이 입원하여 휴식을 취한다. 그들의 눈에 비친 '함춘시계탑'은 어떤 모습일지 궁금하기만 하다. 경복궁의 원형을 살리고 민족의 자존심을 찾는 방편으로 옛 중앙청 건물도 헐어버린 마당에 대한의원 건물의 입지는 좁아질 수밖에 없다. 그러나 서울대학교에서 그 본래의 취지를 살려 의학 박물관으로 사용하고 있으니 그나마 다행이다. 그곳에는 의학을 통해 조선을 집어 삼키려 했던 일제의 야욕까지 같이 전시해야 할 것이다. 절대 권력시대의 고문기구와 같은 의료기구와 그들의 용품을 전시하는 것만으로는 박물관의 본 뜻이 살아나지 않는다. 일제의 야욕을 드러냈던 당시의 사진과 그들의 의도까지 담긴 사료도 전시해야 대한의원이 지닌 원래의 의미가 살아난다. 건물을 어떻게 사용하든 본래의 뜻은 사라지지 않는다.

그런 의미에서 건물의 꼭대기에 있는 시계를 '함춘시계'라 한 것도 다행이다. 조선 왕궁의 후원 함춘원 자리에 함부로 건물을 지었다는 의미로 해석할 수 있으니 역사는 그렇게 무의식중에도 그 의미를 잃지 않는다. 칼은 의사가 잡아도 칼이요 강도가 잡아도 칼이다. 본질을 외면하지 않는 것이 역사다.

그 위엄 있는 건물 앞에 자랑스러운 국문학자 지석영이 버티고 서 있다는 것은 또 하나의 위로다. 물론 의사였기 때문에 그 자리에 서 있겠지만 그 이전에 조선인의 기개를 살린 선각자라는 데 의의가 있다. 송촌 지석영, 일본어만으로 강의하라는 당국에 일갈을 무시하고 우리 말 강의를 서슴지 않던 그 용기가 허전한 가슴을 채워 준다.

적자(嫡子)논쟁의 현장

서울대학교 의과대학과 연세대학교 의과대학의 적자논쟁이 잊을 만하면 한 번씩 언론에 보도되어 아무 관련이 없는 일반 대중에게까지 관심을 기울이게 한다. 1885년 선교사 알렌이 개원한 제중원이 서울대 의대의 전신이냐 연세대 의대의 전신이냐의 논쟁이다. 더구나 서울대 의대가 2007년에 대한의원의 개원 백주년과 제중원 개원 122주년 기념식을 거행하려 하자 연세대측에서 이론을 제기했다. 이미 지난 일로 행사는 끝나 수면 아래로 가라앉았지만 자칫 법정다툼으로까지 번질 우려가 있었다. 석학들이 즐비한 두 기관의 싸움에 이렇다 저렇다 논하고 싶진 않으나 우리 국민도 의식 수준이 높아진 만큼 아전인수로 인해 국민의 비웃음을 사는 일이 없었으면 하는 바람이다. 근대사를 조금만 섭렵하고 일제의 침탈사와 기독교 선교사의 활동 등 상식적인 수준만 알아도 얼마든지 판단할 수 있는 문제다.

서울대학병원에서는 의학박물관과 경내의 함춘문, 경모전(사도세자를 장조로 추존하여 위패를 종묘로 옮긴 후 경모전이라 함)의 유적도 찾아봐야 한다. 그곳에서 창경궁을 내려다보며 임금이 되어 보기도 하고, 왕족이나 신하가 되어 여유있게 팔자걸음을 걸으며 가상의 세계에 젖어 보면 답사의 의미가 새로워진다. 문화재 답사는 시대를 거슬러 당시의 생활에 젖어보는 데 큰 묘미가 있다. 눈으로 시작한 2010년, 그 소문대로 풍년이 들고, 더불어 우리 모두가 하고자 하는 일들이 풍성하게 이루어지는 아름다운 해가 되었으면 좋겠다.

◀ 찾아가는 길 ▶

서울대학교 의학박물관 제중원 : 서울특별시 종로구 연건동 28. 지하철 4호선 혜화역 3번 출구. 버스 간선 151, 171, 172, 지선 2112. 서울대학교 병원으로 올라가면 5분 이내의 거리에 있음. (평일 10:00~17:00 12:00~14:00 점심시간. 토요일 10:00~12:00)

34번째 민족 대표, 석호필 박사

호랑이 해에 맞는 3월

경인년(2010)이 밝은 지도 두 달이 지났다. 정초에 우리의 현실이 용맹스런 호랑이의 기상을 받아 모든 것이 잘 풀려 나가기를 기원했던 것도 벌써 옛 일이 되었다. 해가 바뀌면 어김없이 그 해에 해당하는 십이지(十二支)의 짐승이 등장하고 그 짐승의 특징과 연계하여 한 해의 장래를 예단하기도 한다. 그것이 동양사상에 뿌리를 둔 우리의 전통이자 문화다. 그런데 우리 조상은 열두 동물 중에서 용을 가장 위대한 대상으로 여기면서도 정작 친밀감을 느끼며 가까이 한 것은 호랑이였다. 용은 상상의 동물이자 권위의 상징이기 때문에 외경의 대상으로 여긴 반면, 호랑이는 곶감에 쫓겨 갈 만큼 우리의 실생활에 깊이 끌어들였다. 민화에서 인간의 삶을 윤택하게 해 주는 해학의 대상으로 나타난 것이

▼ 국립 현충원의 스코필드 박사 묘

▲ 석호필 박사 묘비

나, 산신각에서 산신령을 모시며 민간 수호신과 같은 역할을 하는 것으로 나타난 경우, 그리고 담배 피우는 모습이나 까치와 함께 어울리는 모습으로 나타난 경우는 우리 생활에서 호랑이의 위치를 알게 하는 좋은 예다. 무섭고 사납다기보다는 오히려 다정하고 인심이 후한 할아버지와 같은 모습이다.

과연 그렇게 묘사된 만큼 호랑이는 우리 민족과 다정하고 친숙하게 지낸 동물이었을까. 생각할 필요도 없는 우문이지만 그 이면에는 두려운 대상으로부터 피하고 싶은 회피기재의 심리가 숨어 있다는 것을 알아야 한다. 그래야 우리 민족에게 호랑이는 어떤 대상인지의 실체를 바로 이해할 수 있다. 프로이트가 지적한 현실불안(reality anxiety), 신경증적 불안(neurotic anxiety), 도덕적 불안(moral anxiety) 중에서 현실의 불안을 제거하기 위한 방어기재를 원용한 것이다. 많은 예화 중 대표적인 경우를 들어본다.

고려 의종 때의 한림학사 최루백은 아버지를 잡아먹은 호랑이를 찾아 도끼로 내리쳐 원수를 갚고 아버지의 시신을 수습하여 수원 화성의 선산에 모셨다. 이 일은 세종 때 삼강행실도에 실려 효행을 교육하는 자료로 활용했다. 효를 부각하기 위해 교육자료로 사용할 만큼 호랑이는 두려운 존재였다. 그러다 보니 우리나라의 전국 10만 509개의 자연마을의 이름에는 호랑이와 관계된 것이 389개로 가장 많다. 용과 관계된 것이 더 많을 줄 알았는데 아니다. 2010년을 맞아 국토지리연구원에서 발표한 이 자료는 호랑이가 우리 생활에 얼마나 깊게 자리하고 있는지를 반증한다. 더구나 한반도를 대륙으로 진출하기 위한 호랑이의 포효로 묘사한 것은 우리 민족의 기상이 곧 호랑이의 용맹과 같다는 것을 암시하는 것이다.

독립의 호시(虎視)

호랑이의 해의 3월에 우리가 꼭 기억해야 할 호랑이가 있다. 그것도 외국 호랑이다. 굳이 예의를 갖춰 표현하면 인호(人虎)라고 해야 옳다. 외국인으로서 우리나라에 호랑이 역할을 한 사람, 그는 다름 아닌 석호필(石虎弼) 박사다. 얼마나 의지가 강했으면 돌호랑이라 했을까. 그 이름에서부터 풍기는 느낌이 범상치 않다.

1889년 3월 15일 영국 Warwickshire주 Rugby시에서 태어난 Frank W. Schofield 박사는 캐나다 토론토 대학교 Ontario 수의과대학에서 수의학을 공부했다. 학비 마련을 위해 농장에서 일한 것이 수의학을 공부하게 된 계기였다. 럭비의 고장에서 태어나 럭비를 즐길 만큼 건강했던 그가 뜻밖에도 대학 2학년 때 소아마비를 앓아 왼팔과 오른 다리를 못 쓰는 불구자가 되었다. 그러나 불 같은 열정으로 1910년에 공동수석으로 졸업했다. 장난을 좋아해 제 때 대학 진학을 못했던 그는 22세 되던 1911년에 '토론토 시내에서 판매되는 우유의 세균학적 검토'라는 논문으로 수의학 박사학위를 취득했다.

1913년에 Alice Schofield와 결혼하고 Onterio 수의과대학 세균학을 강의하던 스코필드 박사가 한국과 인연을 맺은 것은 1916년 세브란스 의학 전문학교 교장 Avison 박사의 초청에서 비롯되었다. 당시 세브란스에서는 선교사업을 겸했기 때문에 독실한 기독교 신자였던 스코필드는 소명으로 알고 받아들여 1917년 10월에 아내와 함께 한국을 찾았다. 이듬해에는 한국어 시험에 합격하여 언어의 벽을 헐었고 '석호필'이라는 한국 이름을 지었다. 성씨를 '石'이라 한 것은 종교적 굳은 의지를 나타낸 것이고, '虎'는 호랑이같이 용맹스럽게 활동하겠다는 의지를 표현한 것이며, 도울 필(弼)을 쓴 것은 한국인과 한국을 돕겠다는 뜻이다. 이름만으로도 그의 의지와 활동상을 읽을 수 있는 부분이다.

아내의 정신 질환 때문에 가정생활이 편안하지는 않았지만 아내를 고국으로 돌려보내고 선교활동에 열중하며 기독청년회장 이상재 선생 등 사회 지도자와 교분을 쌓았다. 그러던 중 3.1운동이 발발했다. 한국의 독립운동이 힘을 받은 것은 그가 윌슨의 민족자결주의를 알려준 것에 영향을 받았고, 외국인으로서 활동이 자유로운 이점을 이용 만세운동의 준비를 도와준 데 큰 힘을 받았다.

더구나 3월 1일 탑골공원의 만세 시위운동을 무자비하게 진압하는 일제의 폭력을 사진으로 찍어 외국에 알리는 정의의 사도 역할을 했다.

그러나 무엇보다도 석호필의 큰 업적은 제암리교회의 학살 만행을 세계에 알린 일이다. 1919년 3월 30일과 4월 5일 발안 장날에 주민들이 대한독립만세를 외치자 이에 놀란 일경들은 무력으로 진압했다. 밤에는 청년들이 봉화를 올려 본격적으로 독립운동을 펼치자 정미소를 운영하는 사사키는 물론 일본인들이 다른 곳으로 피난하는 일까지 벌어졌다. 이에 대한 보복으로 사사키는 4월 15일 아리타 중위가 이끄는 군인들의 길 안내를 담당하며 주민들을 제암리교회로 불러들였다. 만세운동을 심하게 단속한 데 대하여 사과하겠다는 명분이었다. 아리타 중위는 교회 안에 주민을 가둬 놓고 일제히 집중 사격을 가했다. 교회 안에서 23명, 탈출자와 찾아온 가족 6명이 건물 밖에서 죽어 이 작은 마을에 29명의 주민이 처참하게 학살당했다. 그것도 모자라 가증스럽게도 교회에 불을 질러 건물까지도 불태우며 증거 인멸을 꾀했다.

4월 17일 선교를 위해 이곳을 지나던 스코필드와 언더우드 등 선교사들이 현장을 발견했다. 4월 18일 스코필드는 의(義)로 무장한 호랑이가 되어 단독으로 이곳을 찾았다. 그 처참한 상황을 사진으로 찍고 기사를 작성하여 미국에 보내 전 세계에 일본인의 잔학상을 알렸다. 팔과 다리가 성치 않은 장애인이었지만 인간이기를 포기한 일제에게는 이름 그대로 석호필이었다. 총칼도 두려워하지 않는 무서운 돌호랑이었다. 그가 쓴 《끌 수 없는 불꽃 - Unquenchable fire》은 지금도 호랑이의 눈으로 살아서 일제의 만행을 고발한다.

석호필 박사의 고발로 일제가 숨기려던 만행은 일본에까지 알려졌다. 1938년에 기와집으로 재건하여 예배를 드리던 제암리교회에 1970년 일본의 기독교 단체에서 모금한 성금이 답지했다. 참회의 의미로 천만엔의 성금을 보내온 것이다. 시에서는 이 성금에 부족한 자금을 더하여 교회와 유족회관을 건립하고 독립운동의 성지로 꾸몄다. 2001년 3월 화성시에서는 사적 299호로 지정하고 이곳에 '제암리 3.1운동 순국기념관' 및 '제암리교회 역사전시관' 으로 건립하였다. 공동묘지에 묻혀 있던 23인의 유해는 이곳에 순교자 합장묘로 조성하고 희생자를 상징하는 돌 기념비 23기를 세워 넋을 위로하고 있다. 특히 전체를 아우르는 큰 돌기둥에는 구멍을 뚫어 놓았는데 그것은 희생자들이 살던 그 어둠의 시대를 지나 이제는 밝은 희망을 본다는 빛과 희망을 상징한다.

▲ 석호필의 유언

제암리교회 앞에는 이승만 대통령의 친필이 새겨진 비석이 있어 새로운 눈요기를 제공한다. 지금은 31대 강신범 목사가 교회를 지키고 있는데 묘하게도 3.1운동과 관계가 깊은 31대라서 감회가 깊다고 한다. 저자는 석호필 박사를 제암리교회와 함께 하는 명예목사로 위임하기를 희망한다.

애국의 호시(虎視)

일제의 압력에 의해 캐나다로 떠난 석호필은 토론토의 대학에 복직하여 67세까지 근무했다. 1958년 한국에서는 정부수립 10주년을 맞아 그를 국빈으로 초청했다. 그렇게 사랑하던 한국 땅을 다시 찾은 것이다. 그러나 이제는 매섭게 감시하는 호시(虎視)의 대상이 일제가 아니라 이 사회의 불의와 부정이었다. 당시 이승만 대통령의 보안법 제정에 반대하며 자유당 정부에 비판적인 입장을 보이자 서울대학교 수의학과의 강의를 폐지하는 등 압력을 받았다. 그러나 4.19에 의해 탄생한 민주당 정부는 그가 왜 석호필인지를 만방에 알렸다. 대한민국 문화훈장을 수여한 것이다.

특히 눈여겨 볼 것은 4.19의 혜택을 크게 입은 그가 5.16에 대한 견해를 밝힌 것이다. 당시에는 부정부패가 만연하여 5.16은 필요불가결한 혁명이라 한 것이다. 그리고 이 혁명이야말로 한국의 번영을 위한 '마지막 희망이자 기회' 라고 강조했다. 이국인의 눈에 비친 당시의 현실이었다. 그는 끝까지 이 땅에 바람직한 내일이 있기를 바라는 마음으로 이 땅을 감시한 호랑이였다.

1970년 4월 16일, 국립중앙의료원에서 석호필 박사는 "내가 죽거든 한국 땅에 묻어 주시오. 내가 도와주던 소년 소녀들과 불쌍한 사람들을 맡아 주세요." 라는 유언을 남기고 눈을 감았다. 원명 스코필드와 비슷한 발음으로 '석호필'

을 짓고 그 이름에 담긴 뜻을 그대로 실천한 의지의 신앙인이자 철저한 독립투사였다. 그는 죽어서도 한국인이기를 원했고, 죽어서도 그의 사랑을 이 땅에 남기고 싶은 진정한 애국자였으며, 죽을 때까지도 불쌍한 이웃을 섬긴 휴머니스트였다. 고아들을 돕고 생활이 어려운 학생의 학비를 도운 일은 정운찬 전 국무총리의 증언에서도 잘 나타난다. 생활이 어려울 때 학비를 도와주었다는 일이나 '약자에겐 비둘기같이 자애롭고, 강자에겐 호랑이같이 엄격하라' 고 강조했던 말은 그의 인생관이 무엇인지 알게 한다. 그래서 그런지 어렵게 공부했던 석호필 박사의 제자들이 이 사회의 훌륭한 지도자로 활동하고 있다. 이 땅을 한국인보다 더 사랑한 외국인, 죽어서도 한국에 묻히겠다는 외국의 선교사는 많았지만 자랑스럽게 외국인으로서 동작동 국립 현충원에 묻힌 분은 스코필드 박사가 유일하다. 장례식도 사회장이었으며 애국자 묘역에 묻혔다.

그의 일생을 가치관의 실현으로 보면 '진리가 너희를 자유케 하리라' 는 진리로부터의 자유였지만 프로이트적 심리로 해석하면 도덕적 불안(moral anxiety)과는 하등의 상관이 없는 자유인이다. 전술한 바와 같이 현실적 불안은 외부세계로부터 실제적인 위협을 느끼는 데서 오는 심리적인 고통이지만, 도덕적 불안은 불의를 보고 침묵하는 자들이 느끼는 양심의 두려움을 말한다. 가치관이나 신앙의 양심, 또는 도덕에 어긋나는 일을 지적하지 못하고 눈감았을 때 느끼는 정서적 위압감, 그것을 죄의식처럼 느끼는 불안감을 도덕적 불안이라 할 때 석호필 박사는 현실적으로나 도덕적으로 소신 있게 살다 간 자유인이다. 그래서 우리는 그 분을 독립운동의 민족 대표 33인에 추가하여 34인으로 인정한다. 호랑이 해에 맞는 3월. 3.1운동은 스코필드 석호필 박사로 하여 더 아름다운 정신으로 살아 있다. 시간이 허락되는 대로 동작동 국립 현충원의 스코필드 박사를 찾아 이 땅을 사랑한 벽안의 독립투사를 만나면 나라사랑하는 마음이 어느 정도인지 점검하는 기회가 되리라 믿는다.

▶ 찾아가는 길 ◀

석호필(동작동 국립 현충원) : 서울 동작구 사당2동 산 44-7
지하철 4호선을 이용할 경우 동작역 2번이나 4번 출구, 9호선은 8번 출구를 이용하면 바로 현충원인데 모두 5분 이내에 정문을 통과할 수 있다.

목숨을 담보로 한 결의

―세검정

약속은 상호간의 자유로운 의사에 의해 결정하는 다짐이다. 제도적인 힘의 강요에 의해서 맺는 것은 일방적 계약이며, 사회적 제도나 조직의 구성원으로서 맺는 약속은 서약이다. 서약이 전근대사회에서는 대부분 권력층에 의한 충성맹약이었다면 오늘날에는 혼인서약이나 어떤 모임의 일원으로서 행동 규범을 지키겠다는 공개적인 약속이다. 약속, 계약, 서약 등은 본인의 선택이 중요하지만 이보다 더 적극적이며 강한 결속력을 발휘하는 약속이 있다. 의를 맺는다는 결의(結義)다.

약속은 속성상 법적 구속력은 없으나 의를 앞세워 맺은 결의는 그것을 능가한다. 특히 남자들끼리 결의는 곧 의리를 지키겠다는 약속이기 때문에 이것을 어기면 상당한 대가를 치러야 한다. 소위 조직원들로부터의 보복을 감내해야

▲ 세검정과 차일암

한다. 그 조직원들도 이 결의의 아름다운 전범을 삼국지의 도원결의에서 찾는다.

도원결의(桃園結義)는 3세기에 「진수」가 쓴 《삼국지》를 바탕으로 14세기에 나관중이 장편 소설로 재구성하는 과정에서 이야기의 첫머리에 삽입한 도입부다. 위(魏), 촉(蜀), 오(吳) 3국이 자웅을 겨룰 때 후한의 혈통을 이은 유비(劉備)에게 역사의 정통성을 부여하고, 독자의 관심과 흥미를 유발하기 위해 꾸며낸 이야기다. 유비, 관우, 장비가 도원에서 의형제를 맺고 공동의 목적을 이루기 위해 동고동락하는 과정은 삼국지 전편을 관통하는 백미다. 그래서 뜻을 같이하는 남자들끼리 의를 맺을 때는 도원결의를 전범으로 하여 생명을 담보로 하기도 한다.

조선시대에도 이와 같은 결의는 얼마든지 찾아볼 수 있다. 그 대표적인 것이 실증 유물까지 남아 있는 세검정(洗劍亭)의 결의다. 세검정은 검을 씻었다는 정자를 말하지만 세검정에 얽힌 역사는 그렇게 만만치 않다. 의형제를 맺는 수준의 결의가 아니라 나라를 구하고자 하는 결연한 의지를 담은 약속이었다. 만일 누구 하나 약속을 어겨 목적을 달성하지 못하면 멸문지화를 당하는 엄청난 다짐이었다. 그 다짐은 피를 나눠 마시기도 하고 손가락을 잘라 의지를 보이기도 한다. 그러나 세검정에서의 의식은 달랐다. 홍제천의 물에 칼을 씻는 의식으로

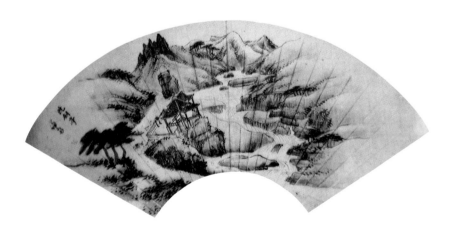

▲ 겸재 정선의 세검정 부채 그림(중앙일보, 한국의 미)

▲ 겸재 정선의 세검정 부채그림 중 건물 부분(중앙일보, 「한국의 미」)

결의를 다진 것이다. 배신자가 나타나 위험한 고비를 넘기기도 했지만 다행히 공동의 목표를 달성하여 동지들은 부와 권세를 누렸고 세검정은 사나이들의 굳은 의지를 상징하는 전당으로 바뀌었다. 천지를 뒤흔드는 역사의 소용돌이를 아는지 모르는지 홍제천변의 세검정은 지금도 유유히 흐르는 물줄기에 제 그림자를 묻어놓은 채 역사를 지켜보고 있다.

세검정은 종로구 신영동의 홍제천변에 있는 정자다. 평창동 49번지에서 발원한 홍제천은 북한산의 문수봉, 보현봉, 형제봉에서 흘러내린 물줄기가 백악산의 북사면에서 흐르는 물과 합류하여 서대문구 홍제동, 홍은동, 연희동, 가좌동을 굽어 돌아 마포구의 성산동과 망원동을 거쳐 한강으로 흘러가는 길이 11.95㎞의 하천이다. 하천변에 중국의 사신이나 관리가 묵어가던 홍제원이 있었기 때문에 '홍제원천' 이라고도 했고 모래가 많이 쌓인 곳에서는 '사천(沙川)' 또는 '모래내' 라고도 했다.

이 하천의 상류에는 평소에도 유량이 많고 풍광이 좋아 시인묵객들이 즐겨 찾았다. 시를 읊고 자연 풍광을 노래하기 위해서는 그럴만한 공간이 필요했는데 이를 위해 지은 것이 세검정이다. 그 건물이 언제 지어졌는지에 대한 의견은 분분하다. 그 중 저자는 중종반정과 인조반정으로 점철된 역사의 소용돌이를 중심으로 세검정과 그 주변의 문화재를 살펴본다.

북한산과 백악산을 가르고 흐르는 홍제천. '예쁜 꽃이 빨리 꺾인다' 는 말을 실감하듯 신영동 일대의 홍제천변은 그 아름다운 풍광 때문에 역사의 소용돌이에 자주 휘말렸다. 주변에 사찰이 많은 신성한 땅, 종이 생산기관인 조지서(造紙署)와 국가 방위 기관인 총융청이 있던 자리에 연산군은 탕춘대를 세워 질탕한 유흥장소로 바꿔 버렸다. 총융청도 그렇지만 조광조의 첫 벼슬이 조지서 사지였고 남명 조식에게 내린 벼슬도 조지서 사지였을 만큼 조지서는 중요한 국가기관이었다.

1506년, 연산 12년 1월 27일의 조선왕조실록 연산군 일기를 보면 '왕이 창의문 밖 조지서(造紙署) 터에 이궁을 지으려다가 먼저 탕춘대(蕩春臺)를 세우고 또 봉우리 밑에 좌우로 흐르는 물을 가로질러 돌기둥을 세워 황각(黃閣)을 세웠으며 언덕을 따라 청기와를 이은 장랑(長廊)을 지었다' 는 기록이 보인다. 아주 호화로운 건물이다. 탕춘대를 지어놓고 무엇을 했는지 6개월이 지난 연산군 일기를

▲ 대원군 별장

▲ 홍지문과 오간수문

보면 가관이다.

> "왕이 미행으로 경복궁에 이르러 대비에게 잔치를 드리고, 잔치가 파하자 내구마(內廐馬) 1천여 필을 들이게 하여 홍청(興淸)을 싣고 탕춘대에 가, 나인(內人)과 길가에서 간음하였다." (전략) 載興淸, 如蕩春臺, 與內人淫于路傍°
>
> — 연산 12년(1506) 7월 7일

탕춘대는 수십 간의 집이었다. 전국의 미인을 잡아들여 원각사와 성균관에 기거하게 하고 갖은 횡음을 저질렀던 연산군은 무소불위의 권력을 휘두른 폭군이었기에 뜻이 있는 신하들은 나라의 앞날을 걱정하던 터였다. 그것이 결국 엔 중종반정으로 이어져 왕권이 바뀌었다. 세검정은 연산군이 쫓겨나는 데 결정적 역할을 한 곳이다.

탕춘대는 세검정에서 도로를 따라 육교를 건너면 세검정초등학교가 있는데 이곳은 원래 장의사(藏義寺)라는 절이었다. 정확한 기록은 없으나 태종 무열왕이 삼국을 통일하는 과정에서 죽어간 영혼들을 위로하기 위해서 지었다는 이야기가 전해올 뿐이다. 그 절을 경계로 바로 아래에는 국가에서 필요한 종이를 만드는 조지서가 있었고 그 위로는 국가 방위를 책임지는 총융청이 있었다. 제지(製紙)에는 물이 필요했기 때문에 바위 사이를 흐르는 홍제천은 제지공장이 들어서기에 적격이었고, 군인 주둔지로서의 필수 조건인 천혜의 환경과 식수를 갖추어 총융청이 자리하기에도 알맞은 장소였다.

세검정 주변은 그렇게 신성한 정신적 도량처이자 국가에서 필요한 물자를 조달하는 종이 생산지였다. 더구나 국방을 담당한 군인들이 주둔하는 곳이었다. 이렇게 중요한 곳을 연산군은 횡음의 장소로 바꿔 버린 것이다. 그 결과 백성들은 도탄에 빠지고 자신은 몰락의 길을 걸었다. 이제는 학교 운동장 한쪽에 장의사였음을 알게 하는 당간지주가 서 있고 길가 육교 아래에는 조지서터, 학교 정문 앞에는 총융사터였음을 알리는 비석이 남아 있어 옛날의 위상을 짐작케 한다.

중종반정 117년 후, 세검정에는 또 한 번 역사의 회오리가 일었다. 광해군의 중립외교에 불만을 품은 서인 세력들이 반정을 일으킨 것이다. 당시 조선에서는 명나라를 숭상하는 것을 최고의 의리로 여겼다. 그래서 대북파가 청나라와

▲ 장의사당간지주

가까이하는 것을 명분에 어긋나는 것으로 간주했다. 결국 서인들은 명분을 지키기 위해 광해군을 몰아내고 능양군을 왕위에 올렸다. 그가 인조다. 그 때 세검정은 반정에 가담한 장수들이 모여 의기를 모아 결의한 장소였다. 이귀, 김자점, 김류, 이괄 등이 반정을 모의하고 이곳 세검정에서 칼을 씻어 죽음을 담보로 하는 결의를 다진 것이다. 이들은 홍지원에서 결집하여 이괄을

▲ 조지서 터

대장으로 세우고 창의문으로 진입하여 반정에 성공했다.

그래서였을까. 반정으로 왕위에 오른 인조는 자신이 군주를 배반한 것처럼 자기도 그렇게 배신을 당할 수 있다는 강박관념에 창의문을 봉쇄해 버렸다. 심지어는 아들까지도 믿지 못하여 8년간을 청나라에서 볼모로 잡혀 고생한 소현세자와 며느리, 손자까지 죽여 없앴다. 자식을 죽이는 악습은 영조가 이어받았으나 그래도 영조는 창의문을 현창했다. 1740년 8월 1일에 훈련대장 구성임이 '창의문은 인조반정 때 의군이 경유하여 들어왔던 곳이니 마땅히 개수하여 표시해야 한다' 고 건의하자 바로 개수하게 했고, 이어 3년 뒤에는 친히 찾아가 시를 쓰고 공신들의 명단을 쓴 현판을 내리기도 했다.

"임금이 북교(北郊)에서 기우제를 행하고, 창의문루에 역림(歷臨)하여 옛일을 추상하여 시를 짓고, 이를 새겨 걸도록 명하고, 정사공신(靖社功臣)의 성명 또한 판자에 열서(烈書)하도록 명하였다."

－영조 19년(1743) 5월 7일

지금도 창의문에 걸려 있는 현판은 반정 공신들의 명단이다. 반정(反正)이란 정권을 뒤집는다는 뜻이 아니라, 잘못된 것을 바로 잡는다는 뜻이다. 그래서 정권을 의미하는 정(政)을 쓰지 않고 바를 정(正)을 쓴다. 연산군에 대한 반정은 그렇다 하더라도 광해군에 대한 반정이 과연 대의였는지의 논의는 아직도 분분하다. 이는 결국 반정에 대한 결과론이다.

이듬해에 논공행상에 불만을 품은 이괄이 난을 일으켜 혼란을 겪은 일이나, 1623년에 일어난 병자호란 때문이다. 치욕적인 민족의 수난은 물론 인조가 친히 삼전도에서 청태종에게 삼배구고두의 예로써 항복한 것은 잘못된 반정의 결과라고 보는 것이다. 즉 인조의 반정이 세자와 대군을 볼모로 잡혀가게 하고 많은 아녀자까지 포로로 끌려가게 한 수난의 원인이라고 보는 것이다. 정(正)의 반정이 아닌 정(政)의 잘못된 반정이었다는 시각이다. 그런 논리로 볼 때 한때 성공한 쿠데타도 처벌의 대상이라는 법리를 적용한다면 인조반정에 가담한 서인들은 삭탈관직 당해야 한다.

세검정은 1941년에 불탔다. 주변 종이공장의 화재가 원인이었다. 서울시에서는 그것을 1977년에 복원했는데 설계도가 없어 겸재 정선이 그린 그림을 보고 재건했다. 겸재의 그림에는 홍제천을 마주한 세검정을 감싸고 산쪽으로 일

▲ 탕춘대터

각문과 담장이 있으며 건물의 지붕 중앙에는 절병통이 있어 아담하다.

그런데 지금은 덜렁 세검정 건물 하나만 세워 놓았다. 세검정 아래 너럭바위는 차일암이다. 이곳에서 사초(史草)를 씻는 세초(洗草) 작업을 했는데 이때 차양을 치고 잔치를 베풀었다 하여 차일암이라 한다. 사초지의 먹물 글씨를 물로 씻어내고 종이를 말려 재

사용하게 하는 물자절약의 현장이기도 하다.

세검정을 찾으면 반드시 주변에 산재한 문화재와 아울러 답사해야 제격이다. 경복궁역 3번 출구에서 내려 자하문 쪽으로 가는 모든 버스는 세검정 쪽으로 가기 때문에 접근이 용이하다. 세검정을 중심으로 전후 좌후 10여 분 정도의 거리에서 문화재가 있어 답사하기에도 편하다. 세검정초등학교의 당간지주와 조지서터, 총융청터, 탕춘대터, 홍지문, 대원군의 별장이 있는 석파랑, 이광수 별장, 보도각 보살 등을 연계하여 답사하면 세 시간 이내의 발품으로 충분하다.

창의문에서 내려 부암동 마을 안으로 들어가 백석동천이 있는 백사실 계곡으로 내려가 도심 속의 산길을 걷는 것도 가히 환상적이다. 산을 좋아한다면 세검정 지역을 답사한 후 백사실 계곡에서 북악스카이웨이로 올라 2007년에 개방한 김신조 루트를 타거나 팔각정에서 서울성곽으로 이어지는 코스를 잡아도 훌륭한 답사 여행이 될 것이다. 따뜻한 봄날 산책을 겸한 가족 나들이로 나서보기를 권한다.

찾아가는 길

세검정(서울특별시 기념물 제4호) : 서울특별시 종로구 신영동 168-6.
버스 간선 110A, 153, 110B 지선 1020, 7730 마을버스 종로13 경복궁역에서 내려 북쪽으로 가는 버스는 모두 세검정 방향이므로 접근이 편리함.

패러독스의 삶, 최영 장군

지고도 이긴 역설

지고도 이길 수 있다면 당신은 지고 살 수 있겠는가. 이 말도 안 되는 논리를 논리학에서는 역설(패러독스, paradox)이라 한다. 앞뒤의 내용이 상반된 이 결과를 어떻게 수긍할 수 있을 것인가. '죽으면 죽으리라'는 말은 죽음도 두려워하지 않는 비장한 각오로 보이지만 '죽으면 살리라'는 말은 말장난과 같은 모순이다. 그러나 그것이 진실한 결과를 나타낼 때는 더 강하고 더 큰 가치를 나타낸다. 그 효과를 노리고 사용하는 표현법이 역설(逆說)이다. 그 허무맹랑한 이야기 같은 역설은 동서고금의 역사에 공존한다. 교육 개혁이라는 말이 첨예의 화두가 된 요즈음, 오늘의 현실에 가장 알맞은 스승을 찾아 그의 역설적인 삶의 가르침을 되새겨 본다.

'지고도 이겼다'는 말의 이면에는 '이기고도 졌다'는 뜻이 내포되어 있다.

▼ 최영 장군의 묘

누가 그랬을까? 과연 그런 사람이 있을까? KBS의 드라마 '성웅 이순신'은 후대의 가슴에 살아 있는 장군의 삶을 통해서 국가가 혼란에 빠지고 백성이 어려움에 처했을 때 목숨을 바쳐 산화할 수 있는 방법의 메시지를 전했다. 그러나 이순신 장군은 전쟁에서 진 것이 아니고 적군에 의해 죽었기 때문에 경우가 다르다. 죽어서도 산다는 가르침의 내용은 같지만 또 다른 역설의 교훈적인 삶을 산 사람은 최영 장군이다.

1388년 5월 20일. 당시에는 음력이었으니 요즈음의 월력으로 보면 6월 장마철이다. 명나라를 세운 주원장이 원나라를 몽고쪽으로 내몰았기 때문에 만주의 요동 지방은 군사력이 미치지 못하는 상황이었다. 명은 고려와 원의 관계를 소원하게 하기 위해 무리한 조공을 요구하는 한편 공민왕 때 회복한 쌍성총관부 이북(철령) 지방이 자기 영토이니 내놓으라며 협박해 왔다. 이에 고려 조정에서는 명을 치기로 국론을 모았다. 공민왕 때 요동을 정벌할 당시 고려군이 원나라 군사보다 훨씬 우수하다는 것도 알았고 참전의 경험이 있으니 자신감도 있었다. 그래서 자연스럽게 요동 정벌의 북진정책으로 뜻을 모았다.

그러나 이성계는 4대불가론을 내세워 반대했다. 그래도 북진정책을 강행하자 위화도에서 회군, 우왕과 최영을 처형하고 새 왕조를 열었다. 상명하복의 쿠데타로 새 시대를 연 이성계는 분명 승리자다. 그러나 우리는 이성계의 업적을 논하면서도 최영 장군을 패자로 보지 않는다. 오히려 그를 위대한 스승으로 존경한다. 왕조를 지키기 위한 장군의 절개와 의기 있는 죽음은 승자의 명예를 능가한다. 개성의 상인들이 사흘간이나 가게의 문을 닫고 애통해 한 것만 보아도 장군은 패자가 아님을 증명한다. 현실의 권력에는 이성계가 앉았지만 백성의 가슴에는 최영 장군이 자리잡은 것이다.

"내가 만약 남에게 조금이라도 억울한 일을 하였으면 내 무덤에 풀이 날 것이다."

이 말의 속뜻을 살려 다시 표현하면

"내가 남에게 억울한 일을 하지 않았으면 내 무덤에 풀이 나지 않을 것이다."

이 말은 논리의 역설(逆說)이 아니라 힘주어 말하는 역설(力說)의 아이러니다. 아버지의 추상 같은 유언을 한평생의 가치관으로 지키며 살았던 최영 장군, 그는 또 하나의 역설적인 유언으로 그의 적나라한 삶을 고백하며 우리의 가슴을 적신다. 떳떳한 삶이었기에 그렇게 공언할 수 있었고 자신 있는 생활이었기에 명예를 걸고 결백을 주장할 수 있었다. 이성계도 자기의 상사였던 최영을 존중했기에 마지막 예우를 갖추었다. 등극한 지 6년 만에 무민공(武愍公)이라는 시호를 내려 장군의 넋을 위로했다. 결국 이성계도 최영 장군의 역설적인 삶을 인정한 것이다. 장군은 그렇게 우리 가슴에 뜨거운 열기로 살아있기에 시끄러운 정국에서도 장군을 생각하면 가슴 흐뭇해진다.

아버지의 교육

훌륭한 인물의 성공담을 이야기하면 대부분 어머니의 역할에 주목한다. 장군이든 정치가든 과학자든 예술가든 많은 사람들이 화두로 삼은 성공담에는 어머니의 교육이 절대적임을 강조한다. 결국 어머니의 헌신이 있어야 성공한다는 사회적 묵계를 확인하게 한다.

동양에서는 맹모삼천지교의 교훈 때문에 자식의 성공을 위한 어머니의 희생은 당연한 일로 여겼다. 율곡을 키워낸 신사임당이나 자식이 서출로 밝혀지면 출세길이 막힐까 봐 남편의 뒤를 따라 자결하여 신분사회의 한계를 극복하게 한 양사언의 어머니는 오늘날의 어머니들이 자식의 교육을 위해서는 목숨까지 버리는 것도 당연히 여기는 전통으로 이어져 왔다. 서양에서는 사실감을 느낄 수 있는 근대의 인물에서 그 예를 찾는다. 동화 속의 주인공 같은 에디슨이나 세인의 가슴에 인상적인 지도자로 남은 케네디 대통령이 그들이다.

한 인물이 성공하기까지의 과정에 어머니의 역할을 강조하면서도 왜 아버지의 교육은 논의에서 제외하는지 궁금하다. 가부장제도의 전통사회에서 아버지는 그 위치를 지키는 것만으로도 자식 교육의 책임을 다 한 것으로 간주하는 통념의 결과겠지만 그 누가 아버지의 영향으로부터 자유로울 수 있겠는가.

▲ 위에서 바라본 최영 장군의 묘. 봉분이 직사각형임.

최영 장군은 아버지의 가르침을 절대적 가치로 존중하며 지켰다. 장군의 5대
조 최유청(崔惟淸)은 고려 후기 집현전 태학사를 지낸 문인으로서 최씨 무인 정
권에서도 살아남을 만큼 원만한 인격을 지닌 사람이었고 아버지 최원직도 사
헌부 간관을 지낸 명문가였다. 그런데 굳이 문인의 가풍을 버리고 무인이 된
이유는 무엇일까? 여기에서 우리는 아버지의 가르침인 견금여석(見金如石)의 유
훈(遺訓)을 떠올린다. 자본주의에서는 생존을 위해 최소한의 황금이 필요한 것
이기 때문에 '황금을 보기를 돌같이 하라'는 견금여석의 가르침은 바보같이
보일 수도 있다. 그런데도 우리는 이 문구에만 관심을 기울일 뿐 그 말이 나오
게 된 배경과 참뜻은 간과해 버린다. 아니 오히려 그렇게 하는 것이 더 교훈적
이고 촌철살인의 경구(警句)로 살아나기 때문에 의도적으로 그랬는지도 모른다.
　장군의 아버지는 강직한 성격의 소유자로서 오랑캐들이 고려의 경제를 수탈
해 가는 것을 보면서도 제대로 나서지 못하는 국가와 자신의 문약(文弱)을 한탄
하며 스스로 무인이 되지 못한 것을 후회했다. 그래서 아들에게 무인이 되어
국가의 강직한 힘이 될 것을 강조했고 못된 관리들이 백성들의 고혈(膏血)을 짜

내 피폐해진 경제상황을 보고 백성을 사랑하는 청렴한 지도자로서의 덕목을 '견금여석'에서 찾은 것이다. 입신양명보다도 국가와 백성을 사랑하는 큰 가르침을 준 아버지나 죽음의 칼날 앞에서도 '내가 만약 조금이라도 남에게 억울한 일을 하였으면 내 무덤에 풀이 날 것이다'는 전설 같은 이야기를 남긴 장군의 삶은 부전자전의 전범을 보는 것 같아 마음이 훈훈하다.

> 녹이상제(綠駬 霜蹄) 살찌게 먹여 시냇물에 씻겨 타고
> 용천설악(龍泉雪鍔) 들게 갈아 다시 빼어 둘러메고
> 장부(丈夫)의 위국충절(爲國忠節)을 세워 볼까 하노라.

무인의 기상이 살아 있는 장군의 시조다. 문인의 가정에서 자랐지만 문약의 느낌은 전혀 없다. 아버지의 가르침을 실천한 장군의 삶은 오늘날 무조건적인 사랑으로 버릇없는 아이를 길러내는 요즈음의 아버지들에게 또 하나의 교훈으로 다가온다.

▲ 묘 앞 문인석

교육의 전형 엄부자모(嚴父慈母)

황금을 보기를 돌같이 하라.
이르신 어버이 뜻을 받들고
한평생 나라 위해 바치셨으니
겨레의 스승이라 최영 장군.

최영 장군이 묻혀 있는 대자동에 가 보면 그의 음택은 한양을 노려보고 있다. 그가 비겁한 패자였다면 그의 한은 북한산을 넘지 못하고 고려 패망과 함께 이름이 잊혀졌으리라. 그러나 그는 충절

을 지켜 진정한 승리를 이루었고 죽음으로써 겨레의 가슴에 큰 가르침을 주는 스승으로 살아있다. 장군의 아버지 최원직은 사헌부 문관으로서 요즈음 검사와 같은 직위에 있었다. 오랑캐라고 얕보던 원나라에게 당한 것도 억울한데 그들에게 아첨하는 무리들이 가렴주구를 일삼아 곤궁에 빠진 백성들을 보고 16세의 외아들 최영에게 '當汝見金如石'(당여견금여석)이라는 유언을 남겼다.

"너는 마땅히 황금을 보기를 돌같이 하라."

▲ 최영 장군 묘비

그 이름도 강직한 원직(元直). '으뜸으로 곧다, 곧음이 으뜸이다' 등으로 해석할 수 있는 뜻의 이름을 가진 아버지는 아들에게 그 이름과 같은 곧은 유훈을 남겨 이 겨레의 영원한 스승이 되게 하였다. 무조건 사랑하는 것이 교육의 절대적 가치는 아니다. 어려서부터 옳고 그름을 판단할 줄 알고, 남에게 피해를 주지 않는 의젓한 아이로 키우는 것이 공동체 생활에서 올바로 적응하기 위한 최소한의 가치다. 식당에서나 공공장소에서 버릇없이 굴어도 나무라지도 못하고 오히려 아이의 비위를 맞추기에 급급한 현실은 아버지의 교육을 다시 생각하게 한다. 예나 지금이나 가정교육의 전형은 엄부자모(嚴父慈母)였다. 사랑하면서도 때로는 엄하게 따끔한 말 한 마디로 교육이 이루어지는 것이 아이로 하여금 원만한 사회생활을 하게 하는 인격의 바탕이 된다. 가정의 달 5월에 최영 장군의 삶을 통해 가정에서의 아버지 위상과 교육에 대해서 심각하게 생각해 봐야 하지 않을까 싶다.

최영 장군의 삶을 통해 지고도 이기는 역설의 교훈을 보았다. 그것을 오늘의 현실에 적용하면 사사로운 이익에 다투지 말고 양보할 것은 양보하며, 대의를 즐길 줄 아는 것이 민주시민으로서의 자질을 갖추는 요건이라는 의미다. 무서운 것이 없는 요즈음의 아이들에게 어머니는 어머니대로, 아버지는 아버지대로 요구만 하면 들어주는 만능 해결사로서의 역할만 감당한다면 아이의 장래는 불안할 수밖에 없다. 그렇게 자란 아이는 모든 것이 자기중심적이어서 사춘기 이후에도 부모의 의견이 개입할 여지가 없다. 최영 장군의 아버지처럼 평생을 좌우명으로 여기며 살 수 있는 가르침을 주려면 때에 따라서는 위엄(?)을 갖춘 엄부(嚴父)로서의 요건도 필요한 것이다.

경기도 고양시 덕양구 대자동 산 70-2번지의 대자산 기슭에 묻힌 장군의 묘는 고려시대 장방형(직사각형)의 봉분이다. 광주의 맹사성 묘와 파주의 황희, 황수신의 묘 역시 고려시대의 봉분을 그대로 답습한 조선 초기의 묘로서 고려시대와 다르지 않다. 그래서 고려와 조선 초기의 묘제를 비교 공부할 수 있는 좋은 자료다. 아이들과 함께 답사하며 장군의 뜻을 기리고, 자녀 교육에 대하여 생각해 보는 기회가 되었으면 좋겠다. 참배하고 돌아오는 길에 노래 가락이 떠오르면 크게 따라 불러도 좋다. 오롯한 산길을 울리는 메아리들이 다감하게 되돌아와 어린 시절의 분위기에 빠져들게 한다. 그 노래를 부르며 탈서울의 기쁨에 젖는 것만으로도 충분히 보상받을 수 있는 답사가 될 것이다. 지고도 이긴 삶, 충절로 살아서 큰 가르침을 주는 장군의 노래가 아련히 들려온다.

"겨레의 스승이라, 최영 장군."

▶ 찾아가는 길 ◀

최영 장군묘, 경기기념물 제23호 : 경기도 고양시 덕양구 대자동 산 70-2.
경기도 고양시 덕양구 대자동 대자산 기슭을 찾아가는 길은 어렵지 않다. 통일로를 타고 임진각으로 향하는 길을 가다가 필리핀 참전비를 앞두고 이정표를 따라 우회전하면 시골 마을을 벗어나 산길에 접어든다. 버스를 탈 경우 필리핀 참전비에서 내려 걸어야 하는데 30분 가까이 걸어야 한다.

살곶이 다리의 교훈

길의 의미

여행은 사람을 겸손하게 한다. 최소한의 생필품을 짊어지고 길 따라 걷다 보면 만족한 깨달음과 자신을 비워내는 철학의 묘미를 느낀다. 그래서 현인들은 자식을 사랑하면 여행을 보내라 했다. 백 번의 가르침보다 몸소 체험하는 것이 더 가치 있는 일임을 알았기 때문이다. 이곳에서 저곳으로 연결된 길을 따라 나서는 여정에는 많은 호기심과 동경이 있고 그에 따라 느낌이 많은 것이 사실이다. 그러나 그렇게 돌고 돌아 도착해야 할 최종 목적지는 결국 삶의 현장이라는 것을 알고 떠나면 여행의 즐거움은 반감된다. 무작정 떠나 일탈의 기쁨에 젖어보고 그런 돌출적인 행동에서 즐거움을 느끼는 것이 여행의 참맛이다. 그래서 여행은 또 다른 나를 찾아 나서는 전위예술이다. 그 전위예술의 현장에서

▲ 살곶이 다리 측면

또 다른 가치를 찾아보기 위해 살곶이 다리를 찾는다.

선사시대의 길이 사냥과 수렵을 위한 생명의 통로였다면 전쟁이 치열했던 시대에는 공격을 위한 통로였다. 약자에게는 생명을 위협하는 진입로였고 강자에게는 적을 치기 위한 공격로였다. 은원(恩怨)의 대상으로서의 길이기에 강이나 하천은 길의 또 다른 의미를 제시한다. 물길로 인해 멈춰 버린 길을 이어야 할지 그대로 놔둬야 할지 그것은 힘에 의한 선택이었다. 강자라면 돌과 같은 튼튼한 부재를 이용하여 다리를 놓았을 것이고, 약자라면 섶다리와 같이 파괴에 용이한 다리를 설치했을 것이다. 결국 그동안 다리는 공격의 통로이기도 했고, 방어를 위한 단절의 대상이기도 했다.

그런 길과 다리의 기능을 잘 읽을 수 있는 곳이 한강이다. 한강은 단순한 강이 아니라 길의 의미가 무엇인지를 가르쳐 주는 교육의 현장이다. 간선 유로연장 481.7km의 물길 중 광진대교와 행주대교까지의 36km의 유역은 우리 역사의 축소판이기도 하다. 1900년에 한강철교를 설치한 후 2009년 미사대교까지 28개의 다리를 설치하여 강남과 강북의 원활한 소통을 기한 것이 우리나라 발달사와 궤를 같이하기 때문이다. 평화시대에는 그렇게 편리한 소통로가 전쟁시에는 적이 공격해 오는 지름길로서 위험한 시설물로 변한다. 그래서 6.25 도중에는 한강과 압록강의 다리를 폭파했다. 그래도 다리는 필요하다. 전쟁보다는 평화를 갈망하는 염원이 강하고 누구나 평화롭게 살기를 원하기 때문이다.

살곶이 다리에 숨은 정신

조선 초기의 성군 세종과 성종이 합작으로 남긴 유적 중에 길의 의미를 생각케 하는 유적이 있다. 살곶이 다리다. 출발은 세종이 부왕 태종과 백부 정종을 위해서 시작한 공사였지만 결국엔 성종이 민생과 상업 및 물자의 원활한 소통을 위해 마무리한 다리다.

태종과 정종은 사냥을 무척 즐겼다. 조선왕조실록 태종조 6년(1406년 9월 5일)에는 대간(大諫)에서 사냥을 중지하기를 청한 기록이 보일 정도다. 상왕으로 물러나 있던 정종은 태종 12년(1412년) 2월 25일에 고봉으로 사냥을 떠난 지 7일 만에 돌아오기도 하고 이듬해 2월 4일에는 근기(近畿)로 사냥을 떠났다가 13일 만에 돌아온 기록도 보인다. 그런데 그들이 즐겨 찾는 사냥터는 동교였다. 교(郊)는 성 밖 50리를 가리키므로 동교는 지금의 성동구쪽이다. 검단산이나 광주에서 사냥했다는 기록이 자주 보이는 것으로 보아 사냥터로 가기 위해서는 중랑천을 건너야 했다. 그래서 세종은 청계천과 중랑천이 만나는 상부지점(지금의 한양대 부근)에 아예 튼튼한 다리를 설치하기로 했다. 그런데 차근차근 공사를 진행하는 도중 홍수에 떠밀리고 강폭이 넓어 어려움을 겪어 공사가 지연되는 중 세종 4년(1422년)에 태종이 승하했다. 마침 도성 건설에 힘을 쏟던 세종은 교각만 세운 채 공사를 중단했다. 그 후 성종 14년(1483년)에 물자 유통의 필요성이 증대되고 경상도와 충주 강릉쪽으로 가는 교통 요지인 데다 백성들이 다리의 필요성을 건의하자 공사를 재개했다. 그 결과 오늘날까지 그 위용을 자랑하는 살곶이 다리를 남겼다. 가까운 곳의 성수대교는 문명 발달의 척도가 무엇인지 생각하게 한다.

　태종은 1419년에 세종에게 왕위를 물려준 후 주로 풍양궁에 머물렀다. 풍양은 양주의 풍양현이었는데 지금의 진접 내각리 일대를 말한다. 풍양조씨의 관향으로서 그 지명은 사라졌지만 한때 이궁이 있었던 관계로 왕비가 묵었던 곳을 '내동', 대궐터가 있었던 곳을 '궐리' 등 궁궐과 관련된 지명이 많다. 당시 왕궁 주변에는 삼궁 체제를 갖추었다. 서쪽의 연희궁(연희동)과 남쪽의 낙천정(자양동, 일명 臺山離宮), 그리고 동쪽의 풍양궁이 그것이다. 이궁은 피서나 피정과 같

▼ 살곶이 공원 양궁장

▲ 살곶이 다리 상판

은 휴식 공간으로 사용하기도 하고 변란이나 위험한 상황에는 피신을 위한 장소로 사용하기도 했다. 그런데 정종에 이어 태종도 주로 풍양궁에서 기거하며 사냥을 즐겼다. 두 상전의 빈번한 나들이에 세종은 견고한 다리의 필요성을 느낀 것이다.

살곶이 다리의 유래

그 살곶이는 어떻게 하여 나타난 이름일까. 이를 한자로 표기하면 화살전(箭)과 꿸관(串)의 전관(箭串)이다. 화살에 꿰었거나 화살이 꽂혔다는 뜻인데 이것은 태종 이방원과 태조 이성계 부자의 일화에서 비롯되었다. 1398년의 정도전의 난(1차 왕자의 난)과 1400년의 박포의 난(2차 왕자의 난)을 통해 방원이 왕위에 오르자 이성계는 함흥으로 은둔해 버렸다. 이에 함흥차사라는 고사성어가 나타날 만큼 이성계는 완고했지만 방원의 노력이 계속되자 할 수 없이 한양으로 발길을 옮겼다. 그러자 방원은 이곳 살곶이에 차양을 치고 아버지를 영접하였다. 이때 하륜은 굵은 기둥을 사용하게 하고 방원에게 아버지를 조심하라는 주의를 주었다. 아니나 다를까 활의 명사수 이성계는 갑자기 아들을 향해 활시위를 당겼다. 그 짧은 거리를 난 화살은 방원이 몸을 숨긴 기둥에 꽂혔고 한숨을 짓던 이성계는 천운이라며 아들에게 옥새를 건넸다는 이야기다. 살곶이는 그로 인한 지명이라는 것이다.

이설도 많다. 지리적인 조건으로 보면 뚝섬과 장안평이 한강의 범람원이라는 데서 기인한다. 뚝섬은 자연제방, 장안평은 배후습지로서 잡초가 자라기 좋은 지역이다. 그래서 초지가 발달하여 말을 기르기에 좋은 조건을 갖춘 곳이다. 그로 인해 말을 기른다는 데서 비롯한 마장동과 목장의 안쪽[場內]이라는 장안동이 생겼다. 그 연유로 뚝섬에 경마장이 있었고 장안동에 도축장이 있었다. 그 들녘을 예전부터 살곶이 벌이라 했기에 그 곳의 다리를 살곶이 다리라 한다는 것이다.

또 다른 예는 그곳의 물살이 빠른데 다리를 놓은 곳의 지형이 곶처럼 강쪽으로 돌아났기 때문에 빠른 물살과 지형의 곶을 합쳐 살곶이라 한다는 설이다. 더욱 그럴싸한 것은 태조가 왕십리쪽 응봉에서 꿩을 향해 화살을 날렸는데 화살을 맞은 꿩이 뚝섬쪽으로 떨어져서 그 지역을 살곶이 벌이라 했다는 것이다. 모두가 화살이 꽂힌 데서 유래하는 공통점이 있다.

그래서 명칭 또한 여러가지다. 한자로는 전관교(箭串橋), 우리 말로는 살곶이 다리라 하며 전곶교라고도 한다. 전술한 대로 화살이 꿰었거나 화살이 꽂힌 것과 연계한다면 전관교라 해야 하고 곶처럼 강으로 삐쳐 나온 지형에서 유래했다면 전곶교라 해야 한다. 한자의 '串' 을 '관' 으로 읽기도 하고 '곶' 으로 읽기도 하기 때문에 편리한 대로 사용하지만 군이 한자를 사용하기보다는 '살곶이 다리' 라는 예쁜 우리 말로 부르는 것이 더 아름답다. 설화적인 이설이 많다는 것은 그만큼 사람의 입에 화제로 오르내렸다는 증거다. 그 시작이야 어떻든 결국엔 모두가 편리한 다리, 천년 세월이 흘러도 건재할 다리가 한강 아우라지를 지키고 있다는 점이 중요하다. 조선시대를 통틀어 가장 견고하고 가장 장대한 다리였으니 발 아래로 흐르는 물줄기를 보며 건너는 사람마다 감탄사가 절로 나왔으리라.

1967년 12월 15일. 그동안 세인의 기억으로부터 멀어졌던 살곶이 다리가 사적 160호로 지정되어 보호받기 시작했다. 한천(漢川, 중랑천)과 청계천이 만나는

▲ 살곶이 다리 하단의 교각

한강 아우라지의 2km 상류에 위치한 이 다리는 길이가 258척의 78m에 이르고 너비 20척의 6m에 이른다. 성동구 행당동과 성수동의 경계에 있으며 다리의 상판이 평지처럼 평평하다 하여 제반교(濟盤橋)라 할 만큼 판판하고 안전하다. 다리의 구조를 보면 가로 4열의 기둥을 세로 16열로 세워 모두 64개의 견고한 돌기둥을 세웠고 그 위에 동귀틀을 엮은 우물마루처럼 장대석을 3등분하여 깔아 대청마루를 보는 느낌이다.

한때 서구를 중심으로 일던 그린 투어리즘(green tourism)이 피폐해 가는 농촌을 살리기 위한 친환경 여행으로 각광받았다. 이제 우리나라에서는 2007년 언론인 서명숙씨가 제주도의 올레길을 연 후 올레형 걷기의 여행이 유행하고 있다. 올레는 골목길을 뜻하는 제주도 방언으로 문화와 삶이 교류하는 길을 뜻한다. 그래서 길에는 상식과 예의와 지혜가 있고, 그래서 길을 따라 떠나는 여행은 구도적인 자세가 필요하다. 트래킹을 통해 자기의 내면을 돌아보는 인내와 사유의 여행이 유행하는 것도 그 이유이리라.

이제 성동구에서는 살곶이 다리를 정점으로 새로운 의미의 여행길을 마련했으면 한다. 멀리 떠나지 않아도 근교에서 효도와 애민정신을 체험하는 의미있는 체험장으로 살아나기를 기대해 본다. 주변을 공원으로 조성하여 시민의 쉼터로 조성해 놓은 것도 좋지만 특히 양궁장을 설치한 것은 살곶이의 의미를 살리는 테마공원 같아 더 반갑다. 한양대 역에서 내리면 쉽게 찾을 수 있는 곳이다. 가족 나들이를 통해 세종의 효도와 성종의 애민정신을 배우고 더불어 나라와 백성을 위한 지도자상이 무엇인지 생각해 보는 의미있는 하루가 될 것이다.

◀ 찾아가는 길 ▶

  살곶이 다리 : 서울 성동구 성수동1가. 2011년 12월 30일 사적 제160호에서 해제하고 보물 제1738호로 변경 · 지정했다. 지하철 2호선 한양대학역 3번 출구로 나와 성동교 북단에서 제방길을 따라 걸어야 함. 승용차를 이용할 경우 주변에 주차할 공간이 많으며 공용 주차장도 있음.
  버스 : 간선 302, 307, 371. 지선 20112, 2013, 2014, 2222, 32218번 이용.

석빙고의 지혜

피서(避暑)와 척서(滌署)

산과 바다로 향하는 도로마다 이글거리는 복사열에 차량에서 내뿜는 열기까지 더해지면 떠오르는 사람이 있다. 물과 냉커피를 파는 사람이다. 모자를 쿡 눌러 쓰고 승리를 다짐하듯 두 손가락을 펴 보이면 2,000원, 검지만 치켜들면 1,000원이다. 평소에 관심조차 두지 않던 뻥튀기에까지 시선이 쏠리는 것이 피서철의 풍경이다. 오늘날에는 냉수나 얼음조각이 섞인 커피를 마시며 더위를 잊을 수 있지만 냉장고가 없던 시절의 조상들은 여름을 어떻게 보냈을까.

피서(避暑)는 원래 우리 조상들이 즐겨 사용하던 용어가 아니다. 염상섭, 유치진, 채만식 등의 작품에는 피서보다 척서(滌署)가 더 눈에 띈다. 그에 비해 영문학을 전공한 이효석에게는 피서가 많이 보인다. 오늘날 우리가 사용하는 용어

▲ 경주 석빙고 내부

는 서양 문화를 받아들이는 과정에서 영어에 익숙한 식자층의 언어습관에서 비롯되었다는 것을 짐작하게 한다. 더구나 영국이나 미국으로부터 직접 받아들인 영어를 번역한 것이 아니라 일본이 번역해 놓은 용어를 받아들이다 보니 자연스럽게 일본식 한자어가 주인 행세를 하기 시작했다.

피서가 더위를 피해 달아난다는 의미라면, 척서는 더위를 씻어낸다는 뜻이다. 전자가 소극적인 의미의 용어인데 비해 후자는 행동을 수반하는 적극적인 용어다. 즉 'avoiding from summer heat' 같은 피동문를 해석하다 보니 피서라는 피동적인 용어를 만들어낸 것이다. 그 말대로 날씨가 무더워지면 더위를 피해 달아나는 사람들의 행렬로 도로가 몸살을 앓는다. 더위에 맞서 척서를 하던 선인들이 눈을 뜬다면 대경실색할 풍경이다.

석빙고의 유래

더위를 이기는 방법으로는 에어컨이 절대적이지만 그래도 아직은 냉장고만한 것은 없다. 냉장고는 곧 얼음과 동일시할 수 있는 서민생활의 중심에 있기 때문이다. 그 냉장고와도 같은 얼음을 삼국시대의 여름에도 오늘날처럼 사용했다면 믿을 수 있을까.

《삼국유사》의 노례왕(弩禮王)조에는 '비로소 얼음을 저장하는 창고와 수레를 만들었다[始製犁耜及藏氷庫作車乘]'는 기록이 있다. 떡을 물어 잇자국이 많은 자가 왕위에 올라야 한다며 이사금이라는 명칭을 사용하게 한 장본인 노례왕이 그 때에 이미 얼음을 저장하게 했다는 기록이다. 노례왕(노례이사금)은 신라 초기 3대왕으로서 서기 24년부터 57년까지 재위했으니 24년 이전에 이미 얼음을 저장하여 사용하고 있었다는 것을 알게 한다. 이어 《삼국사기》〈신라본기〉지증왕 6년(505년) 11월조에도 '비로소 소사(所司)에게 명하여 얼음을 저장하게 하였다[始命所司藏氷]'는 기록이 보인다. 이로 보아 지증왕은 노례왕시대부터 사용하던 얼음 저장방법을 개선하여 새로운 방법으로 저장했거나, 아니면 목빙고(木氷庫)를 석빙고(石氷庫)로 바꿨을 가능성이 있다.

1963년에 보물 제66호로 지정된 경주 인왕동의 석빙고가 그 단서를 제공한다. 석빙고 옆 비석에 새겨진 '숭정기원후재무오(崇禎紀元後再戊午)'라는 명문은

1738년(영조 14년)인데 이 석빙고의 축조 연대와 조명겸이 나무로 된 빙고를 돌로 개축했다는 내력의 정보를 제공한다. 더구나 입구의 석빙고(石氷庫)가 새겨진 이맛돌의 한 단 안쪽에서 '숭정기원후재신유추팔월이기개축(崇禎紀元後再辛酉秋八月移基改築)'의 명문은 축조한 지 4년 만에 현 위치로 옮겨 개축하였다는 안내문이다.

필요에 의해 장소를 옮기고 고쳐 지을 수 있다는 것은 석빙고의 변천사를 추측케 한다. 물론 현재 남아 있는 6기의 석빙고는 조선시대에 축조한 것으로 인정하여 모두 보물과 사적으로 지정했다. 그러나 경주의 것은 신라시대의 원형일 수도 있다는 논란이 있기에 다른 지방의 것들도 같은 시각으로 살펴볼 필요가 있다. 그 가정은 빙고의 속성과 연계하여 가능하다. 즉 석빙고는 인가가 있는 강가에 세워야 얼음채집은 물론 관리에도 편하다는 점이다. 현재 석빙고는 경주(보물66호), 안동(보물305호), 창녕(보물310호), 청도(보물323호), 현풍(보물673호), 영산(사적169호) 등 6기와 북한의 해주에 한 기가 남아 있다.

조선시대의 빙장제도

빙장고(氷藏庫) 제도는 고려시대를 거쳐 조선시대에 절정을 이루었다. 궁궐 안에는 내빙고(內氷庫)를 두고 사대문 밖에는 외빙고(外氷庫)를 두어 체계적으로 관리했다. 내빙고는 창경궁 안에 설치하여 궁궐에서 쉽게 사용하게 했고 옥수동의 두모포(두뭇개)에 설치한 동빙고와 용산 둔지산 아래 설치한 서빙고는 외빙고라서 많은 양의 얼음을 저장하여 여름에 사용할 수 있게 했다. 다만 동빙고의 얼음과 서빙고의 얼음은 채빙 장소와 사용처가 달랐다.

동빙고의 얼음은 국가적 제향에 사용했다. 동쪽을 더 존중하는 유교적 질서에 의해 동빙고의 얼음을 신성한 용도로 사용한 것이다. 그래서 얼음도 서빙고의 얼음보다 환경이 더 깨끗한 위쪽에서 채집했다. 실록에 의하면 얼음이 4촌(寸) 이상의 두께로 얼어야 채빙했다. '촌(寸)'을 순수한 우리 말로는 '치'라 하는데 한 치는 3.03cm이므로 최소한 12cm 이상의 두께로 얼어야 채빙의 대상이 되었다. 그러나 날씨가 따뜻하여 얼음이 제대로 얼지 않으면 동빙고의 북쪽에 있는 사한단(司寒壇)에서 날씨가 추워지기를 비는 기한제(祈寒祭)를 올렸다. 가뭄에 기우제를 올리고, 장마철에 기한제(祈旱祭)를 올리듯 얼음을 채집하는 데도

▲ 경주 석빙고 전경

그렇게 정성을 다 했다. 더구나 좋지 않은 날씨에 채빙하여 두께가 얇거나 채빙하는 과정에서 얼음이 녹으면 이를 버리고 추운 날씨에 다시 채빙했다. 동빙고의 얼음은 음력 3월 초하루부터 서리가 내리는 상강까지 왕실에 제공하여 제향을 올리는 데 사용했다. 동빙고가 내빙고와 서빙고에 비해 1개동의 건물에 1만 244정(丁)의 적은 양의 얼음을 저장한 것도 그 신성성 때문이었다.

서빙고는 지금의 서빙고동에 있었는데 동빙고의 얼음과는 달리 공상(供上)에 사용했다. 한여름인 음력 5월 보름부터 7월 보름까지 종친과 고위 및 퇴직 관리, 활인서의 병자, 심지어 의금부의 죄수들에게까지 나누어 주었으니 얼음 공급처로서 진공(進供) 역할을 한 것이다. 그래서 동빙고보다 더 많은 양을 저장했다.

조선왕조실록 영조 31년(1755) 11월 29일조에는 좌의정 김상로의 건의로 두 곳에 있는 내빙고를 1고(庫)로 통합하고 얼음도 3만 6천 장을 2만 장으로 감축했다는 기록이 보인다. 이에 비해 서빙고는 8개동에 13만 4974정을 저장했다. 고관대작은 물론 서민에게까지 이곳에서 얼음을 공급했으니 그 수요는 타 빙고의 수준에 비할 바가 아니다.

얼음을 제공할 때는 직접 얼음으로 하사한 것이 아니라 나무로 만든 빙표(氷票)를 지급했는데 이것을 사빙(賜氷)이라 했다. 결국 사빙은 빙표를 가지고 서빙고에 가서 얼음으로 교환하여 인수해야 한다. 그러나 가난하여 하인이 없는 대신들은 서빙고에서 얼음을 교환해 올 수가 없었다. 이에 눈치 빠른 이들이 사장된 빙표를 얻어 얼음을 인수한 후 얼음을 내다 팔았다. 성종시대의 일이니 제법 빠른 상행위다.

석빙고의 문화적 승화

이중환은 《택리지》에서 경기도 광주가 사람 살 만한 곳이 못된다고 했다. 국방의 중요한 진이므로 사변이 일어나면 반드시 전투가 벌어지는 곳으로 불안한 지역이라는 이유에서였다. 그 대표적인 것이 남한산성이었다. 그러나 그 위험이 광주 사람에게만 있었을 것인가. 경기도 사람은 항상 근기(近畿)지방에 산다는 이유로 한양의 부역에 동원되었다. 요즈음 같으면 일자리가 보장되어 더 좋은 여건이라 할 수 있지만 그 시절엔 임금은커녕 먹을 것조차 자기가 준비해 갔으니 경기도민의 불만은 이만저만이 아니었다.

빙장고의 얼음 채취에 동원된 주민의 불만은 더 컸다. 혹한기에 한양으로 차

▲ 경주 석빙고 이맛돌 명문

▲ 창녕 석빙고 전경

출되어 얼음이 얼기를 기다리는 동안 추위와 배고픔에 시달려 그 어느 부역보다 고생이 심했다. 세종실록 20년(1438년) 11월 23일조에는 채빙을 위해 평소에는 경기도민을 징집했는데 이번에는 강원도민과 충청도민을 불러들여 부역시키므로 추위와 굶주림이 심해 원망이 많다는 기록이 보일 정도다. 평소 경기도민이 부역에 많이 동원되는 모습을 추측케 하는 부분인데 그 불만은 정조대에 이르러 임금을 지불했기 때문에 사라졌다. 백성들의 아픔을 치유한 정조는 그래서 조선 후기의 성군으로 추앙받는다.

　얼음 채집을 위해 동원된 장정을 관리하는 군을 벌빙군(伐氷軍)이라 한다. 그들이 빙고를 잘못 관리하면 파직을 당하는 등 벌을 받기도 하고 잘 관리하면 상을 받기도 했다. 빙장고는 얼음을 이용하기 위한 방편으로 사용하기도 했지만 동양사상의 음양이론에 의해 음양의 기운을 조정하기 위해 필요한 것으로 보았다. 여름의 양기를 겨울의 음기로 조정하여 자연과 신체의 균형을 유지하려는 철학적인 사고의 산물이었다. 지금은 경상도 지역에 남은 석빙고를 통해 빙장제도를 확인할 수 있지만 당시에는 동양의 철학적 사상이 담긴 절대적인 시설이었다. 냉장고시대를 살면서 흔해빠진 것이 얼음인지라 석빙고를 보면서도 우리는 세계 유일의 저장문화를 창조한 조상의 지혜를 망각한 것이 사실이다.

안동에서는 2002년부터 채빙과 빙장의 과정을 재연하여 겨울 축제로 승화시켰다. 서울에서도 동빙고와 서빙고를 통해 지혜로운 조상의 삶을 엿보고 얼음한 조각에 담겨 있는 의미를 깨닫게 했으면 좋겠다. 더불어 백성들에게 얼음을 나누어 주던 애민정신을 오늘날의 위정자들이 본받고, 그 따뜻한 마음을 통해 모두가 건강하고 시원한 여름을 보냈으면 하는 바람이다.

· 찾아가는 길 ·

석빙고 : 서울의 석빙고는 서빙고동과 동빙고동의 지명으로만 남았다. 현재 석빙고가 온전히 남아 있는 것은 경주(보물 제66호), 안동(보물 제305호), 창녕(보물 제310호), 달성(보물 제673호), 청도(보물 제323호) 등 모두 5기로 조선시대 시설이다.

인왕산의 역사와 아픔

사물의 이름

하늘은 이름 없이 낸 사물이 없다고 했다. 모든 사물에는 이름이 있다는 뜻이다. 구약성서에서 아담이 사물을 보고 부르는 것이 곧 그 이름이라는 표현을 빌리지 않더라도 우리의 조상들은 주변의 사물에 이름을 붙여 정감을 나누는 자연친화적 지혜가 있었다.

그런데 가끔 '이름 모를 꽃' 이라거나 '이름도 없는 산' 이라는 표현을 볼 수 있다. 산이 작다 보니 사람들이 이름을 붙여 부르지 않는 탓이기도 하겠고, 볼품없는 꽃과 나무에게는 별로 관심을 두지 않은 작가의 매너리즘에서 기인한 것이기도 하리라. 하찮은 것에 관심을 기울이지 않은 작가에게는 매우 편리한 방법이겠지만 그러나 이처럼 무책임한 표현도 없다. 보잘것 없는 사물도 이름을 알고 대하면 그 외양에서만 느끼는 것과는 다른 정감이 솟아난다. 사람도 이름을 부르면 쉽게 친해지는 것과 같은 이치다.

우리 주변에 있는 산이나 꽃, 나무 등 사물의 이름에 대해서 얼마나 관심을 기울여 본 일이 있는가. 매발톱, 노루오줌, 노루귀, 애기똥풀, 피나물, 족두리꽃, 심지어는 개불알꽃 등 생긴 대로 부르면 야생화 이름이며, 쥐똥나무, 때죽

▼ 인왕산 전경

나무, 노린재나무 등 그 속성을 살려 부르면 우리 주변의 나무 이름이다. 그렇게 모양과 속성에 조금만 관심을 기울이면 이름을 알 수 있는 것을 무책임하게 이름 없는 꽃이라 하는 것은 글을 쓰는 사람으로서 직무유기나 다름없다. 산도 들도 그 모양과 격에 맞는 이름이 있다. 백두 줄기에서 뻗어 내린 가지산들도 민족의 정기가 서린 아름다운 이름이 있는 것이다. 내가 사는 땅에 피고 지는 꽃 한 송이와 나무 한 그루는 물론 아침저녁으로 마주하며 오르기도 하는 산의 이름과 그에 담긴 뜻을 아는 것은 내 나라를 바로 아는 첫 관문이다.

인왕산(仁王山)

인왕산은 한양의 내사산으로서 그 어느 산보다 수난을 많이 겪었다. 경복궁의 서쪽에 있다 하여 서산(西山)이라 했던 것을 세종대왕이 인왕산으로 바꿨다. 인왕(仁王)을 그 이름대로 풀이하면 어진 왕이니 세종대왕은 자신이 성군이 될 것을 다짐이라도 하듯 서산을 인왕산으로 바꾼 것이다. 그러나 인왕산은 국시(國是)에 어긋나는 불교용어라는 데 문제가 있다. 조선은 고려의 멸망 원인을 불교의 타락에서 비롯되었다고 하여 불교를 탄압하고 새 왕조의 이념을 유교에서 찾았다. 과거 왕조의 정신적 이념을 지우기 위해 억불숭유 정책을 편 것이

▲ 인왕산 입구 사직단

▲ 인왕산 호랑이상

다.

 그래도 신앙은 신앙이었다. 유교가 내세의 소망을 제시하지 못하고 현실적 윤리와 도를 밝히는 실천적 학문의 수준에 머무르자 왕실에서조차 불당을 세워 극락왕생을 희구했다. 인왕은 곧 금강역사라는 것을 세종임금도 알고 있었기에 조선왕조를 지키는 신장(神將)의 역할을 인왕산(仁王山)에 맡기고 싶었던 모양이다. 강하면서도 지혜를 겸비한 불법의 수호신, 그 인왕상(仁王像)은 인왕문의 좌우를 지키며 사찰에 드나드는 신도들의 신실한 불심을 위해 잡신을 물리치며 감찰한다. 어쩌면 세종은 서산을 바라보며 자신이 인왕역사와 같은 왕, 곧 지혜와 힘을 갖춘 수문장으로서 성군이 되기를 발원했는지도 모른다. 그래서 서산은 불교를 배척하는 현실에서도 인왕(금강역사)으로 바뀔 수 있었다. 그 작은 작업에도 세종은 오묘하게 자신의 의지를 드러낸 학자적 은유와 정치적 상징법을 적용했다.

 그러나 그 의미와는 다르게 인왕산은 민초들의 삶과 조선의 역사에 심한 엇박자를 내었다. 더구나 호랑이가 자주 출현하여 군사를 동원하는 난리를 치루기도 했다. 세조 9년(1463년) 인왕산에 호랑이가 들었다는 기록을 시작으로 성종

25년(1494년)에는 표범이 인왕산으로 들어와 사람과 가축을 해쳤다는 등 계속 기사를 보이다가 고종 20년(1883년)에 삼청동 북창 근처에서 호환(虎患)을 당한 일이 있어 포수를 보내 표범을 잡았다는 기록이 마지막이다. 궁궐 가까이에서 일어난 호환은 그만큼 개국과 더불어 순탄치 않은 역사가 이어졌음을 반증한다.

그래서일까. 인왕산의 하얀 바위는 가인박명(佳人薄命)을 실증하듯 기구한 여인을 보는 느낌이 들기도 하고, 338m의 정상에 숭숭 구멍이 뚫린 바위를 보면 가슴에 가득 한을 맺고 죽은 사람의 해골을 보는 느낌이 들어 섬뜩하기도 하다.

그 아픔의 근원은 호랑이보다 무서운 연산군의 폭정이었다. 연산군은 재위 9년(1503년)에 경복궁이 내려다보이는 복세암과 금강굴은 물론 정자지(鄭子芝) 등 11인의 집을 철거하고, 변대해 등 20인의 집은 뒷산에 담을 쌓아 올라가지 못하게 하였다. 이듬해에는 타락산(낙산), 목멱산(남산), 인왕산의 아래 평지에 있는 집까지 철거한 후 통행을 금했으며 가시로 울타리를 치고 서쪽 모퉁이까지 목책으로 금표를 치게 했다.

떳떳하지 못한 권력자는 사생활이 드러나는 것을 두려워한다. 그래서 연산군은 민간인에게 자신의 사생활이 조금이라도 엿보이지 않도록 철저히 차단했다. 이도 모자라 1505년 연산군은 남산, 인왕산, 타락산에 잡인(雜人)이 올라가면 궐 안과 성 밖이 모두 보인다 하여 산꼭대기와 산기슭에 담을 쌓고 일체 다니지 못하게 막았다.

인왕산의 시련은 민초들의 시련이었지만 결국엔 나라의 시련이자 왕권의 종말이었다. 세종으로 하여 인왕산은 왕실과 민초들의 꿈을 지켜주는 금강역사와 같은 품격으로 변해 있었는데 연산군은 그 꿈을 철저히 짓밟아 버렸다. 민초들과 철저히 단절된 삶을 살면서 숱한 패륜과 행음을 일삼던 연산군은 결국 인왕산에 담을 치던 이듬해(연산 12년 1506년)에 중종반정으로 왕위에서 쫓겨났다. 그러나 인왕산의 아픔은 여기서 배가된다. 정권에 휘둘린 또 하나의 아픔을 잉태한다.

왕위에 오른 진성대군(중종)은 연산군의 이복동생이다. 그런데 연산군의 아내는 신수근의 누이고 중종의 아내는 신수근의 딸이다. 개인적으로는 고모가 손위 동서다. 이 틈에서 신수근은 딸의 장래가 달려 있는데도 반정에 가담하지 않아 죄인으로 죽었다. 동생과 딸 사이에서 인간적인 고민이 있었으리라는 생각은 금물이다. 좌의정으로서 왕통을 뒤집는 것은 옳지 않다는 판단을 내렸을 것이다. 그래서 진성대군이 왕위에 올랐는데도 죄인 신수근의 딸을 국모로 모실 수 없다는 대신들의 간청에 의해 왕비가 된 지 이레가 지난 9월 9일에 궁궐에서 쫓겨났다.

순간의 선택이 평생을 좌우했다. 궁에서 쫓겨난 신씨는 중종이 그녀를 보고자 경회루에서 인왕산을 올려 본다는 소식을 듣고 인왕산 자락에 궁궐에서 입던 붉은 치마를 걸어 두었다. 그것이 치마바위다. 기약없는 세월, 1544년 중종이 죽고 1557년까지 14년을 더 산 단경왕후는 인왕산에 한을 묻고 한 많은 삶을 마감했다.

1968년 2월. 월남전에 참가했던 저자의 맏형은 만기제대를 앞두고 있었다. 그런데 갑자기 복무기간이 연장되었다. 1월 21일 김신조 일당의 청와대 습격사건 때문이었다. 이 일로 인해 예비군이 창설되고 인왕산은 일반인이 접근할 수 없는 무서운 산으로 바뀌었다. 연산군시대처럼 또 다시 인왕산이 민초들로부터 멀어졌다. 인왕산이 그렇게 수난을 당하면 민초들의 인권도 위축되었다.

▲ 인왕산 해골바위

한동안 느슨해지나 싶더니 5공 시절에는 더 무서운 산이 되었다. 접근조차 허용하지 않던 두려움의 대상으로 변한 산이 1995년 다시 우리의 품에 안겼다. 옛날 세종의 뜻이 담긴 인왕산이 제자리를 되찾은 것이다.

금강역사를 뜻하는 인왕은 여러 종류가 있는데 우리나라에서는 사찰의 문이나 탑의 감실 등 문의 양쪽을 지키는 금강역사가 인왕이다. 즉 사찰문의 오른쪽에는 '나라연금강'을, 왼쪽에는 '밀적금강'을 배치한다. 나라연금강은 천상계의 역사로서 코끼리 백만 마리 이상의 힘을 쓰며 입을 '아!' 하는 모양으로 벌리고 있다. 그래서 '아 금강역사'라 한다. 반면에 밀적금강은 손에 금강저를 들고 입은 '훔!' 하는 모양으로 꼭 다물고 있다. 그래서 '훔 금강역사'라 한다. '아'와 '훔'은 알파벳의 A와 Z를 가리키는 시작과 끝을 말한다. 즉 범어의 시작과 끝이다. 기독교에서 말하는 헬라어의 알파와 오메가와 같은 뜻이다.

그렇게 사찰이나 불자의 불심을 지켜주는 수호신 금강역사를 인왕이라 하여 서산을 仁王山으로 표기했는데 영조실록 38년(1762년)조에는 인왕산(仁旺山)으로 표기했다. 仁王山을 일제 강점기에 仁旺山으로 바뀌었다고 하여 다시 仁王山으로 표기하기로 했는데 아무래도 정조실록의 표기는 잘못된 것이라 생각된다. 한글 번역에도 가끔 仁旺山으로 표기한 것이 보이는데 바로 잡아야 할 것이다.

▶ 찾아가는 길 ◀

인왕산 : 산행기점은 여러 갈래다. 해발 338m의 낮은 산이므로 가볍게 오를 수 있다. 옥인동, 부암동, 청운동, 세검정, 사직동, 무악재, 홍은동 등지에서 오를 수 있어 도심의 산이라서 접근하기 쉽다. 일반적으로 사직공원에서 기점을 잡는다. 지하철 3호선 경복궁역 1번 출구로 나와 사직공원 뒷길을 이용하는 경우와 지하철 3호선 독립문역 3번 출구로 나와 인왕사 길을 택하는 경우도 있다. 주변의 황학정, 매바위, 치마바위, 인왕사, 국사당, 해골바위 등 볼거리가 많다.

애린원 가는 길

　언제부터인지 우리 사회도 점점 가족중심의 폐쇄적인 사회로 바뀌어 식물적 단계, 동물적 단계, 인간적 단계를 논하던 퇴니스의 3단계 사회발전 이론은 옛날 얘기가 되고 말았다. 시골에서는 노인들이 돌아가신 빈 자리를 지키듯 폐가가 늘어나고, 도시에서는 독거노인들이 늘어난다. 이런 현상은 경제적인 것도 있지만 무엇보다도 폐쇄적인 핵가족화와 개인주의에 기인한다.

　피서철과 같이 모두가 즐거울 때 쓸쓸해 할 소외계층을 의식하는 것은 촌스럽단다. 오히려 막힘없이 달리는 고속도로에서 반대편의 꽉 막힌 차량을 보고 쾌감을 느끼는 것이 현실이다. 그것은 건강하지 못한 사회의 그늘이다. 그 그늘이 많을수록 후진성을 벗어나지 못한 병든 사회이기 때문에 경제가 세계 선

▲ 애린양로원

▲ 1925년 양로원 건물

진국 수준으로 성장했다 하여 선진국이라 할 수 없다. 진정한 선진국은 사회적 약자가 없고, 소외받는 계층이 없어야 한다. 그것이 진정한 복지국가의 조건이자 선진국의 면모다. 그러기 위해서는 국가적 차원의 정책과 경제적인 지원이 있어야 하나 모든 것을 국가가 주도적으로 해결할 수 없다는 데 문제가 있다.

도시인들이 더위를 탓하며 산과 계곡으로 피서를 떠날 때 나는 의미있는 곳으로 피서 여행(?)을 다녀왔다. 오곡백과의 알찬 결실을 위해서는 햇볕이 절대적으로 필요한 시골길에서 더위를 탓할 겨를이 없는 농부를 보며 나라가 어떻고, 세계 경제가 어떻고, 우리의 현실이 어떻다는 것 등 복잡한 생각을 벗어날 수 있었다. 그 치열한 삶의 현장에서 '애린원'이라는 사회복지법인이 운영하는 '애린양로원'은 사회의 어두운 곳에서 빛을 발하는 아름다운 기관임을 확인하고 마음이 흐뭇했다.

애린원은 이름에서부터 종교적인 색채를 느낄 수 있다. '네 이웃을 네 몸과 같이 사랑하라'는 성경 말씀이 이 말 속에 녹아있기 때문이다. 기독교를 상징하는 문구로는 '경천(敬天)'이 최고지만 이는 하나님과의 수직적 관계를 나타내는 말이고 '애민(愛民)' 곧 '애린(愛隣)'은 이웃과 더불어 사는 수평적 관계를 나타내는 말이다. 그래서 애린은 경천보다 더 정감이 있는 인간적인 언어다. 이를 교직하여 선을 그으면 경천의 수직선과 애민의 수평선이 십자가를 이룬다. 경천애민은 곧 십자가 사상이 응축되어 있는 말이다. 그것은 기독교가 들어오기 이전의 유교 · 불교시대에도 최고의 가치를 지닌 덕목이었으니 십자가 사상은 결국 인류에게 가장 이상적인 가르침이자 이념이었다. 물론 동양권에서의 경천은 하나님이 아니라 천심(天心)으로서의 민심(民心)을 상징했으니 결국엔 하늘이 곧 민(民)이며 절대적 힘을 지닌 존재임을 상징한다.

수직축보다 횡축을 강조한 애린, 그 애린원이 경천이라는 말을 생략한 것은 비기독교인들까지도 사랑하겠다는 의지의 표현이다. 굳이 경천을 강조하지 않고 세상에 사랑을 전하면 분명 하나님의 사랑을 깨닫는 자가 있으리라는 믿음의 자신감이다. 그래서 애린원은 고유명사로 출발했지만 이제는 곳곳에 애린원이 많이 등장하여 보통명사처럼 사용한다. 그 많은 애린원 중에서 전라북도 김제의 애린원은 우리나라 최초의 복지시설이라는 데 의미가 있다.

요즈음 국가의 지원을 받는 복지시설들이 운영비를 착복하거나 인권을 유린하는 등의 사례가 언론에 자주 보도되어 일반인들이 부정적인 시각으로 대하는 것이 사실이다. 그러나 김제의 애린원은 출발 당시의 목적부터 다르다. 그래서 아직도 이 시대 복지시설의 전범과 같은 역할을 한다. 하나님의 가르침을 실천하기 위하여 모든 것을 희생한 설립자의 뜻을 그대로 실천하고 있는 기관이기에 저자는 현장을 방문하여 경영을 살펴보고 그 곳에서 기거하는 노인들을 만나 보았다. 경주에 최부자가 있다면 구례에는 운조루의 유이주가 있고, 지평선을 안고 있는 김제에는 부량면 장화마을에 정준섭이 있다. 모두가 부를 이웃에 나누어준 훌륭한 토호들이다. 특히 같은 지역 장화마을의 정준섭은 구례군수를 역임하여 정구례로 알려진 인물이다. 정준섭의 동쪽 마당 한쪽에는 1864년에 그가 제작한 쌀뒤주가 그대로 남아 있어 당시의 선행을 실증한다. 높이와 너비가 210cm의 정방형으로 70여 가마의 쌀을 담을 수 있을 만큼 큰 이 뒤주를 전라북도에서는 1975년에 민속자료 11호로 지정했다. 그에 비해 애린원의 설립자 염천(鹽川) 한상용 장로(이하 한장로)는 업적만큼 외부에 알려지지 않았다.

1889년 한철수의 장남으로 태어나 많은 부를 물려받은 그는 훤칠한 체구에 호탕한 성격이라서 친구들과 잘 어울렸고 두주불사하는 애주가였다. 그런 그가 1914년에 김제 선인동교회(현 동부교회)에서 부흥회를 인도하는 김익두 목사로부터 감화를 받고 하나님의 뜻을 실천하는 기독교인이 되었다. 김익두 목사는 젊은 날에 주먹을 쓰며 방탕한 생활을 하던 사람이었는데 기독교를 받아들인 후 실천적인 목회자의 대명사처럼 존경받던 분이다. 일제 강점기에는 신사참배를 거부하여 옥살이까지 한 지조 있는 교계의 지도자였기에 그의 영향을 받은 한 장로 역시 김익두 목사처럼 과감하게 사랑을 실천하는 기독교인이 되었다. 그의 변화는 집안의 노비문서를 태우고 종들에게 신분의 자유와 경제적 기반으로 토지를 선물하는 것으로부터 시작하였다. '진리가 너희를 자유케 하리라' 는 말씀으로 내면적 자유를 얻은 그였기에 그 기쁨을 종들과 함께 나눈 것이다. 그리고는 3애(三愛)운동을 전개했다. 한 장로의 학력은 옛날의 부자들이 그랬듯 집으로 가정교사를 초빙하여 한문을 공부한 것이 전부다. 그런 과정에서 3애운동을 전개한 것을 보면 서구의 앞선 학문을 배운 것이 분명하다.

3애운동은 1864년 덴마크가 프로이센 · 오스트리아 연합군에게 패하여 남부의 곡창지대 수레스비아와 홀스타인 두 주를 빼앗기고 국민들이 절망에 빠졌을 때 국가의 부흥을 위해 그룬트비 목사가 전개한 운동이다. 공병 대령 출신의 달가스와 함께 북해의 동토(凍土) 유트란드 반도를 개척하고 나무를 심어 오늘날의 세계적인 농업 선진국이 된 그 모태가 바로 3애운동이다. '하나님' 과 '땅' 과 '이웃' 을 사랑하자는 그 3애운동이 덴마크의 부흥을 일으켰듯 우리에게도 그 운동을 전개하면 모두가 잘 사는 나라를 만들 수 있겠다는 선구자적 생각이었다. 1970년대의 새마을운동이 관주도로 추진하여 국가적으로 크게 성공했다면 3애운동은 개인 주도로 실천한 사회운동이었다. 그래서 지역적 한계를 벗어나지 못했지만 그가 섬긴 교회를 중심으로 김제와 그 인근 지역에서 아름다운 결실을 맺었다.

그 당시는 지식층에서 국민 계몽을 위해 브 · 나로드 운동을 전개하던 시기라서 3애운동도 크게 환영받았다. 더구나 한 장로가 재산을 쾌척하여 필요한 시설을 제공했기 때문에 주민들의 호응을 받아 크게 성공할 수 있었다. 그 일환으로 1924년에 설립한 '중생학원'은 1941년 일제에 의해 강제 폐교당할 때까지 교육을 통한 민중 계몽의 선봉 역할을 했다. 그의 부인도 이 일에 적극 동참했다. 전주지역의 3.1운동에 앞장섰던 부인 함춘원 여사는 여성들에게 교육의 기회를 넓히는 중요한 역할로 한 장로의 일을 도왔다. 한 장로는 1945년 8월 17일에 일본경찰에 구속될 예정이었는데 8.15 광복을 맞아 다행히 수감은 면했다. 그러나 함춘원 여사는 전주 3.1운동에 참여하여 6개월의 옥고를 치루었다. 그 업적을 인정받아 2009년에 3.1운동 90주년 기념식에서 대통령 표창을 추서받았다. 한 장로가 국가에 크게 기여한 업적은 무엇보다도 1925년 3월 1일에 우리나라 최초의 노인 복지시설 '애린양로원'을 설립한 일이다. 3.1정신을 이어받기 위해 3월 1일에 개원한 것도 의미가 크다. 주변의 오갈 데 없는 노인들을 양로원에 모셔 가족처럼 지내며 공동체를 이루었으니 이는 초대교회의 전형이었다. 애린원은 그 정신으로 이어온 양로원이기에 아직도 모범기관으로서 주목을 받는다. 쾌적한 주변 환경과 청결한 시설, 수시로 제공하는 옷과 간식, 그리고 다양한 교육프로그램이 마음을 끈다. 그 결과 1997년에 '애린양로원'이 우수시설로 인정받아 대통령 표창을 받았다.

1920년 한 장로는 초가 4칸을 기증하여 임상교회를 신축하는 등 재정적 지원을 아끼지 않았고 한신대학교에 많은 재산을 헌납하여 대학 발전에도 기여했다. 그래서 2004년 11월 1일 한신대학

▲ 시혜불망비

교 학술원 신학연구소에서 주최한 '한국 근현대사와 주체적 기독교인 재조명' 심포지엄에서 연규홍 교수가 '염천 한상용과 3애운동' 이라는 발제를 통해 한 장로의 선구자적 업적을 찬양했다. 기독교를 받아들인 한 장로는 기독교 발전사에도 큰 족적을 남겨 이 사회에 노블리스 오블리제를 실천한 사랑의 선구자였다.

그의 아들 한태희는 목사로 봉직했고, 손자 한규택 장로는 현 '애린양로원'의 3대 원장으로서 대를 이어 헌신적으로 사랑을 실천하여 2007년에 한규택 원장이 대통령상을 수상했다. 시설과 경영면에서 모두 국가의 인정을 받아 대통령상을 받은 것이다. 세계 어느 나라보다 급속히 노령화 사회로 접어드는 현실에서 우리 주변에 그렇게 훌륭한 사회 봉사기관이 있다는 것이 아름답다. 요

▲ 한상용 영원비

즈음의 50대들은 나이가 더 들면 대부분 그런 시설에 들어갈 것이라고 이야기하는데 주변의 모든 시설들이 김제의 애린양로원과 같았으면 하는 바람이다. 1998년에 사회복지법인 '애린원' 으로 명칭을 바꾼 애린양로원에 둥지를 튼 노인들의 표정이 그 어느 곳의 노인들보다 훨씬 표정이 밝고 아름답다.

대를 이은 사랑의 실천이 있기 때문이리라. 그 곳을 떠날 때 나는 다시 이익사회가 공동사회로 바뀐 착각에 빠졌다. 하나같이 친절한 직원들, 내 식구 돌보듯 자상한 언행들이 기독교 이전의 아름다운 공동사회를 보는 느낌이어서 흐뭇했다. 한 장로의 호는

염천(鹽川), 즉 소금내다. 이 사회가 부패하지 않도록 냇물처럼 소금물을 끝없이 흘러내리겠다는 다짐으로 사용한 호가 아닌가 한다. 그 뜻을 실천한 선구자 한상용 장로. 부는 그렇게 나눌 때 기쁨이 배가된다. 가난 구제는 나라도 못 한다고 하지만 이웃을 돌보며 적군도 비켜 갈 만한 덕을 쌓은 것이다. 그의 시혜불망비(施惠不忘碑)에 새겨진 32자의 문구가 눈길을 끄는 것도 그 이유에서다.

賑施周恤 韓公本意(우상) 義養寡獨 仁布隣里(우하)
진시주휼 한공본의　　　의양과독 인포인리
無家有家 無田有田(좌상) 角之片石 千秋永傳(좌하)
무가유가 무전유전　　　각지편석 천추영전

▲ 한상용

　과부와 외로운 노인을 마땅히 돌보며 집이 있든 없든, 밭이 있든 없든 이들을 널리 구휼하는 것이 한 장로의 본뜻이었다고 새긴 비석은 좌하의 문구대로 후세에 영원히 깊은 교훈으로 전해질 것이다. 애린원 가는 길은 기쁨으로 열린 한 여름의 피서였지만 먼 훗날 내 집을 찾아가는 안식의 길이었다.

▶ 찾아가는 길 ◀
　애린원(애린양로원) : 김제시 용지면 반교리 270-1.
　승용차 호남고속도로 전주IC로 나와 26번 국도 익산방면으로 가다가 백구 삼거리에서 용지면사무소쪽으로 용지초등학교를 왼쪽에 두고 직진하면 애린원이 있다. 서김제IC를 이용할 경우 716번 지방도로를 타고 김제로 향하다가 애통리 사거리를 지나 첫 번째 삼거리에서 우회전하면 애린원이다.
　버스 익산 : 10번, 11번 버스 반교리 하차(45분 소요).
　김제 : 27번, 27-1번 버스 수하마을(27번), 반교리(27-1번) 하차(20분 소요)

풍납토성에 부는 바람

한성백제의 위례성

절대빈곤을 탈피하고 비약적인 경제발전을 이루어 잠시나마 허리를 펴던 우리 민족에게 올림픽은 새로운 자신감을 안겨주었다. 불가능을 가능하게 하는 민족적 저력도 확인했다. '하면 된다' 는 막연한 군사적 용어를 '그래, 하니까 되더라' 는 부드러운 용어로 수용하면서 또 하나의 자존심을 찾게 했다. 올림픽 공원을 조성하기 위하여 몽촌토성의 지표조사를 하는 과정에서 백제시대 유물을 발굴했는데, 이것이 서울 정도 600년이 아니라 2,000년의 역사를 지닌 고도(古都)임을 확인하는 계기였다. 당시까지만 해도 한성백제의 위례성의 위치에 대한 학계의 의견은 분분했다. 《삼국유사》의 기록에 의해 충남 천안(직산)의 위례산성이라는 설과 《삼국사기》〈백제본기〉 온조왕조의 기록에 의해 경기도 하남의 이성산성 및 춘궁동 일대라는 설, 송파구의 몽촌토성이라는 설 등 학자마

▲ 천호역 주변의 풍납토성

▲ 도로로 잘린 토성

다 주장이 달랐다.

정약용이 직산 위례성보다 광주 춘궁동 일대가 위례성일 가능성이 있다고 주장하는 바람에 춘궁동이 주목받는 상태에 있었는데, 그 영향이었는지 이성산성은 1986년 한양대 박물관 김병모 박사팀이 발굴하기 시작했다. 이후 2004년까지 11차례에 걸쳐 발굴하여 많은 유물과 유적을 찾아냈으나 '무진년정월십이일 붕남한성도사'(戊辰年正月十二日 朋南漢城道使)의 명문의 목간과 신라의 유물이 많이 발견되어 608년에 통일신라시대에 쌓은 것으로 밝혀졌다. 그래도 하남시에서는 2010년 9월에 12차 발굴을 시도하여 하남시 유적 제1호인 이성산성의 성격 규명에 힘을 쏟고 있다.

천안시 북면에 있는 직산의 위례성도 1995년 서울대 임효재 교수팀이 발굴한 이후 그 결과를 토대로 천안시에서는 2010년에 다시 발굴 작업에 들어가 백제와의 관련성을 밝히는 작업을 계속하고 있다.

몽촌토성은 올림픽의 각종 경기장과 공원을 조성하기 위해 1983년부터 1988년까지 6년에 걸쳐 백제의 유물 유적이 많이 나와 위례성과의 관련성이 불거졌으니 올림픽은 백제사 발굴에도 지대한 영향을 미쳤다. 그곳에서 연못과 도로

▲ 성 밖 산책로

등 왕궁으로 추정할 수 있는 구조물이 나타나고 백제의 유물들이 발굴되자 학
계의 관심이 쏠렸다. 몽촌토성이 그렇게 각광을 받고 있을 때 이형구 박사는
1983년부터 풍납토성이 위례성일 것이라는 확신으로 그곳을 지켜보고 있었다.
그러던 중 1997년 1월 1일 풍납토성의 현대아파트 건설 현장에 들렀다. 신정
휴일이라 경비원이 없던 틈을 타 5m 깊이로 파헤친 공사장으로 내려갔다. 순
간 눈앞에 펼쳐진 풍경에 놀랐다. BC 18년에 도읍을 정한 후 고구려의 공격을
피해 공주로 천도하던 475년까지의 한성백제의 역사가 그곳에 고스란히 잠들
어 있었다. 지하 4~5m 사이에 묻혀 있는 토기와 유물들이 현몽하듯 눈앞에 나
타난 광경에 전율한 그는 두근거리는 가슴을 진정시키며 유물을 주머니에 넣
었다. 위치를 구분할 수 있도록 아래층 유물은 아래 주머니에, 위층의 유물은
윗주머니에 넣어 현장을 빠져 나와 국립문화재연구소에 연락하여 공사 중지를
요청했다. 그로 인해 공사는 중지되고 풍납동 지하에 잠든 백제사는 서서히 얼
굴을 드러내기 시작했다. 이 사실을 언론이나 다른 발표지에서는 우연히 발견
했다고 하지만 저자는 집념으로 이룬 기적이라 지칭한다. 이것이 어찌 우연인
가. 한 학자의 끈질긴 집념과 신념으로 이루어낸 기적과 같은 업적이 어찌 우

연일 수 있는가. 이후 풍납동은 4만여 주민들의 재산권과 맞물려 보상문제로 극심한 대립을 보이다가 2,000년에는 주민이 포크레인으로 문화재를 훼손하는 일까지 벌어지기도 했다. 다행히 '국민의 정부' 시절 보상과 개발의 적절한 대책을 세워 풍납토성은 한성백제의 도읍지 위례성으로 거듭날 수 있었다.

풍납토성은 발굴하면 할수록 백제의 도성임을 확증할 수 있는 유물과 유적들이 속속 드러났다. 려(呂)자형 집터와 불탄 나무기둥의 숯과 대부(大夫)라는 명문의 토기편은 물론 우물터(초기엔 목탑지라 했음)와 제물로 바친 듯한 말머리뼈 10여 구가 나타났다. 려(呂)자형 건물은 큰 두 건물을 회랑처럼 작은 건물이 덧이은 건물형태로서 국가적으로 제사를 지내는 건물로 추정할 수 있는 유적이다. 거기에 숯 등은 탄소연대 측정결과 기원전 1세기에서 기원후 2세기로 나타나 초기 백제시대와 일치한다. 더구나 한두 개도 아닌 말의 머리뼈 10여 구가 있다는 것은 사직과 종묘를 갖춘 조선시대 왕궁과 비슷하여 궁성지였을 가능성을 높여준다. 이와 더불어 성벽 둘레에서 발굴한 해자(垓字)와 판축기법으로 3.5㎞나 쌓은 성벽은 강력한 왕권과 그에 동원할 만한 인력이 있어 가능한 유적이다. 판축기법은 양쪽에 판을 세운 후 채로 거른 흙을 시루떡 찌듯 한 겹 올려 다지고, 다시 그 위에 또 한 겹 올려 다져 쌓는 방법이다. 그렇게 쌓은 성은 돌로 쌓은 것보다 견고하며 지진에도 강하다.

1999년에 이 성벽을 잘라 조사해 본 결과 확실한 판축기법을 확인할 수 있었고 견고성을 유지하기 위해 지하까지 파내려가 다져 쌓은 것을 확인했다. 아직도 학계에서는 충분한 연구와 검토가 필요하다고 하지만 지금까지 발굴 조사한 그 어느 곳보다 한성백제의 도성이었음이 확실하다.

1996년 이형구 박사가 실측한 성벽의 길이는 3.5㎞, 하부 넓이 40m, 높이는 10m다. 도성이라면 적어도 이 정도의 규모를 갖추어야 한다. 2㎞ 이내의 성벽으로는 규모가 작아 도성이라 하기에 부족하다. 풍납토성은 규모면에서도 도성의 면모를 갖추었으며 공주의 공산성과 부여의 사비성이 금강을 해자 삼아 건축한 기법까지 비슷하여 백제 도성으로 비정하기에 용이하다.

올림픽으로 시작된 서울의 역사는 그렇게 몽촌토성과 풍납토성의 발굴과 더불어 살아났다. 이제는 서울은 '정도 600년'의 역사가 아니라 당당히 2000년의 역사를 지닌 고도(古都)라고 해야 한다. 교토는 50대 간무천황이 794년에 천도하여 헤이안시대를 연 후 1869년에 지금의 동경으로 천도하여 에도시대를 열기까지 1,075년간 일본의 수도 역할을 하여 천년고도라고 자랑한다. 그러나 이제 서울은 그것을 능가한다. 로마, 아테네, 서안, 이스탄불 등의 천년 이상의 역사를 지닌 세계적인 도시와 견줄 수 있는 고도 중의 고도인 것이다.

홍수가 제공한 단서

1925년 을축년(乙丑年) 대홍수 때 풍납토성의 서북벽이 무너지면서 금동제 허리띠 장식과 귀고리 등이 드러났다. 남쪽 성벽의 흙더미에서는 항아리 속에 담긴 청동 초두 2점이 나타나 성을 휩쓸어간 홍수가 백제 발굴의 단서를 제공했다. 초두는 삼발이 솥으로 정확한 용도는 알 수 없으나 일반적으로 술이나 액체를 끓이는 자루솥이라 하는 고급용기다. 보물 622호로 지정된 신라 천마총의 초두는 주둥이가 작고 뚜껑이 있으나 백제의 초두는 뚜껑이 없고 주둥이의 지름이 무려 20.8cm로 넓으며 용문양의 긴 자루가 달려 있다. 이 유물에 주목한 일본의 학자 아유카이후사노신(鮎貝房之進)은 풍납토성이 한성백제시대의 위례성이라는 획기적인 주장을 폈다. 그는 동경외국어대 조선어과 1회 졸업생으로서 조선의 문화재를 수집하여 조선총독부 박물관에 기증할 만큼 문화재에 조예가 깊었다. 일본의 임나본부설에 의해 조선식민지 지배를 정당화하기 위

해 《삼국사기》의 기록을 조작이라 부정하고, 백제의 설립을 3~4세기로 주장하던 식민사학자였다. 그런 그가 풍납토성의 유물을 본 후 1934년에 《삼국사기》의 기록을 인정하는 논리를 편 것이다. 삼국사기를 조작이라고 부정하던 사람이 그것을 번복하는 위례성을 인정

▲ 국보 622호 천마총초두(사진 문화재청)

▲ 성벽 안쪽 연립주택

했으니 획기적일 수밖에 없다. 조선총독부에서도 그의 의견을 받아들여 1936
년에 풍납토성의 성벽과 그 내부 모두를 고적(古跡)으로 지정했다. 학자의 자존
심이 걸린 모순된 주장을 내세울 만큼 풍납토성에 애착을 가졌던 아유카이후
사노신의 주장에 조금만 관심을 기울였어도 백제는 더 일찍 완벽한 모습으로
부활했을 것이다. 그러나 조선사학자들은 이를 무시하고 방관하다가 1963년에
이르러서야 일제보다 못한 결정을 내렸다. 성벽만을 사적 11호로 지정하는 오
류를 저지른 것이다. 그 당시에 일제가 그랬던 것처럼 성 내부까지 사적에 포
함했으면 1997년 이후 개발과 보존의 줄다리기에서 주민과의 대립은 물론 엄
청난 보상도 없었을 것이다.

　이병도 박사를 비롯한 많은 학자들이 위례성의 보조성일 것이라며 풍납토성
을 간과할 때 이형구 박사는 풍납토성이 분명한 위례성일 것이라는 확신으로
관심을 기울인 결과 땅 속에서 잠든 한성백제의 역사를 찾아냈다. 그에 의해
긴 잠에서 깨어난 백제의 유물들을 문화재청에서는 이 지역에서 발굴해낸 다
른 유물들과 함께 올림픽공원에 건축한 '한성백제 박물관'에 전시할 예정이
다. 박물관은 2012년 4월 30일에 개관 예정이니 그 유물들을 자유롭게 볼 날이
기다려진다.

올림픽대교와 백제의 참모습

한강 다리치고 반듯하지 않은 곳이 없다. 다리의 남단과 북단의 도로까지 반듯하게 연결하여 원활한 소통을 돕는 것이 다리 건축의 상식이다. 그런 면에서 본다면 동작대교는 미완의 다리다. 북단은 미군부대 때문에 기형적으로 좌우로만 연결되어 쭉 뻗지 못했고 남단도 국립 현충원 때문에 좌측으로 굽어 있다. 동작대교에서 항상 최고속도로 달릴 수 있는 것도 북단에서 진입과 진출이 많지 않기 때문이다. 동작대교가 그런 조건에 의해 굽거나 잘린 다리라면 올림픽대교는 풍납토성 때문에 활처럼 휘고 남단이 일자로 뻗지 못했다. 원래 계획은 풍납토성의 서쪽 면을 가로질러 올림픽공원 옆 8차로 도로와 연결하려 했으나 이형구 박사의 끈질긴 탄원으로 설계를 변경했다. 3.5㎞ 풍납토성은 이미 주민들의 통행을 위한 도로에 잘리고 유실되어 2.1㎞밖에 남지 않았으나 그 지하에 매장되어 있는 유물은 지켜야 했다. 올림픽대교와 연결된 반듯한 도로가 성벽과 성안을 관통하면 영원히 백제를 잃을 수밖에 없다는 절박감에 관계당국을 설득하여 설계를 변경시킨 것이다. 그뿐 아니라 현대아산 중앙병원의 주차장도 지하에 두지 않도록 설득하여 땅을 파지 않게 했다. 혹시라도 그곳에 묻혀있을 유물을 잠든 상태로 보존하여 먼 훗날 후손과 인연이 닿으면 그들로 하여금 발굴케 하기 위함이었다.

풍납동(風納洞)은 그 명칭부터 서늘하다. 어느 지명에 풍자를 바람 풍(風)으로 쓰는 곳이 있는가. 풍세, 풍양, 풍기 등 풍자가 들어가는 지명은 모두 풍부할 풍(豊)자를 쓴다. 풍수적으로도 바람은 뒷산과 좌우의 산이 막아주고, 물은 마을 앞에서 내를 이루어 기를 지켜주는 역할을 해야 한다. 그러나 풍납동은 배산임수(背山臨水)의 기본부터 어긋나며 물을 등에 지고 있어 바람이 많고 지역이 낮아 물난리가 잦은 곳이다. 지명이 '바람들이골' 즉 풍납동인 것도 그 이유에서다. 그래서 풍납동은 성 밖 한강에서 거센 바람이 들어오는 고을이기에 성벽은 더 높고 견고해야 했다. 그곳에 사람이 살 때는 치수의 계획도 잘 세워졌으리라. 그러나 475년 고구려군에 의해 불탄 이후 최전방지역으로서 방치했던 성터라서 잦은 물난리에 토사가 쌓이고 쌓여 한성백제시대의 유물들이 지하 5m에 갇혀 버렸다. 불탄 숭례문은 600여년의 세월 동안 토사와 도로공사 등으로 인해

▲ 성벽 안쪽 아파트

1.6m나 묻혔으니 1,500년의 세월에 5m로 묻혔다는 것은 지형 변화로 보아 타당하다. 바람을 맞으며 살던 백제인, 치산치수에 능했을 그들이 남긴 백제는 이제 우리 곁에서 다시 당시의 삶을 말해 주고 있다.

2003년 여름 강남문화원에서 이형구 박사를 초대하여 강의를 들은 적이 있다. 행사 후 도곡동의 매봉산을 같이 답사하면서 신념과도 같이 굳은 또 하나의 확신을 들었다. 삼성아파트 뒤의 배드민턴장 지하에 분명히 선사시대의 유물이 잠들어 있다는 것이다. 그 지역은 이미 숭실대 박물관에서 발굴한 상태지만 학자의 연구에 의한 예지와 집념으로 풍납토성의 기적을 낳은 것처럼 언젠가 또 한 번의 기적이 나타나기를 기대해 본다. 이형구 박사는 풍납토성의 유적 발굴 과정에서 주민들로부터 감금당하기도 하고 현수막에 이름이 나부낄 만큼 기피의 인물이었다. 그러나 주민의 보상과 풍납토성 보전에 최선을 다 한 학자적 소신과 용기에 머리가 숙여진다.

영화 황산벌의 지역성

풍납토성을 거닐면 씁쓸한 영화 장면이 떠오른다. 박중훈, 정진영 주연의 '황산벌'이다. 경상도와 전라도 사투리를 해석하지 못해 해프닝이 벌어지는 코믹영화라고 하지만 이는 국민의 역사의식을 오해하게 하는 우를 범했다. 백제 군사는 전라도 사투리보다 오히려 충청도 사투리를 사용해야 한다. 아직도 많은 사람들이 백제하면 전라도를 연상하는데, 전라도의 백제는 무왕, 선화공주, 익산 미륵사지와 왕궁탑 등 극히 제한적이다. 고구려에 뿌리를 두고 한성(BC 18~475)에서 493년 동안 터를 닦아 힘을 모은 후 충청도 공주(475~538)와 부여(538~660)에서 문화의 꽃을 피운 것이 백제다. 한양의 493년, 충청도의 160여 년 역사를 어찌 그렇게 전라도라는 단순등식으로 영화화 할 수 있는가. 역사에 조금만 관심을 기울였다면 급박한 전쟁 속에서 여유 있게 느린 충청도 말씨를 코믹하게 연결했어도 극화하는 데는 충분했을 것이다. 그런 중에 논산의 황산벌은 전라북도 익산과 이웃해 있으므로 가끔 엉뚱한 전라도 사투리를 개입시켜 해프닝이 벌어지게 했으면 코믹에 역사의식을 더한 재미가 있었을 것이다. 후백제 견훤의 영웅담에 치우친 각색이라 해도 극히 제한적인 것이 백제와 전라도의 관계다. 그 험악한 시기에 나주는 왕건 휘하에 속하지 않았는가. 설마 흥행을 지역성에 의존하려는 의도가 아니었기를 바라지만 아쉬움은 영화가 끝나고 스텝진을 자막으로 소개할 때 충청도 전라도와의 관계를 밝혀 백제의 참모습을 소개해 줬더라면 하는 점이다.

이제 올림픽대교를 지나거나 풍납토성 주변을 스쳐갈 때면 그곳이 한성백제 시대의 위례성이었으며 우리가 자랑스러워 해야 할 서울의 역사임을 실감하기 바란다. 중앙병원 북동편으로 보이는 극동아파트와 현대아파트 단지, 천호역에서 한강쪽으로 언덕처럼 보이는 잡초 가득한 담이 풍납토성이다. 역시 올림픽대교를 지나면 왼쪽으로 낮게 보이는 담이 성벽이다. 미사리나 암사동 선사 유적지, 또는 올림픽공원이나 롯데월드를 찾을 때 한 번쯤 들러 서울의 역사를 새롭게 느껴보기 바란다. 백제가 역사를 음미할 수 있는 좋은 계기가 될 것이다.

찾아가는 길

풍납토성 : 서울특별시 송파구 풍납동 72-1.
지하철 5호선 천호역 10번 출구, 8호선 천호역 10번 출구
버스 일반 1-4, 70, 13 간선 340

다산(茶山)의 교육을 생각하며

군자삼락(君子三樂)

군자삼락이 있다. 요즈음 사람들에게는 낡은 시대의 낡은 이야기다. 그러나 성현의 말씀은 위난의 시기일수록 그 의미가 새로워지기 때문에 교육현장의 어려움을 목도할 때마다 이 말을 떠올리곤 한다. 세 가지 즐거움은 어떤 의미에서 제시한 덕목일까.

첫 번째의 "부모구존 형제무고"(父母俱存 兄弟無故)는 하늘이 내린 복이다. 인간의 의지로는 한계가 있을 수밖에 없는 운명적인 낙이다.

두 번째의 "앙불괴어천 부부작어인"(仰不愧於天 俯不作於人)은 스스로의 노력으로 누릴 수 있는 낙이다. 하늘과 타인에게 부끄럽지 않으려면 힘들고 외로워도 의롭게 살 수 있는 철학을 지닌 사람이라야 가능한 일이다. 시세의 흐름에 뇌

▲ 다산 생가 앞의 책탑

▲ 실학박물관

동하지 않고 올곧은 가치관으로 살아야 하기 때문에 적이 많을 수 있고 시정잡
배들의 공격 대상이 될 수도 있다. 이를 감내하는 자가 누릴 수 있는 낙이 곧 두
번째의 낙이다.

세 번째의 "득천하영재 이교육지"(得天下英才 而敎育之)는 베푸는 자가 누릴 수
있는 낙이다. 자기가 아는 학문의 세계를 혼자 즐기지 않고 남에게 베풀어 가
르치는 여유는 아무나 누릴 수 있는 복이 아니다. 공유(共有)하는 데서 오는 즐거
움을 아는 자만이 누릴 수 있는 낙이다.

그렇게 단순한 진리를 깨닫지 못했기 때문에 우리는 고려의 청자를 잃었고
조선의 백자를 잃었다. 가진 자의 덕이 부족하면 후학이 있을 수 없고 아무리
좋은 지식과 기술이라도 당대의 것으로 끝나고 만다. 교육현장이 어려움에 처
할 때마다 나는 군자삼락에 젖어 여유 있게 교육하던 조상님을 생각한다. 우리
는 왜 그렇게 좋은 전통을 이어가지 못했는지 교육자의 자긍심이자 보람인 덕
목조차 송두리째 잃어버렸는지 반성해 보는 것이다. 오늘의 현상은 공유의 기
쁨을 모른 조상님들 탓인지, 교육자들 탓인지, 아니면 사회가 스스로 어려운
환경으로 변해 왔는지, 그 원인을 탓하기에는 이미 심도가 너무 깊다. 다만 개

선의 여지보다는 갈수록 더 심해질 것이라는 것이 문제다. 그래서 학교에서도 '담임을 맡느냐 맡지 않느냐'가 교사의 일 년 운세가 되었다. 예전의 가난하던 시절에는 학교도 사회도 아름다웠다. 인간미가 있었기에 그렇게 심각하거나 성급하지 않았던 아름다운 시절을 그리워한다. 그런데 교육 수준이 높아지고 세계가 부러워할 만한 경제적 부를 이루었는데도 인간성은 더 거칠어지고 인심은 더 사나워졌다. 개인주의와 가족 중심적 성향이 팽배해져 사소한 것에도 다투고, 양보보다는 쟁취에서 얻는 쾌감을 즐긴다. 그래서 내 자식 귀하듯 남의 자식도 소중하게 가르치려는 소명감이 있는 교육자들이 힘들어 한다. 가끔 언어의 유희에 빠져 오늘의 교육현상을 진단해 보는 것도 그 이유에서다.

군자삼락을 각 단어마다 띄어 쓰면 '君子 三 樂'이다. 여기에 또 두음법칙이라는 첫 소리 읽기를 적용하면 "군자 삼 악"이다. 락(樂)과 악(惡)은 극과 극이다. 즐거움이 아니라 악일 수도 있는 것이 군자삼락의 세 번째 덕목이다. 저자가 '樂'이 '惡'으로 변했다고 농을 치는 이유는 원문의 '천하영재를 얻어 교육한다'는 것은 엘리트 교육을 의미하기 때문이다. 하지만 그 이면에는 보통 사람이나 둔재를 만나 가르치는 것은 즐거움이 아니라 괴로움일 수도 있다는 의미가 내포되어 있다. 이를 오늘의 교육현장에 접목하면 특목고에서 가르치는 사람은 교육이 즐거움(樂)이고 일반 중·고등학교에서 가르치는 사람은 교육이 괴로움(惡)일 수 있다는 것이다. 툭하면 112에 신고해대는 요즈음의 풍토가 바로 악이요 괴로움이다.

그러나 성현의 말씀을 왜곡하지 않고 그 깊은 뜻을 헤아려 보자. 맹자가 유독 천하영재를 제자로 삼아 가르쳐야 즐거움이

▲ 정약용 동상

있다고 한 것은 그만큼 가르치는 어려움을 반증한 역설일 수도 있고, 보통 사람이라도 천하영재로 길러내야 낙이요 복이라는 반어적인 교훈이기도 하다. 그러나 오늘의 현실은 분명 맹자의 가르침을 '惡'으로 해석하기에 적절하다. 그래서 저자는 '惡'을 '樂'으로 원상회복하기 위하여 학교와 사회가 같이 노력해야 한다고 지적한다.

정황계로 맺어진 사제간의 정

헬렌 켈러와 설리반의 이야기는 잘 알려져 있다. 태어난 지 19개월 만에 열병으로 시각과 청각을 잃고 언어장애까지 일으켜 삼중고를 겪었던 헬렌 켈러, 그녀는 설리반이라는 선생을 만나 하버드 대학을 수석으로 졸업하고 세계 장애인의 희망이 되었다는 전설 같은 이야기다. 사랑으로 가르친 스승과 믿음으로 따른 제자가 이루어낸 기적은 교육의 위대함을 말할 때 자주 인용한다.

그러나 우리에게도 그에 못지않은 감동적인 실화가 있다. 우리의 영원한 스승 정다산과 그의 제자 황상의 인간적인 이야기를 담아낸 정황계(丁黃契)다. 1801년 40세의 정약용은 멀리 전라남도의 강진 땅으로 유배당했다. 정조의 갑작스런 죽음으로 실세가 된 정순왕후는 11세의 어린 나이에 왕위에 오른 순조를 대리청정하면서 정조의 정책을 뒤집기 시작했다. 그 첫걸음이 천주교를 믿는 남인의 숙청이었다. 신유박해는 그렇게 시작되었고 정약용 형제는 귀양살이를 떠나거나 죽임을 당했다. 죄인 정약용은 강진에서도 기피인물이었다. 그래서 5년 동안은 주막에서 머물렀다. 처음에 함부로 대하던 주막 아낙도 다산이 장부 정리를 해주자 사람됨을 알아보고서야 예우했을 정도다. 이듬해 그 곳에서 다산은 황상이라는 15세의 아이를 만났다. 다산은 그에게 학문할 것을 권하자 자기의 부족한 점을 들어 머뭇거리며

"저에게는 부족한 점이 세 가지 있습니다. 첫째 둔하고, 둘째 막혀 있고, 셋째 미욱합니다."

라고 답했다. 그러자 다산은 다음과 같이 나무라는 듯 타일렀다.

▲정약용 묘. 생가 뒷산에 있음

"공부하는 자들이 갖고 있는 세 가지 병통을 너는 하나도 가지고 있지 않다. 첫째, 기억력이 뛰어난 병통은 공부를 소홀히 하는 폐단을 낳고, 둘째, 글 짓는 재주가 좋은 병통은 허황한 데 흐르는 폐단을 낳으며, 셋째, 이해력이 빠른 병통은 거친 데 흐르는 폐단을 낳는다. 둔하지만 공부에 파고드는 자는 식견이 넓어지고, 막혔지만 잘 뚫는 자는 흐름이 거세지며, 미욱하지만 잘 닦는 자는 빛이 난다. 파고드는 방법은 무엇이냐. 근면함이다. 뚫는 방법은 무엇이냐. 근면함이다. 닦는 방법은 무엇이냐. 근면함이다. 그렇다면 근면함을 어떻게 지속하느냐. 마음가짐을 확고히 갖는 데 있다."

황상이 평생 가슴에 지닌 가르침 삼근계(三勤械)는 이렇게 시작되었다.

1818년 18년의 귀양살이를 마치고 고향 마재로 가신 스승을 황상은 18년이 지난 1836년에야 찾았다. 스승의 결혼 60주년인 회혼례를 축하하기 위해서였다. 그러나 다산은 와병중이라서 축하행사도 못하는 상황이었다. 며칠 묵으며 사제간의 정을 나눈 후 돌아가는 제자에게 다산은 줄부채와 벼루, 운서(韻書) 등을 주며 아쉬움을 달랬다. 그러나 내려가는 도중 부음을 들은 황상은 다시 발걸음을 돌려 스승과 눈물로 영결했다. 신분이 중인이라서 과거에 응시할 수 없던 황상에게 문학을 하게 하여 좋은 작품을 쓰게 한 지도력은 요즈음 유행하는 가드너의 다중지능 이론을 앞서 접목한 혜안이었다. 집안 살림을 위해 농사에 묻힌 그에게 스승은 더 큰 세상을 보라는 힐난성 편지를 보내기도 하고, 학질에 걸려 고생할 때는 따뜻한 편지를 보내 위로하기도 했다. 때로는 더위에 지쳐 옷을 벗고 목욕하고 싶다는 편지를 보내 인간적인 면모를 보이기도 한 다산, 그는 권위와 위엄을 지키려는 사부가 아니라 자상한 안내자로서의 스승이었다.

그 뒤 황상이 스승의 고향 마재에 나타난 것은 10년이 지난 1845년 3월 스승의 기일이었다. 꼬박 18일을 걸어 올라왔으니 얼굴은 검게 그을렸고 발은 퉁퉁 부르터 있었다. 기별도 없이 찾아온 그의 손에는 10년 전 다산이 마지막으로 내려준 선물 줄부채가 들려 있었다. 이를 본 다산의 아들 학연은 가슴이 뭉클했다. 58세의 황상, 63세의 학연은 동생 학유와 더불어 동문수학한 다산의 제자였고 혈육을 초월한 형제였다. 그래서 정씨와 황씨의 가문을 잇는 교우를 유

▲ 정약용 생가

지하기 위해 〈정황계안〉(丁黃契案)을 작성했다. 이후 〈농가월령가〉의 작가로 알려진 차남 학유는 1849년에 이의 윗면에 〈정황계첩〉을 완성하여 두 집안의 유대관계와 끈끈한 사제관계를 기록으로 남겼다.

1802년 임술년에 스승을 만난 황상은 60년이 지난 노년기의 임술년에 《임술기》(壬戌記)를 써서 스승의 가르침을 상술하며 스승의 은혜를 기렸다. 소설보다도 극적이고 그 어느 이야기보다 감동을 주는 정황계의 사연은 오늘날 교육이 무엇인지를 고민하는 우리에게 참다운 길을 제시한다. 더구나 군자삼락의 세 번째 덕목을 굳이 군자삼악이라 하지 않아도 좋을 참된 의미를 가르쳐 준다. 즉 '得天下英才 而敎育之'처럼 천하영재를 만나 교육하는 것이 아니라 범부와 둔재를 만나 천하영재로 키워내는 것이 참된 교육임을 말하는 것이다.

더구나 그들의 만남과 사별 그리고 그 이후의 이야기는 삭막한 요즈음의 세태를 꼬집고 불신으로 삭막해진 교육현장을 질타한다. 제자가 스승의 마음을 상하게 하고, 스승이 격한 감정으로 제자의 마음을 다쳐 불신을 초래하게 하는 것이 오늘의 교육현장이라면 이는 믿음과 사랑, 헌신과 열정으로 신속히 극복해야 할 일이다.

교육은 형식적 교육과 비형식적 교육이 있다. 학교나 학원의 교육이 형식적 교육이라 하고 사회에서 이루어지는 교육을 비형식적 교육이라 한다. 예전에는 문화수준이 높지 않아 학교의 형식적 교육이 청소년들의 생활에 절대적으로 영향을 끼쳤는데 요즈음에는 언론 매체나 사회 활동을 통한 비형식적 교육이 더 크게 영향을 끼친다. 지하철에서 여학생과 할머니가 보인 추태를 비롯하여 개똥녀, 된장녀와 같은 실상은 우리 교육의 현실을 가늠할 수 있는 바로미터다. 존경할 만한 어른이 없고, 이를 따르는 청소년의 도덕과 예의도 찾아보기 어려운 막된 모습은 아름다운 옛날을 추억하게 한다.

학교의 학원화는 인간교육을 등한히 하는 결과만을 빚어낸다. 오직 점수만을 올리는 기계적인 학습으로 경쟁의식과 비인간화를 조장할 뿐이다. 학교와 학원은 분명 출발부터 다르다. 학원이 상업적 바탕에서 출발했다면 학교는 전인교육을 통한 민주시민의 양성에 기본적 가치를 둔다. 교육평준화가 하향평준화로 질적 수준을 낮춘 것은 사실이지만 그렇다고 방치할 수 없는 것이 현실이다. 성적이 앞선 학생과 뒤진 학생을 한 교실에 모아놓고 강의하다 보니 강의의 질적 수준을 어디에 맞춰야 할지 어려움을 겪는 것이 오늘의 학교교육이다. 학원은 청소년이나 학생으로서 지켜야 할 덕목에 대한 지도와 규제보다는 상급학교 진학을 위한 학력 신장에만 올인하는 맞춤식 교육을 진행하기 때문에 학생들은 당연히 학원을 선호한다. 인성과 지식의 공존이 교육의 목표라면 이 시대는 분명 문제가 있다. 그래서 정약용 선생의 참된 교육이 생각난다. 그만큼 교육이 어렵다는 반증이다.

학교에서든 사회에서든 전인교육의 참된 목표가 살아나는 아름다운 교육이 이루어지길 바라는 마음으로 마현의 정약용 생가를 찾아본다. 다산이 살았을 때의 한강에는 글 읽는 소리가 자울자울 흐르는 물소리와 어울려 아름답게 여울졌으리라. 더 넓은 세상으로 번져 나갔을 그 소리를 상상해 본다. 만나본 적 없는 다산의 모습이 근엄하면서도 인자하게 떠오른다. 바람직한 스승과 참된 인성을 지닌 제자들이 아름답게 펼쳐 나가는 아름다운 교육 현장을 그리는 마음으로.

◆ 찾아가는 길 ◆

다산 생가(다산유적지 공원) : 경기도 남양주시 조안면 능내리 산 75-1
6번 국도를 타고 양평쪽으로 가다가 팔당댐 못 미쳐 우측 구도로로 빠져 달리면 능내리에서 철로를 만난다. 철로를 지나자마자 우회전하여 도로가 끝날 때까지 달리면 다산 생가 답사객을 위한 주차장이 있다.

석촌동에 묻힌 백제 문화의 원형
— 석촌동 돌무지무덤

　반복되는 삶과 죽음 속에서 가정을 이루고 사회를 이루며 살아온 인간은 저마다 독특한 삶의 흔적을 남겼다. 그 흔적이나 삶을 유지하기 위해 사용한 도구와 방법들을 문화라 하기에 결국 문화는 그것들을 담아낸 그릇이다. 그 그릇은 오랜 세월을 지나는 동안 구성원들간에 형식과 틀을 갖추고 내용을 담아 형성되었기 때문에 쉽게 깨지지 않는다. 오히려 살아 있는 유기체로서 인간 생활에 영향을 미치며 때로는 일상을 규제하는 생활규범으로서의 역할을 하기도 한다. 정신적인 무형의 것이든 가시적인 외형의 것이든 그것은 시대가 오래된 것일수록 응집력이 강하다.

　그러나 문화도 물과 같아서 앞선 문화는 후진문화에 영향을 미치고 때로는 흡수해 버리는 양면적인 특성을 보이기도 한다. 더구나 요즈음처럼 국제적 교류가 활발한 시기에는 반만년을 지켜온 문화가 불과 30~40여년 만에 깨지기도 한다. 형제간에도 세대 차이를 느낀다는 문화 다변화시대는 국제적 문화의 교류에 의해 나타난 현상이다. 그런 중에도 아직 예전의 틀과 형식을 고수하는 보수적인 문화가 있다.

▼석촌동 돌무지무덤 전경

한 민족끼리 이룬 문화는 사는 지역이 달라도 그 문화적 공통점은 버리지 못한다. 중앙아시아에 사는 고려인이 아직도 김치와 된장을 먹고 한복을 차려 입는 것이나 세계 도처에 흩어진 중국인들이 자신의 문화를 지켜내는 일들이 그런 예다. 그러나 그들도 현지의 생활에 충실하다 보면 그 지역의 문화에 융화할 수밖에 없다. 멀리 남미에 정착한 유럽인들이 현지인과 어울려 사는 모습이 그렇고 우리 주변에서는 송파구의 석촌동의 돌무지무덤이 그렇다. 주변인들이 휴식을 위해 찾는 외에 일반인들의 관심에서조차 사라진 돌무지무덤, 그것은 우리에게 어떤 의미를 주는 것일까. 그 유적은 초기백제의 유적이라서 먼저 백제시대의 묘지부터 살펴본 후 답사해야 한다.

묘지는 땅에 구덩을 파고 시신을 매장하는 토광묘(널무덤)와 돌을 이용한 돌무덤으로 구분한다. 특별한 형식으로는 벽돌을 이용한 전축묘(塼築墓)와 항아리를 이용한 독무덤, 그리고 불교의 영향으로 나타난 화장묘가 있다. 전축묘의 양식으로는 무녕왕릉이 대표적인데 중국의 영향을 받아 나타난 양식으로 일반인의 묘에서는 찾아볼 수 없다.

널무덤을 한자로는 토광묘 하는데 이는 곧 광(壙)이 무덤을 뜻하기 때문이

▲ 석촌동 돌무지

다. 그 토광묘는 다시 순수토광묘와 목관토관묘(木棺土壙墓), 목곽토광묘(木槨土壙墓)로 구분한다. 흙구덩에 시신만 매장한 무덤을 순수 널무덤[土壙墓]이라 하고, 관(棺)에 시신을 넣어 흙구덩에 매장한 묘를 목관토광묘, 흙구덩의 주변에 나무로 테를 둘러 곽(槨)을 만든 후 그 안에 시신을 매장하는 무덤을 목곽토광묘라 한다. 그러나 나무는 쉽게 썩어 형체를 알 수 없기 때문에 이들을 모두 순수토광묘의 일종으로 보기도 한다. 시대적으로 순수토광묘제가 먼저 나왔고 목관토광묘, 목곽토광묘의 순서로 발전한 것은 매장자 옆에 부장품을 안전하게 넣기 위한 공간 확보책이 아니었나 하는 추측이 가능하다.

돌을 이용한 무덤에는 시신 위에 돌을 쌓아 만든 무덤을 적석총(赤石塚)이라 한다. 적석총의 가장 원시적인 방법은 시신 위에 돌을 쌓아 만드는 방법이다. 그래서 우리 말로는 단순히 돌을 쌓아 만든 무덤이라 하여 돌무지무덤이라 한다. 그러나 고구려 장수왕릉이나 광개토대왕의 태왕릉은 기단을 두고 탑처럼 여러 층을 쌓아 무덤을 조성했다. 이런 무덤을 기단식돌무지무덤이라 한다. 적석총 외에 횡혈식석실분(橫穴式石室墳), 수혈식석곽분(竪穴式石槨墳), 횡구식석실분(橫口式石室墳), 횡구식석곽묘(橫口式石槨墓) 등이 있다. 이 용어는 학자들이 한자의 뜻을 살려 지은 명칭이기 때문에 난삽하고 어려운 느낌을 준다. 그래서 요즈음에는 우리 말로 뜻을 풀어 새로운 용어를 겸용하고 있으나 그 뜻을 분석하고 무덤을 조영하는 과정을 알고 보면 오히려 이해가 빠르다.

횡혈식 석실무덤은 시신을 현실(돌로 된 방)에 밀어 넣는 굴과 같은 길을 내었다. 그것을 연도라 하는데 이 연도로 관을 끌어 석실에 안치하기 때문에 수평을 뜻하는 횡혈식(橫穴式)이라 했다. 즉 시신을 수평으로 끌어 무덤으로 옮기는 방식이라는 뜻이다.

수혈식석곽묘는 무덤에 횡혈식과 같은 연도가 없다. 그래서 시신을 위에서 석곽 아래로 조심스럽게 내려 안치한다. 관을 수직으로 세워 묻는다는 뜻이 아니라 운구를 위에서 아래로 내린다는 의미를 담은 것이다. 그래서 수직을 뜻하는 수혈식(竪穴式)이다. 횡구식은 횡혈식과 크게 다르지 않다. 부장품도 별 차이가 없으나 무덤의 깊이가 횡혈식보다 얕은 데서 차이를 보인다.

▲ 석촌동3호분

송파구 석촌동 61-6번지

1975년 5월 27일자로 사적 243호로 지정받은 석촌동에는 널찍하게 자리한 돌무지무덤이 있다. 그것이 백제 문화의 원형질을 밝히는 중요한 유적이다. 전술한 바와 같이 쉽게 변하지 않는 문화의 고유성과 오랜 세월 동안 외부와의 교류를 통해 융화해 가는 문화의 가변성을 확인할 수 있는 곳이라서 석촌동 돌무지무덤의 답사는 특별한 의미가 있다.

어느 나라나 국가를 세우면 왕실의 묘지를 조영한다. 백성을 다스린 지도자와 왕권을 휘두른 권력자를 예우하여 최대한 화려하게 매장하려는 노력은 동서나 고금에 다르지 않다. 조선시대의 동구릉이나 서오릉, 서삼릉 등이 최근의 예에 해당한다면 청동기시대 고인돌은 선사시대의 권력자에 대한 예우를 엿보게 하는 유적이다. 경주와 공주, 부여의 왕릉이 삼국시대의 매장문화라면 석촌동 돌무지무덤은 백제 초기 즉, 한성백제시대 왕족의 매장문화다. 각 왕조마다 왕실의 공동묘지가 있듯 한성의 초기백제에도 그렇게 왕족의 공동묘지가 있었던 것이다.

고구려에서 남하한 고구려 유민은 한성에 새로운 도읍지를 정하고 풍납토성에 왕궁을 지었다. 그 후 2㎞ 이내에 몽촌토성을 쌓고, 하남에 이성산성, 삼성동에 삼성산성, 대모산에 대모산성 등을 세워 왕성의 견고한 방위체제를 갖추었다. 그렇게 왕국의 위상을 갖춘 백제는 이곳 석촌동에 왕실의 묘지를 조영했다. 그것도 남한 사회에서 볼 수 없는 특이한 형태다. 마치 잉카족의 마추피추나 이집트의 피라미드와 같이 거대하게 돌로 쌓았고 중국의 지린성 지안에 있는 고구려 장수왕릉이나 광개토대왕릉과 같은 계단식 돌무덤이다. 이는 북방식 무덤양식인데 그 양식이 한성백제에 있었다는 것은 곧 백제의 뿌리가 북방민족이었다는 것을 의미한다. 백제의 건국 이야기는 삼국사기에 자세히 나타나 있어 백제와 고구려와의 관계가 밝혀졌지만 석촌동 돌무지무덤에서 초기 백제의 묘제를 알아보는 것도 우리의 역사와 문화재를 이해하는 데 큰 도움이 된다.

석촌동 돌무지무덤은 고구려 초기부터 나타난 북방계열의 무덤양식이다. 시신 위에 막돌을 얹은 원시적 무덤이 남한에서도 보이기는 하지만 기단식 돌무지무덤은 고구려만의 독특한 양식이라서 남한에서는 찾아보기 어렵다. 그 고구려계열의 무덤이 이곳 석촌동에는 공동묘지처럼 많이 있었다. 1910년대만 해도 흙무덤이 23기, 돌무덤이 66기 등 89기가 있었고 널무덤 12기, 독무덤 6기, 즙석 봉토분 2기, 토광적석묘 1기, 돌덧널무덤 1기 등 무려 110여 기의 무덤이 있었다. 이 무덤들은 초기백제사를 밝히는 중요한 자료들인데도 국가에서 방치하여 주민들이 돌을 가져가 담장을 쌓고 댓돌로 사용하였다. 그 사이 무덤이 헐려 주변에는 돌이 많이 널려 있었다. 그래서 돌이 많은 곳이라 하여 돌마을, 또는 돌마리라 했다. 행정적으로 광주군에 속했던 이곳이 1963년 서울시로 편입되면서 한자로 지명을 변경할 때 석촌동으로 바뀌었다. 한동안 관심 밖에 있을 때는 주민과 자연에 의해 파괴되더니 새마을 사업 때는 개발에 밀려 점차 그 영역이 훼손당하고 심지어는 묘역 안 중간에 도로를 내려 3호분과 4호분이 나뉘어 있었다. 그러던 것을 이형구 박사의 연구와 진정으로 인해 도로를 지하로 뚫어 그나마 무덤이 한 영역으로 합해졌다.

약 5만여 평방미터의 영역을 지금의 묘지로 정리한 것은 1970년대 발굴 이후의 일이다. 그렇게 많던 무덤이 사라지고 이제는 8기만이 남아 고즈넉한 분위기를 자아낸다. 그 중 완전하게 복원된 4기는 당시의 화려했던 역사의 편린을 증거하듯 당당하다. 그러나 나머지 4기는 평지에 옷을 벗은 채 누워 있는 노숙자처럼 초라한 몰골이다. 그래도 그 몰골이 오히려 매장의 형태를 알게 하는 데는 더없이 좋은 자료를 제공한다. 1호에서 8호까지 무덤에 이름표를 붙이고 누구인지도 모르는 주인공을 생각하며 역사를 조명하는 것은 답사객의 상상을 자극한다. 그 중 돌무지무덤은 2호., 3호, 4호인데 그중 규모가 가장 큰 것은 3호무덤이다. 제 1단의 길이가 동서로 50.8m, 남북으로 48.4m이며 전체 높이는 4.5m에 이른다. 전체 3단으로 이루어졌지만 규모가 더 크지 않았을까 하는 추측이 가능하다. 그 규모나 웅장함이 고구려 장군총이나 태왕묘를 능가하여 아무래도 375년에 사망한 근초고왕릉이 아닐까 추측한다. 그러나 어디까지나 상상일 뿐 아직 확실히 밝혀진 것은 없다.

　3호분보다 공원의 남쪽 안으로 자리한 4호분은 3호분보다 규모가 작다. 그러나 가운데에 흙이 채워져 있어 3호분과 큰 차이를 보인다. 이는 3호분이 돌로 이루어진 완전한 고구려 양식이라면 4호분은 현지의 봉분을 응용한 변화의 양식이라는 점이다. 외형적으로는 고구려 장군총처럼 거대한 돌이 무덤의 측면

▲ 석촌동분묘

▲ 석촌동4호분

을 견지하고 있어 가장 고구려적인 느낌을 준다. 그러나 변화를 보인 무덤이
다. 가장 보수적이라는 묘제에 조금씩 변화가 일기 시작한 것이다. 다시 말하
면 고구려 유민(流民)이 고수한 돌무덤 양식과 원주민이 이용하는 흙무덤 양식
이 융합하여 변화를 보인 것이다. 민족의 이동과 문화의 이동은 동격이지만 현
지에서의 변화는 그렇게 오랜 세월을 두고 일어난다는 것을 반증한 것이 바로
4호 무덤이다.

　2호분은 4호분보다 남쪽에 있으며 다른 양식과 큰 차이는 없다. 재미 있는 것
은 1호분이다. 경주의 황남대총이 남쪽 무덤과 북쪽 무덤 두 기를 합하여 하나
의 봉분을 이룬 것처럼 1호분도 두 기의 묘를 하나의 봉분 안에 합한 쌍분이다.
이 안에서도 차이를 보인다. 즉 봉분 안에는 남분과 북분으로 나뉘어져 있는데
북분은 석축 내부를 흙으로 채웠다. 즉 백제식 무덤이다. 그런데 남분은 돌덧
널(석곽)을 넣은 전형적인 고구려 양식이다. 학계에서는 이를 부부합장묘로 보
는데 북쪽 무덤은 백제계 아내의 무덤, 남쪽 무덤은 고구려계의 남편의 무덤으
로 본다. 문화의 고유성과 가변성은 이렇게 보이지 않는 무덤 속에서도 이루어
졌다.

더불어 잘 봐야 할 것은 5호분이다. 겉으로 볼 때는 하나의 봉분을 이룬 가장 전통적인 묘로 보이지만 그 안에는 여러 기가 있는 합장묘다. 더구나 흙으로 무덤을 덮은 후 돌을 한 겹 입히고 그 위에 다시 흙으로 덮었다. 이를 즙석봉토분(葺石封土墳)이라 하는데 한강 유역의 초기백제 무덤에서만 볼 수 있는 양식이다. 이 양식을 두고 학계에서는 백제 원주민이 고구려의 돌무덤을 보고 변화를 모색한 양식으로 풀이한다. 부연하면 흙을 쌓아 봉분을 만들고 그 위에 돌을 한 겹 입힌 후 다시 흙을 쌓아 마무리하는 봉분이다. 속된 용어로 표현하면 삼겹살식 봉분이다.

문화는 일방적일 수는 없다. 주고 받는 것이 문화의 속성이다. 문화 후진국이라는 말은 문화상대주의를 무시한 강대국의 오만이었다. 아무리 후진국일지라도 그들만의 독특한 문화가 있다. 한때 문화인이라 자처하는 사람들은 티벳의 조장(鳥葬)을 보고 잔인하다고 했다. 어떻게 사람의 시신을 도끼로 잘라 독수리 먹이로 준단 말인가. 그러나 그들의 문화에는 철저히 자연친화적인 생각과 인간 윤회의 믿음을 실천하는 생활의 방편이다. 평균 해발 3,500m에 사는 그들은 매장할 땅이 없고 화장할 나무도 없다. 차라리 독수리에게 보시하여 영혼이 하늘나라로 가게 한다는 믿음은 소박하리만치 철저하다. 그들은 땅에 시신을 묻는 것은 가장 큰 죄인에게 해당하는 형벌로 여긴다. 그래서 살인자와 같은 중죄인을 땅에 묻는다. 그것은 그들이 다시 태어나 윤회에 참여하지 못하도록 아예 땅 속에 가둬 버리는 것으로 믿는 것이다. 그것을 우리가 함부로 논할 이유는 없다. 지진이 많아 화장하는 일본문화를 두고 시신을 태운다고 탓하지는 않았다. 필요에 의해 삶을 꾸려가는 인간의 지혜. 그것이 문화의 본질이자 민족끼리 지켜내는 원형질적 유전자인 것이다.

▶ 찾아가는 길 ◀

석촌동 돌무지무덤(사적 제243호) : 2011년 7월 28일에 '석촌동백제초기적석총' 을 '서울석촌동고분군' 으로 명칭 변경. 서울 송파구 석촌동 61-6 지하철 8호선 석촌역 5번 출구, 송파역 4번 출구로 나오면 걸어서 10여 분 정도의 거리에 있음
버스 간선 301, 302, 303, 360, 362, 363번 이용.

기독교로 이룬 평등
─승동교회

표어는 사회적 공동 목표나 이상을 담아내는 문구다. 1960년대의 반공 표어는 남북 대치의 냉전시대를 반영했고, 1970년대의 '잘 살아보세'는 절실한 경제난을 극복하기 위한 결의를 나타냈다. 그런가 하면 '아들 딸 구별 말고 둘만 낳아 잘 기르자'는 표어가 '하나씩만 낳아도 삼천리는 초만원'이라는 문구로 바뀐 것은 인구증가가 얼마나 심각했는지 국가적 고민을 반영한 것이다.

그래서 길가에 나붙은 플래카드나 표어는 그 시대와 사회를 읽는 거울이다. 요즈음 표어처럼 나도는 화두는 '공정한 사회'다. 언론에 공정성 문제가 자주 등장하는 것은 그만큼 사회가 공정하지 못했다는 고백이다. 결국 평등하게 대우받지 못한 인권이 있었기에 그 불만을 치유하기 위해 노력하겠다는 의미다. 그 공정한 사회를 이루기 위해서는 어떻게 해야 할까. 어디에서부터 시작해야 누구나 평등한 사회를 이룰 수 있을까. 신분적 한계를 뛰어넘어 사회의 구조적인 제도를 개혁한 역사의 현장에서 그 해답을 찾아본다.

백정 박성춘의 승동교회
얼마 전 '제중원'이라는 드라마가 인기를 끈 적이 있었다. 백정의 아들이 의

▲ 1904년 승동교회 최초의 모습

▲ 김제 금산의 기역자 교회

▲ 사무엘무어 목사 가족

사가 되기까지 숱한 고난을 이겨낸 한 인간의 성공담이다. 그런데 그 이야기는 인사동의 승동교회에 있었던 실화다.

1892년 이 땅에 발을 디딘 무어(한국명 모삼열) 선교사는 인간대접을 받지 못하는 백정과 갓바치 같은 천민들에게 관심을 기울였다. 당시 한양은 청계천을 중심으로 양반 실세들이 사는 북촌과 몰락한 양반들이 사는 남산주변의 남촌, 그리고 중인계급이 사는 청계천 주변의 중촌으로 나뉘어 있었다. 요즈음 한강을 중심으로 한 강남과 강북이 조선시대에는 청계천을 중심으로 천북과 천남으로 나뉘어 있었다. 강이나 천을 중심으로 형성된 지역문화는 이미 조선시대부터 형성되어 있었던 것이다.

1394년 한양으로 천도한 태조는 이듬해 6월에 한양부를 한성부로 고치고 동부, 서부, 남부, 북부, 중부 등 5부로 나눈 후 각 부에 10여 개의 방을 두어 모두 52방(坊)을 두었다. 방 밑에는 계와 동을 두었는데 '동네방네 소문났네' 에서 사용하는 '동네방네' 는 조선시대에 동과 방의 안 전체를 뜻하는 동내방내(洞內坊內)에서 비롯된 말이다. 그 방이 요즈음의 구와 같은 역할을 하기 때문에 행정단위로서의 방은 동의 상급기관이었다. 그 52방 중 지금의 명동에 해당하는 명례방에는 중인들이 많이 살았다. 신분이 낮은 중인들에게 관심이 많았던 무어 선교사는 그곳의 곤당골(지금의 소공동 롯데호텔 부근)에 교회를 세워 선교하기 시작했다.

그곳에 박성춘이라는 백정이 있었다. 봉출이라는 아들을 천주교 학당에 보내려 했으나 학자금을 받는다기에 무어 선교사가 무료로 운영하는 학교에 보내 교육을 받게 할 만큼 생각이 깼던 사람이다. 그런데 청일전쟁이 끝난 후 콜

레라가 창궐하여 하루에 300여 명의 환자가 죽어나갔다. 박성춘도 콜레라에 감염되어 사경을 헤매고 있었다. 그런데 아들이 모시고 온 고종의 주치의 에비슨은 정성을 다해 치료하여 그를 병마로부터 구해냈다. 짐승취급을 받던 그가 따뜻한 인간대접을 받으며 치료를 받고 자리에서 일어나자 그의 삶은 완전히 뒤바뀌었다. 봉출이라는 아들의 이름을 상서로운 태양이 되라는 의미로 서양(瑞陽)으로 바꾸고 교회에 다니게 한 후 자신도 예수를 받아들여 전도의 일꾼이 된 것이다.

백정이 교회에 나오자 양반들이 언짢았다. 자리를 따로 하자 해도 무어 목사가 인간은 누구나 평등하다는 기독교 교리를 내세워 묵살하자 1895년에 양반들은 백정과 함께 예배드릴 수 없다며 지금의 광교 부근에 홍문수골 교회를 세워 분리해 나갔다. 1899년에 다시 합친 후 1905년에 인사동으로 옮겨 새로 교회를 지었으니 그것이 지금의 승동교회다. 백정교회라 할 만큼 천민들이 많이 다녔던 승동교회는 1911년 교인수가 늘어 장로를 세워야 했다. 그런데 양반층에서 장로가 된 것이 아니라 박성춘이 장로로 피택되었다. 이 땅에 고질병처럼 굳어 있던 신분을 신앙으로 극복한 인간승리였다. 박성춘은 독립협회에서 주관하는 만민공동회에 연사로 초대받을 만큼 이미 인권운동가로 변해 있었다.

"양반사족만이 아니라 사농공상의 모든 신분을 초월하여 국가의 기둥으로 삼아야 국가의 힘이 더욱 공고해질 수 있다."

그는 연설로 인재 등용에 신분의 차이가 있을 수 없다는 평등사상을 주장하는 한편 백정의 인권을 위한 형평(衡平)운동에도 참여하여 계

▲ 삼일운동기념비

▲ 승동교회

급타파에 앞장섰다.

  인사동은 조선시대 한성부의 관인방(寬仁坊)에서 인(仁)자를 대사동(大寺洞)에서
사(寺)자를 취해 합성한 명칭이다. 이 명칭에서 보면 큰 절이 있는 고을이다. 불
교 조계종의 총본산이라 할 조계사가 있으니 대사동과 인사동은 예나 지금이
나 그 고을에 어울리는 이름이다. 승동교회는 1905년 절골에 교회를 짓고 중앙
교회라 했었다. 그러던 것이 민족대표 33인중의 한 사람인 길선주 목사가 부흥
회를 인도하던 중 절골에서 승리해야 한다는 의미로 이길 승(勝)자를 넣어 승동
(勝洞) 교회로 개명했다는 일화가 있다.

  승동교회는 3.1운동 당시 학생들의 활동 거점지로도 유명하다. 연희전문학
교 대표였던 김원벽을 중심으로 학생들이 이곳에 모여 3월 1일에 배포할 독립
선언서를 점검하는 등 독립선언운동을 최종적으로 점검하던 곳이다. 그래서
교회 입구에 3.1운동발상지의 기념표석이 있다. 2001년 4월에 서울시 유형문
화재 130호로 지정될 만큼 문화재적 가치도 크다.

  한편 박성춘 장로의 아들 박서양은 세브란스의전 1회 졸업생 7명 중의 한 사
람으로 우리나라 최초의 외과의사가 되었다. 오성, 중앙, 휘문학교 등에서 화

학을 가르치고 세브란스에서 후학을 가르치다가 1918년에 만주 용정으로 이주, 구세의원을 세워 의술을 베푸는 한편 숭신학교를 세워 학생 교육에도 헌신했다. 독립단체인 대한국민회에서 군의관을 담당하며 독립운동에 참여하다가 1936년 귀국, 고향 황해도 연안에서 다시 의료 활동을 펼치다가 1940년에 55세를 일기로 생을 마감했다.

갖바치 고찬익의 연동교회

무어(S. F. Moore) 선교사는 연동교회도 세웠다. 1900년에 캐나다의 게일(J. S. Gale, 한국명 기일) 선교사를 2대 목사로 승계시켜 승동교회 못지않은 또 하나의 역사를 창출했다. 바로 고찬익 장로에 얽힌 이야기다. 평안남도 안주 출신의 고찬익은 천민 갖바치로서 술주정뱅이에다 싸움질을 잘 하는 막간 인간이었다. 관가에서 매를 맞고 말을 못해 벙어리처럼 산 때도 있었지만 그의 타고난 성품을 외부적 압력으로는 고칠 수가 없었다. 그러나 농약을 먹고 자살을 기도하여 반병신처럼 살던 그에게 새로운 빛이 비쳤다.

게일 선교사를 만나 기독교를 받아들인 것이다. 이름도 없던 갖바치, 짐승처럼 살던 그에게 생명의 고귀한 빛은 '네 이름은 무엇이냐'는 전도지를 받은 데서 비롯되었다. 그 전도지를 건성으로 읽어본 날 밤, 꿈에 흰 옷 입은 노인이 나타나서 네 이름이 무엇이냐고 물었다.

천민이기 때문에 이름이 없던 터라 '고, 고, 고…'라고만 대답하자 다시 '네 이름이 무엇이냐'고 다그치며 물었다. 그래서

"내 성은 고가인데… 이름은 싸움꾼, 술꾼, 망나니올시다."

라고 대답했다. 그러자 노인이 다시 나타나 고찬익을 툭툭 치면서

"이제부터 너는 내 아들이다."

라는 뜻밖의 말을 남기고 사라졌다.

그 후로 고찬익은 게일 목사를 찾아와 철저히 회개하고 예수를 믿는 신앙인으로 바뀌었다. 게일은 남에게 좋은 일을 해 주는 선한 사람이 되라는 의미로 찬익(贊翼)이라는 이름을 지어주고 서울로 데려와 연동교회에 입적시켰다. 박성춘 장로와 마찬가지로 고찬익도 예수천당을 외쳤다.

김원벽 지사(1922년)
"十二人等의 長書"
1922년 3 · 1운동 민족대표
48인 출옥기념 (맨위쪽 우김원벽 지사)
제 5 대 담임목사 차상진 목사와
12인등의 장서

▲ 1922년 김원벽 지사

1911년에 박성춘이 장로로 피택되자 양반들이 교회를 떠나는 일을 1905년에 고찬익이 먼저 겪었다. 교인이 늘자 장로를 선출했는데 투표 결과 고찬익이 장로로 선출된 것이다. 당시 교회법으로는 2/3가 찬성해야 장로로 선출되었다. 게일이 투표 결과를 발표하자 천민에 밀려 장로에 낙선한 양반층들이 교회를 떠난 것이다. 그러나 하나님 앞에 빈부귀천이 없다는 기독교 정신의 평등사상은 백정과 갖바치를 일꾼으로 세워 그 참뜻을 실천했다.

신분의 고하를 가리지 않고 전도에 나선 그는 자신이 천민이었기 때문에 천민들을 교화시키는 데는 탁월한 능력을 발휘했다. 신체 장애인을 교회로 업어 나를 정도로 적극성을 보였던 그가 제일 기억에 남을 만한 것은 박승봉(朴勝鳳, 1871~1933) 대감을 전도시킨 일이다. 평안북도 관찰사를 역임한 한말의 관리로서 개화파와 함께 개화운동에 종사했고, 애국계몽운동에 참여했던 박승봉 대감댁에 한문성경을 들고 찾아가 글을 가르쳐 주기를 청했다. 간절한 태도에 감복하여 글을 가르쳐 주던 박 대감은 그 스스로가 성경에 감화되어 기독교를 받아들였고 안국동에 있는 안동교회의 초대 장로가 되었다. 기호학교를 설립하고 기독교 정신을 실천하기 위해 YMCA운동에도 적극 가담하게 된 계기를 고찬익 장로가 제공한 것이다. 한 알의 밀알이 썩으면 삼십 배, 육십 배, 백 배의 결실을 맺는다는 말을 실감하게 한다.

1904년 고찬익 장로의 신앙에 감복한 게일 선교사는 그를 평양신학교에 보냈다. 그러나 1908년 식중독으로 사망하여 전도자로서의 빛나는 사명만을 남기고 운명을 달리했다. 52년 동안 그의 일생은 처절했던 전반기와 전도자로서의 사명감을 불태운 후반기로 나눌 수 있는데 아무래도 목회자로서의 뜻은 허락하지 않았나 보다.

전라북도 김제에 있는 금산교회에도 비슷한 예가 있다. 주인 조덕삼과 머슴 이자익의 이야기다. 머슴이 먼저 장로가 되고 주인은 다시 머슴을 신학교에 보내 목사 안수를 받게 한 후 금산교회의 당회장으로 모셨다. 그가 총회장을 세 번이나 역임한 이자익 목사다.

백정 박성춘과 박서양 부자, 갖바치 고찬익과 머슴 이자익의 이야기는 한 편의 드라마다. 천출이나 낮은 신분으로 시작한 삶이 기독교라는 새로운 세계를 만난 후 철저한 신분사회 속에서 180도 뒤바뀌어지기까지의 과정은 이루 말할 수 없는 시련의 연속이었을 것이다. 그러나 그런 시련이 없었다면 어둠 속에서 희망을 찾는 신앙의 힘도 무용지물이었을 것이며, 기독교의 가치도 반감되었을 것이다. 혼란스러웠던 이 땅에 기독교라는 새로운 세계와 의술을 가져다 준 선교사들의 힘은 이제 찬란한 빛으로 반짝인다. 곳곳에 우뚝 서서 밤을 밝히는 붉은 십자가들이 그들의 희생이 헛되지 않았음을 증명하는 것이다.

단순히 일생의 안락을 위해 천출을 탈피한 것이 아니라 이 사회에 그 가치를 실현하기 위해 신분상승을 노렸고 국가와 민족을 위해 희생 봉사할 줄 아는 그들은 분명 이 땅의 위대한 선각자다. 요즈음 우리 시대에 던져진 '공정한 사회'의 화두는 장로 박성춘과 의사 박서양 같은 사람이 많아야 쉽게 이루어지겠기에 그들이 그립다. 이제 이 아름답고 밝은 긍정적인 사회를 바탕으로 한 표어와 유행어가 나타나기를 기대해 본다.

찾아가는 길

승동교회 : 서울특별시 종로구 인사동 137. 안국역 5번 출구. 종로3가역 1번 출구. 인사동 노암갤러리 골목으로 접어들면 20m 거리에 있음.

몽촌, 그 아름다운 이름 앞에서

지명의 의미

우리나라 동·면 단위의 행정지명을 제시해 놓고 그 중에서 가장 아름다운 이름을 고르라고 하면 과연 어느 곳이 선정될까. 전국을 무대로 하면 낯선 지명이 많아 아무래도 대부분이 낯익은 고향 지역의 지명을 추천하지 않을까 싶다. 결국 의미보다는 정감에 치우친 결과가 나타나리라는 생각이다. 그에 비해 멋없고 매력없는 지명을 고르라 하면 누구나 쉽게 고를 것이다. 정감도 없고 부르기도 이상한 이름이 많기 때문이다. 그 중 저자는 동·서·남·북·중의 오방(五方)을 이용한 지명을 가장 매력없는 지명으로 꼽는다. 남면, 북면, 동면, 서면, 중앙동, 상동 등은 관청을 중심으로 한 행정 편의적 결과물이기 때문이다. 그런 지명에서는 그 지역의 역사성이나 문화적 특징을 찾을 수 없다. 그런데 유감스럽게도 전국 지명을 살펴보면 그런 류의 지명이 가장 많다.

▼ 김구의 묘에서 바라본 남한산성

꿈에 얽힌 지명

　아름다운 지명을 말하라 하면 나는 주저없이 전라남도 무안의 몽탄면을 꼽는다. 영산강을 끼고 나주의 동강면과 마주한 몽탄으로 가는 길은 쭉쭉빵빵한 메타세쿼이아들이 열병하듯 반겨주어서 더 아름답다. 그 강변길을 걷다가 식영정(息營亭)에 오르면 마치 신선이 되어 꿈을 꾸는 듯한 착각에 빠진다. 그래서 꿈몽(夢)자가 어울리는 곳이다. 식영정은 광해군시대에 승문원 우승지를 지낸 한호(閑好) 임연(林煉) 선생이 1630년 무안에 입향한 이후 지은 정자다. 영산강과 어울린 경관이 아름다워 많은 시인 묵객들이 토론하고 시를 읊기도 한 곳이다. 2002년에 전라남도 문화재자료 제237호로 지정하여 보호하고 있는 이 정자는 나주임씨 한호공파 종중 소유다. 한호는 한가로움을 좋아한다는 그의 호처럼 여유를 즐기며 그림자도 쉬었다 가는 곳이라는 의미를 담아 식영정이라 했다.

　가사의 고장 담양에서 만나 가슴에 정겹게 담아 둔 식영정(息影亭)을 이곳에서 또 만나니 담양의 느낌과 어울려 그 감동은 배가된다. 무안의 식영정은 휴식을 취하는 의미로 영(營)자를 사용했지만 담양의 식영정은 '그림자가 쉬고 있는 정자'라는 뜻으로 영(影)자를 사용했다. 임억령은 담양의 산기슭에 자리한 이 정자에서 많은 시인묵객들이 시를 읊조리며 쉬었다 가기를 원했는지 그렇게 아름다운 이름을 남겼다.

　무안의 식영정에서 내려다본 영산강의 여울, 그 여울에 꿈꾸듯 흐르는 물줄기, 그 분위기에 몽탄(夢灘)보다 더 어울리는 이름은 없다. 영산강 하구언으로 흘러드는 여울이 S자를 그리며 흐르기 때문에 감여가들은 산태극(山太極) 수태극(水太極)의 비경이라 한다. 그래서 감히 지명에 꿈몽(夢)자를 사용한 듯하나 정확한 이유는 다른 데에 있다.

　경덕왕이 전국의 지명을 한자화할 때 몽탄을 물량군이라 했다. 그 후 조선시대에는 무안군의 박곡면(朴谷面)이었는데 어떤 영문인지 1939년 4월에 꿈꾸는 여울이라는 몽탄면으로 바뀌었다. 그 연원은 후삼국시대 왕건과 견훤의 전쟁 이야기에 있다. 후삼국시대의 처절했던 전쟁에 얽힌 일화가 전설처럼 구전되어 아름다운 지명으로 되살아난 것이다.

　'후백제를 공략하던 왕건이 견훤군에 쫓겨 동강면으로 퇴각했다. 얼마만큼 쫓기자 영산강이 가로막았다. 더 이상 퇴각하지 못하고 주춤거리자 꿈에 한 노인이 나타나 그곳은 강이 아니라 여울[灘]이니 빨리 건너라는 계시를 내렸다. 이에 왕건은 군사들에게 말을 탄 채 지금의 몽탄나루를 건너게 한 후 군사를 재정비하여 승리할 수 있었다.'

그 꿈이야기는 꿈마을이라는 이름으로 전해졌고 그 고려적 이야기는 1939년에 몽탄이라는 이름으로 되살아난 것이다. 그 이야기를 지켜온 마을 사람들도 멋있지만 '박곡'을 '몽탄'으로 바꾼 행정가는 더 멋진 사람이다.

꿈과 연계하여 이름을 얻은 지명에는 몽촌(夢村)이 있다. 충청북도 진천군 덕산면 용몽리에 있는 몽촌방죽이 그것이다. 용몽(龍夢)이라 하면 용꿈을 꾸었다는 뜻이므로 몽촌방죽은 분명 그 꿈과 연관이 있을 것이라는 추측이 가능하다. 1994년에 발간한 『진천군지』에 이 전설이 실려 있는데 용왕의 아들과 선비 사이에 얽힌 이야기다.

'한 선비가 움막을 짓고 과거에 응시하기 위해 열심히 공부하다가 낮잠이 들었다. 이에 흰옷을 입은 노인이 나타나서 자기는 용왕의 아들인데 예쁜 여자와 사랑을 하다가 부왕에게 들켜 지상으로 3년 동안 쫓겨나는 벌을 받았다. 그래서 선비에게 찾아와 자기가 살 방죽을 3개월 만에 만들고 그 주변에 마을을 조

▲ 김구의 묘와 묘비

성하라는 부탁을 했다. 그렇게 하면 좋은 일이 있을 것이나 그렇지 않으면 좋지 않은 일이 일어날 것이라는 경고와 함께 후환이 두려운 선비는 가족회의를 열어 노인의 부탁대로 석달 만에 방죽을 완성했다. 그 후 선비는 과거에 급제하여 높은 관직에까지 오르고 그 마을은 가뭄과 홍수에도 풍년이 들어 살기 좋은 곳이 되었다.'

'전설 따라 삼천리' 같은 이야기다. 현몽하여 자리잡은 곳, 그래서 '몽촌' 이라는 이름이 탄생했으니 결국 꿈마을이다. 그 꿈마을은 꿈이 있는 마을, 희망이 있는 마을이라는 뜻으로 해석이 가능하기에 나는 '몽탄' 처럼 지명에 '몽' 자를 사용한 그 자체만으로도 아름다운 이름이라 생각했다. 그래서 문화재 답사를 안내하거나 취재여행을 다닐 때마다 몽자의 지명이 있는지 찾아보았다. 그러나 역시 꿈과 연관된 지명을 찾기는 쉽지 않았다.

사적지 몽촌토성과 김구

서울에서 가장 아름다운 지명을 찾으라 하면 어디를 꼽을까. 행정동만으로 찾는 것은 한계가 있을 것 같아 문화재의 명칭까지 포함하면 더 재미 있는 이름을 찾을 듯하다. 경복궁의 향원정이나 창경궁의 비원을 꼽는 이도 있을 것이고, 이화동이나 화양동 등을 꼽는 이도 있을 것이다. 아무려면 어떤가. 공부에 싫증난 학생이라면 방학동이 제일 아름답다고 할 것이고, 모유가 부족한 산모라면 수유동을, 올림픽에서 금메달을 따기 위해 고생하는 선수라면 월계동이 가장 아름다운 곳이라고 할 것이다. 사람마다 느낌이 다르기 때문에 굳이 시비할 필요는 없다. 그래서 '몽촌' 을 호로 사용한 인명(人名)은 차치하고 서울의 '몽촌토성' 에서 내 지명 수색 작업은 접기로 했다.

1981년 9월 30일 독일 바덴바덴(Baden-Baden)의 IOC 회의에서 서울을 제 24회 올림픽 개최지로 발표하자 황무지로 버려져 있던 몽촌토성은 새로운 전기를 맞았다. 사적지 297호로 지정하여 발굴작업에 들어간 것이다. 이병도 박사가 몽촌토성을 한성백제의 도성일 것이라는 주장과 함께 풍납토성을 사성(蛇城) 취급했기 때문에 몽촌토성의 위상은 절대적이었다. 그러나 궁궐지와 큰 건물지 등을 발굴하지 못해 그 주장을 뒷받침하지는 못했다. 그 후 10여년이 지난

▲ 무덤 앞 석물

▲ 무덤 앞 석양, 배밑의 풀이 선명히 보임

1997년, 이형구 박사에 의해 풍납토성의 속살이 드러나면서 몽촌토성은 오히려 풍납토성의 보조성일 것이라는 주장이 힘을 얻었다. 한동안 학자들의 편견으로 역사의 오류를 무겁게 뒤집어 쓰고 있던 몽촌토성이 이제는 올림픽 경기장과 어울린 체육공원으로 바뀌어 시민들의 품으로 돌아왔으나 문제가 많다. 공원과 사적지를 따로 구분할 수도 없는 애매한 시설이 되고 말았다. 공원을 산책하다 보면 어느 것이 사적이고 성벽인지 구분하기도 어렵고 안내판도 없다. 그저 언덕 같은 구릉의 둘레길을 걷다 보면 그것이 성벽이고 터진 길은 성문이었을 것이라는 짐작만 있을 뿐이다. 동북방면을 휘돌아가는 성내천이 해자역할을 하지만 천(川)인지 해자인지 모호하고 공원 안의 호수는 분수대를 만들기 위해 조성한 인공호수인지 해자를 넓힌 것인지 전혀 안내가 없다. 그래서 답사객은 사적지보다는 분수대의 물줄기와 주변의 풍광에만 관심을 기울인다. 그것이 오늘의 몽촌토성이다.

몽촌토성은 그 태생적 아픔을 안고 공원으로 다시 태어났지만 그래도 온전히 남아 있는 유적이 있다. 도시의 건축물과 아파트들이 즐비한 도심 한가운데 역사를 고스란히 지키고 있는 유적이라서 반가움이 더 크다. 동향으로 자리한 이 유적은 멀리 남한산성을 바라보며 병자호란의 아픔을 새기는 듯 산책하는 인파 속에서도 엄숙하다. 말없이 역사를 안고 누워 있는 유적, 그것은 다름 아닌 김구의 묘다. 백여 미터 아래에 자리한 신도비는 주인공의 인품과 가문을 말해 주는 영조시대의 조영물이다. 모처럼 사적지다운 면모를 볼 수 있는 곳이다.

김구(金構, 1649~1704)는 조선 숙종 때 우의정을 지낸 문신이다. 사후 충헌이란 시호를 받았기 때문에 신도비는 '충헌김공신도비'라 한다. 부친은 관찰사를 지낸 청풍김씨 징(澄), 아들 김재로와 손자 김치인이 나란히 영의정을 지낸 명문가다. 그의 비문은 영의정 이의현, 글씨는 좌의정이자 둘째 사위인 서명균, 전액은 영의정 유척기가 썼다. 금석문을 연구하는 사람이나 서예가들에게 더 없이 좋은 자료인 이유다. 신도비의 지붕돌은 용과 봉황을 올리고 암막새, 수막새를 새겨 기와지붕을 연상케 하는 화려한 구조인데 비해 비받침은 방형의 큰 돌이다. 숙종 이후 받침돌의 크기로 비의 품격을 나타내던 양식이다.

김구의 묘와 인천 남동구 운영동에 있는 아들 김재로의 묘, 시흥 안현동에 있는 손자 김치인의 묘를 보면 특이한 특징이 있다. 대부분 사대부 묘에는 문인석을 세우는데 이들은 모두 문인석 대신 석양(石羊)을 세웠다는 공통점이다. 석양은 사악한 기운의 접근은 물론 땅 속의 잡신을 막는 역할을 한다. 그 양은 배밑에 새긴 풀을 먹고 살아 있는 수컷이다. 선명한 고환이 실감을 더해 준다.

김구는 백범 김구를 연상케 하는 강직한 성품이면서도 정이 많은 인물이다.

▲ 신도비 전액

숙종 8년(1682)에 춘당대문과에 장원급제하여 문장력을 인정받은 그가 사헌부와 사간원에 있을 때 노론 소론의 당쟁을 완화하기 위해 1만자에 가까운 시무소(時務疏)를 올렸다. 당쟁의 중심에 있을 법한 인물이 오히려 심한 대립의 조정자 역할을 했다. 더구나 영월에서 억울하게 죽은 노산군 복위를 주청하여 단종으로 복위케 하고, 단종비 송씨는 정순왕후로, 묘호는 사릉(思陵)으로 추봉하게 했다. 1703년 우의정이 되었지만 그의 인품은 영의정이라 해도 부족할 만큼 후덕하여 오늘날의 정치인들이 전범으로 삼아야 할 인물이다.

노산군 사후 240여년이 지난 1698년(숙종 24년) 11월에 조정에서는 정순왕후의 신위를 창경궁으로 옮겼다가 다시 종묘 영녕전으로 옮겼다. 얼마나 한 많은 세상을 살았으면 능호를 사릉(思陵)이라 했을까. 멀리 동쪽으로 떠난 임을 생각하

▲ 김구의 신도비

며 살았기에 묘호를 내려 위로했으니 그 능호를 내린 숙종이나 그런 결단을 내리게 한 김구는 멋있는 사람이다.

올림픽으로 떠들썩하던 시절에 김구의 묘를 공원 밖 다른 곳으로 옮겼다면 지금의 올림픽 공원은 박제된 사적지처럼 삭막할 것이다. 김구의 묘와 신도비가 있기 때문에 몽촌토성의 가치가 살아나고 산책에 나선 사람도 역사의 향기에 느낄 수 있다. 그의 신도비 앞에서 몇 명의 답사객이 모여 역사의 한 장면을 이야기하는 모습은 문화재가 무엇인가를 생각하게 한다. 단순한 돌덩이가 아니라 역사를 안고 있는 문화재로서 백제와 조선을 잇는 고리역할

로서의 신도비, 문화재는 그런 의미가 있고 지혜로운 후손에게 역사를 읽을 수 있는 자료를 제공하는 것이다.

신도비는 죽은 자의 무덤으로 가는 길에 세운 비석이다. 그 비석을 달리 신도비라 하는 것은 국가에서 제도적으로 2품 이상 관직자의 무덤에만 세우기로 했기 때문이다. 원래 왕이나 고관의 무덤 앞 남동쪽에 남향으로 세우는 것이 원칙인데 고려시대에는 3품 이상의 관직자 무덤에 세웠고, 조선시대에는 그 대상을 왕릉과 종2품 이상으로 격상했다. 그러나 문종이 왕릉에는 비가 있는데 신도비를 따로 세우는 것은 의미가 없다 하여 신도비를 세우지 못하게 했다. 세종 이후의 왕릉에 신도비가 없는 것은 그 때문이다.

몽촌, 꿈마을 몽촌. 그 몽촌마을에 있는 토성에서 나는 꿈이 있는 지명으로서 '몽(夢)' 자를 추출했고 전국에 망(望)자를 사용한 지명은 많으나 몽(夢)자를 사용한 지명은 많지 않다는 것을 알았다. 그래서 그런지 몽촌토성은 그 지명만으로도 다정하다. 몽촌토성을 찾는 모든 사람들이 이제는 단순히 공원으로서 건강 증진을 위한 곳이라기보다는 한성백제시대에 도성을 방어하기 위해 설치한 중요한 시설이라는 점과 따스한 인품을 지닌 인물 김구를 만날 수 있는 역사의 현장임을 알고 답사했으면 좋겠다.

가까이에 있는 풍납토성과 방이동 백제고분, 석촌동 적석총, 석촌호수(서호)의 북쪽으로 옮긴 삼전도비, 암사동 선사유적지까지 포함하면 하루가 빠듯하다. 아이들 현장교육과 가족 나들이를 겸한 소품으로도 만족하다.

◆ 찾아가는 길 ◆

몽촌토성(사적 제297호) : 서울특별시 송파구 오륜동 88-3. 올림픽공원 안에 있음. 지하철 8호선 몽촌토성역 1번 출구. 5호선 올림픽공원역 3번 출구.
버스 지선 16, 30, 30-1 간선 340, 341, 342 올림픽공원 하차

불심으로 오른 동망봉
—정업원

마음의 안식처로서의 종교

마음의 평화가 필요할 때, 정신적 안정이 필요할 때 인간들은 절대자에게 의존하여 마음의 위안을 찾는다. 합리적이든 비합리적이든 인간은 근본적으로 나약한 심성을 지녔기 때문에 아무리 악한 사람이라도 절대자 앞에서는 무릎을 꿇기 마련이다. 아직도 무허가 철학원을 찾는 사람이 많고 난세일수록 종교의 위상이 높아지는 현상은 나약한 인간의 심리를 반증한다.

인간과 종교의 관계는 조선왕조실록에도 찾아볼 수 있는 자료가 많다. 조선을 건국한 신흥세력은 고려 멸망의 원인을 불교가 타락한 데서부터 비롯되었다고 간주하고 배불숭유 정책으로 민심을 이끌었다. 사찰에 머무는 승려의 숫자도 절의 규모에 따라 제한하고 토지도 몰수하여 국가 재산으로 돌리는 바람에 폐사지가 늘어났다. 최초의 서원으로 알려진 영주의 소수서원도 원래는 '숙수사' 라는 절이었다. 서원의 건축물 대신 웅장한 대웅전과 부속 전각들이 서

▲ 동망봉 표석

있을 당시를 회상하면 주변 풍광과 어울리는 절의 규모나 위의가 대단했으리라 추측이 가능하다. 당시의 불자들은 규모 있는 절들이 문을 닫거나 서원 등 유교시설로 바뀌는 현상을 지켜볼 수밖에 없었다.

삼국시대부터 불교는 호국불교로서 왕권 수호에 결정적 역할을 하며 국가의 지원을 받아 성장했다. 고려시대에는 과거

제도를 도입하여 유학을 장려하기도 했지만 정치와 내세의 문제는 별개였다. 아무리 유학이 관학(官學)으로서 국가의 이념을 대신한다 해도 민중에 깔린 신앙을 대신하지는 못했다. 시대가 어려울수록 종교는 더 큰 힘을 발휘하고 민초들은 절을 찾아 정신적 위안을 받았다. 결국 종교는 권력자들에게는 수탈과 압제의 수단으로, 민초들에게는 현실의 아픔을 달래는 위안의 수단으로 모두에게 중요했다.

민초들이 불교에 의존하여 현실의 어려움을 극복하며 내세의 소망을 유지하는 사이 집권층인 사대부와 왕실은 그 정도를 더했다. 왕실에서는 왕권을 유지하는 데 종교의 교리를 적용하며 궁 안에 내불당을 지어 신봉했다. 즉 '왕즉불(王卽佛)' 사상을 주입하여 임금과 부처를 같은 위상에 올려놓고 신도들이 부처님의 가르침을 따르듯이 백성들도 임금의 명령에 순종해야 한다는 이론을 적용한 것이다. 유럽에서는 가톨릭이 교황권 확대를 위해 정치를 이용했다면, 동양에서는 정치가 불교의 교리를 적용하여 왕권을 확대하는 데 이용했다.

그런가 하면 사대부는 사대부대로 가문의 원찰(願刹)을 세워 복을 빌었다. 불교 없이는 개인적으로 위안을 받을 곳이 없음은 물론 가문과 국가를 생각할 수도 없는 상황에 이르렀다. 왕실과 결탁한 종교 지도자들이 새로운 권력층을 형성하여 민초들을 수탈할 만큼 타락한 어간에 고려는 말망하고 말았다. 불교 이념의 쇠락이었다. 그래서 이성계를 비롯한 신흥세력은 역성혁명의 많은 명분 중에서 불교의 타락을 꼽은 것이다.

그렇게 열린 조선, 이성계를 도와 조선 건국의 정신적 지주 역할을 한 정도전은 《불씨잡변》에서 부처님을 '불씨(佛氏)'라고 일반인처럼 하대하며 불교를 비판했다. 즉 불교는 보편적 자비를 주장하면서도 인의예지신의 오상(五常)은 물론 부자관계나 군신관계 등 사회의 기본 축을 저버리고 출가하는 것은 모순이라고 지적했다. 이는 부모, 형제는 물론 이웃과 만물에게까지 인(仁)의 정신을 확대해 나가는 유교의 친친(親親)원리에도 배치된다며 불교가 내세우는 교리를 조목조목 비판했다.

그러나 그렇게 철저히 무시당하면서도 불교는 왕실과 사대부층에 의해 내세의 소망을 담은 생활종교로 자리잡았다. 고려시대에 성행했던 왕실의 내불당과 사대부가의 원찰이 조선 왕조에서도 그대로 존속된 것이다. 성군 세종대왕도 왕실의 내불당으로 인하여 신하들과 의견대립을 보인 것을 보면 유교이념을 신봉하는 정치인들에게 불교는 큰 걸림돌이었다. 그런 중에도 불교가 생활인의 밑바탕에 자리잡을 수밖에 없었던 것은 내세에 대한 소망을 제시했기 때문이다.

정업원과 정순왕후

이에 대한 실례로는 정업원(淨業院)이 있다. 정업은 청정하고 깨끗한 행위로써 선업(善業)을 뜻하며, 정토왕생을 위해 입으로 나무아미타불을 외우는 행위의 불교용어다. 그 뜻을 살린 정업원은 고려 왕실에서부터 비롯되었는데 유생들이 혁파의 대상으로 여겨 논란을 거듭하다가 1505년 연산군에 의해 폐지되었다. 그 후 중종이 다시 설치하려 했으나 반대에 부딪혀 실패하고, 1550년(명종 5년)에 다시 설치한 이후 1612년(선조 40년)에 비구니들을 내쫓으며 혁파하여 영원히 복구하지 못했다. 그러다가 1771년(영조 47년)에 영조가 청룡사에 들러 정순왕후의 이야기를 물어 확인한 후 청룡사를 정업원으로 개칭하며 정업원 구기비를 세웠다.

조선시대의 후궁들은 임금이 죽으면 궁 밖으로 거처를 옮겼다. 이들의 일부는 불교에 귀의하여 임금의 명복을 빌며 여생을 보내기도 하고 일부는 정업원에서 보냈다. 초기에는 당당한 실세들의 궁내 종교행위였는데 후기에는 후궁들이 여생을 보내는 곳이 되고 말았다. 그 한물간 여인들의 한풀이 장소쯤으로 여기던 정업원은 조선 여인의 심금을 울린 단종비 정순왕후에 얽힌 이야기가 있어 더 애절하다. 지금도 가슴 찡하게 전해 오는 정순왕후의 이야기는 권좌에서 밀린 현대판 정치인들의 최후를 보는 것 같아 더 실감 있는 이야기로 살아난다.

단종은 12세에 왕위에 올라 13세에 한 살 연상의 송씨와 결혼했다. 그러나 계유정난으로 세조에게 왕위를 물려준 단종과 정순왕후는 어린 나이에 상왕과 대비가 되어 창경궁의 뒷방 늙은이와 같은 신세가 되고 말았다. 이에 일단의 충신들이 복위운동을 벌이다가 발각되어 단종은 노산군으로 강등되고 강원도

▲ 비우당(이수광이 살았던 집)

영월로 유배되었다. 그 때 어린 부부는 청계천의 '영도교'에서 헤어진 후 다시
만나지 못했다. 영도교는 원래 '영미교'라는 나무다리였으나 성종이 살곳이
다리와 함께 돌로 가설하면서 영원히 건너 버린 다리, 다시 되돌아 올 수 없는
다리라는 의미로 영도교(永渡橋)로 바꾸었다. 대원군이 경복궁을 복원할 때 살곳
이 다리와 영도교의 석재를 뜯어 사용하여 영도교는 다시 나무다리가 되었다.
그 후 시멘트를 바른 다리로 고쳐졌으나 청계천을 복원하는 바람에 그 흔적을
찾을 수는 없다. 그러나 그 이름만으로도 단종과 정순왕후의 아픈 사연을 증언
하는 역사물로 살아 있다.

그렇게 생이별을 한 후 정순왕후는 청룡사에서 세 명의 여종과 함께 머리를
깎고 비구니가 되었다. 세조는 정순왕후를 위해 영빈정(英嬪亭)을 지어주고 식량
과 생필품을 보냈으나 왕궁에서 보내온 물품을 모두 거절하고 정업원에서 살
았다. 화가 난 세조는 그들에게 일절 접근하지 못하게 했다. 이에 불합리하게
쫓겨난 왕비의 딱한 사정을 들은 인근의 여인들은 주변에 시장을 열어 정순왕
후를 돕기 시작했다. 요즈음의 벼룩시장과 같이 여인들이 가꾼 채소를 팔면서
몰래 도운 것이다. 조선 말기의《한경지략》궁실조에는 동관왕묘 앞 싸전굴(米

▲ 정업원 구기바각 현판, 영조 친필

塵洞) 장거리(場巨里)의 채소시장을 소개한 글이 있다. 정순왕후와 시녀들이 초근목피로 어렵게 생활한다는 것을 안 여인들이 조정의 감시를 피해 정업원에서 가까운 곳에 장을 열어 정순왕후를 도우려 했다는 것이다.

18세의 어린 나이에 생이별의 아픔을 맞았지만 의연함을 잃지 않고 정순왕후는 동쪽 맞은편 산에 올라 영월쪽을 바라보며 단종의 안녕을 기원했다. 82세에 한 많은 삶을 다할 때까지 이 산에 올라 단종의 명복을 빌었으니 무려 64년의 세월이다. 그 많은 한을 삭이며 그리움을 달랜 이 산봉우리를 동망봉(東望峯)이라 한다. 절망으로 통곡했던 슬픔의 봉우리다.

그 당시에는 절망 속에서도 희망을 잃지 않으려는 정순왕후의 꿈을 실어 그렇게 명명했을 것이나 오랜 세월이 지난 지금으로서는 절망과 슬픔으로 점철된 여인의 한이 서려 있다. 그 슬픔은 1771년(영조 47년) 영조의 행적에서도 확인된다. 영조가 이곳을 찾았을 때는 이미 250여 년이나 지난 역사의 한 사건으로 성공한 쿠데타였다. 그런데 그 사건에 연루된 정순왕후의 사연을 듣고 영조는 이를 위로하듯 눈물을 삼키며 친필 휘호를 남겼다.

上 命建閣于淨業舊基立碑, 御書淨業院舊基五字以下. 院在興仁門外山谷中, 南距東關王廟不遠, 卽燕尾汀洞, 而端宗大王王后宋氏遜位後所住舊基也.

임금이 정업원의 옛터에 누각을 세우고 비석을 세우도록 명하고, '정업원구기(淨業院舊基)' 다섯 자를 써서 내렸다. 정업원은 흥인문 밖 산골짜기 가운데 있는데, 남쪽으로 동관왕묘와 멀지 않았으며, 곧 연미정동(燕尾汀洞)으로, 단종대왕의 왕후 송씨가 손위(遜位)한 후 거주하던 옛터다.

-영조 47년 8월 28일

前峯後巖於千萬年 淨業院舊基歲辛卯 九月六日 飮涕書

-비각의 영조친필 현판

실록에 보이는 손위(遜位)는 임금의 자리를 내어놓음을 뜻한다. 이와 관련된 현판의 문구를 보면 단종이 세조에게 왕위를 찬탈당한 후 정순왕후가 겪은 고난이 영조에게는 자기의 일처럼 느껴졌음을 알 수 있다. 무수리 소생으로서 왕위에 오르기까지 위태로운 고난을 겪은 영조는 자신의 아픔이 정순왕후의 아픔에 오버랩되어 북받쳐오는 슬픔을 참지 못했다. 그래서 왕의 체통도 잊고 눈물을 삼키며 썼다는 음체서(飮涕書)의 기록을 남겼다.

여기에는 영조의 개인적인 면모와 역사의식이 나타나 있다. 객관적 사실에 관련자의 감정을 실어 기록하는 것은 사관이 하는 일인데 마치 사관이라도 된 듯 영조는 자신의 감정을 공개적으로 드러냈다. 더구나 피바람을 일으킨 부끄러운 역사도 영원히 기록으로 남겨야 한다는 제왕으로서의 역사인식을 피력했다. 현판의 '前峰後巖於千萬年'이 그것이다. 이를 왕의 입장에서 보면 '앞의 산봉우리여, 뒤 언덕의 바위여, 천만년 영원하라'는 명령형 해석이 가능하고, 문학적으로 보면 뒷부분을 '영원하리라'는 영탄적 해석이 가능하다.

이 작은 현판과 비문 앞에서 임금의 역사에 대한 인식과 왕권에 대한 인간의 욕망, 그리고 그에 따른 여인의 한을 읽을 수 있으니 역사의 현장은 세월이 갈수록 더 찬란하게 후세를 교훈한다. 역사는 그렇게 옳게 산 사람과 그르게 산 사람을 심판하는 공정한 거울이다. 바르게 살아야 하는 이유가 거기에 있다.

서울시에서는 정업원구기비를 1972년에 이르러서야 서울시 유형문화재 제5호로 지정하여 보호하고 있다. 비양에는 淨業院舊基의 영조 친필이 새겨져 있고, 비음에는 단종비 송씨가 세상을 떠난 이후 251년이 지난 1771년에 왕이 친히 글씨를 썼다는 내용의 33자가 새겨져 있다.

이 비각은 청룡사의 우화루(雨花樓) 서쪽 끝에서 화장실로 가는 계단을 타고 내려가 우측의 작은 문을 열고 나가야 볼 수 있다. 정순왕후의 영혼을 만나는 데 겸손한 자세를 취하라는 듯 겨우 한 사람이 드나들 수 있는 쪽문이다. 하얀 스텐으로 제작된 이 문을 열고 나가면 오랜 세월을 이겨낸 반룡송(盤龍松)이 활짝 편 우산처럼 답사객을 맞는다. 반룡은 하늘에 오르지 못하고 아직 땅에 서려 있는 용을 말한다. 이를 증명하듯 반룡송은 위로 4m 정도만 자라다가 몸을 비틀어 옆으로 가지를 뻗어 용처럼 또아리를 튼 모양이다. 반송(盤松)이 밑둥지에서 여러 갈래로 가지를 뻗어 버섯 모양을 이루는 것이 특징이라면 반룡송은 밑둥지에서 한 줄기로 솟아오르다가 옆으로 뻗는 것이 특징이다. 예천의 석송령(천연기념물 제294호)과 이천 백사면의 반룡송(천연기념물 381호)이 대표적인 나무인데 석송령은 곁으로 뻗은 가지들이 1069평방미터(324평)의 그늘 면적을 이룰 만큼 곁으로 가지를 뻗는다. 정업원터의 반룡송은 그 규모가 석송령에는 미치지 못하지만 중전에 오른 정순왕후가 대비에 머문 후 폐서인이 되어 어렵게 살던 인생여정을 나타낸 것과 같은 느낌이 들어 안쓰럽게 보인다. 곁으로 뻗은 가지들을 받치고 있는 철봉 지지대는 마치 정순왕후를 봉양하던 세 하녀의 모습처럼 보이기도 한다.

　정순왕후에게 종교는 무엇이었을까. 인생의 고뇌를 짊어지고 신음하는 왕후

▲ 자주동샘의 쓰레기를 수거하는 오송례 시인

에게 불교가 없었다면 그 시련을 어떻게 이겨냈을까. 종교는 일상이 편안하고 부요한 사람들보다는 억울하고 가난한 사람들에게 더 절실히 필요하다. 현실이 힘든 자들은 신앙하는 신을 꼬집기도 하고 하소연하기도 하며 답답한 심정을 풀어낸다. 물론 그렇게 한다고 해서 억울한 사연이 해결되는 것은 아니겠지만 신은 그 답답한 심정을 들어주는 것만으로도 역할을 다 한다. 그런 중에 마음의 평화와 위로를 받기 때문이다. 그래서였을까. 정순왕후는 왕권에 밀린 패자로서 가슴에 많은 한을 안고 살았는데도 82세의 천수를 다했다. 동망봉에 올라 임의 명복을 비는 행위가 절대자를 만나는 신앙이었고 그 행위는 곧 내면의 아픔을 씻어내는 구도의 자세였기 때문이리라.

청룡사는 비구니들의 수행처로 항상 정숙하고 정결하다. 그곳에 주석하는 혜초스님은 대웅전과 우화루 사이에 열린 마당을 자주 쓴다. 시멘트로 포장한 곳은 쓸어도 흔적이 없지만 흙마당은 빗자루의 흔적이 정결하게 남아 있어 보는 재미가 있어서란다. 저자가 찾았을 때는 솔잎이 섞인 낙엽을 태우고 있었는데 모처럼 도심에서 낙엽 향기에 취할 수 있어 좋았다. 아무리 진한 연기도 매캐하지 않고 나무마다 지니는 독특한 향기를 뿜어내 낙엽들은 소멸하는 순간에도 아름다운 모습을 잃지 않는다. 바로 정순왕후의 모습이 그랬으리라.

찾아가는 길

청룡사의 정업원터는 혜화역에서 출발하여 일석 이희승 선생 기념관, 이화장을 경유하여 세종조의 청백리 유관에 얽힌 이야기, 그의 외증손 이수광이 살았던 비우당, 그리고 정순왕후가 생계를 위해 옷감에 물들였다는 자주동샘[紫芝洞泉]을 찾은 후 청룡사, 동망봉, 보문사, 미타사를 답사하는 것이 효과적이다. 모두 낙산공원 경내에 있어 길도 편하다.

통 큰 행위의 통 큰 결과

　2007년 10월 2일, 노무현 전 대통령이 걸어서 판문점을 통과하여 평양을 방문했다. 10월 4일 오후 1시, 평양 백화원 영빈관에서 〈남북관계 발전과 평화번영을 위한 선언〉에 남북대표가 공동 서명했다. 10.4 선언이다. 이 선언문이 나오기 전 회담에서 김정일이 노 전 대통령에게 기억에 남을 인상적인 말을 했다.

　"한 번 통 크게 쓰시지요."

　당시의 신문보도를 보면 김정일은 생각보다 화통하면서도 격식을 깨는 행보로 남측 수행원들을 당황하게 했고 노 전 대통령의 심기를 불편하게 하기도 했다. 그런 중에 한 번 통 크게 쓰라며 대폭적인 경제 지원을 요청했다. 김정일은 남한도 북한처럼 지도자의 말 한 마디면 모든 것이 통하는 것으로 알았던 모양이다.

▼ 전주객사 풍패지관(사진, 전주시청)

우리 역사에서 통 큰 행위를 한 사람은 쉽게 찾을 수 있다. 제주도의 김만덕이 그랬고, 경주의 최부자가 그랬고, 구례의 유이주가 그랬고, 김제의 정준섭이 그랬다. 그들은 어려운 시기에 덕을 쌓아 나라에서도 책임지지 못하는 가난을 구제하여 지금도 칭송을 받는다.

한국인의 통 큰 행위는 외국에서도 알아준다. 칠공자로 통하던 종교 지도자의 아들 박모씨가 아무도 울리지 않은 일본 술집의 종을 울려 그날의 매상을 책임졌다는 소문은 한국인의 통 큰 행위를 대변한다. 일본 여인들이 한국의 남자를 좋아하는 이유도 기분파들의 통 큰 행위 때문이라고 한다. 세계의 부호들도 울리지 않은 술집의 종을 울린 칠공자는 한국인의 멋(?)을 보여주었고, 1976년 '코리아 게이트'로 불린 박동선의 미의회 로비사건은 한국인의 기개(?)를 세계에 알렸다. 이 사례는 한국의 이미지를 구긴 부정적인 사건이지만 그 이면은 어렵게 살던 시절을 보상받고 싶은 우월 콤플렉스(superiority complex)의 일종이다. 그런데 문제는 '네가 언제부터 그랬느냐'는 비웃음의 대상이 되어 사회적 물의를 일으켰다는 점이다.

한국인의 통 큰 행위는 이미 조선시대에 명나라에서 일어나 조·명간의 우의를 다지고 국가 위난을 구한 사례가 있다. 그로 인한 결과는 국경을 넘어 아름다운 역사와 문화를 남긴 기록이 조선왕조실록과 연려실기술 등에 남아 있다.

1593년 정철이 임진왜란에 원병을 보내준 명나라에 사은사로 떠날 때 표옹(瓢翁) 송영구(宋英耉)는 서장관으로 동행했다. 명나라에 도착하여 여관에서 잠을 자려 하는데 젊은 불목하니의 중얼거리는 소리가 들렸다. 장자의 남화진경(南華眞經)을 읊조리는 소리였다. 잔심부름을 하는 허름한 청년이 어려운 글귀를 외우는 것이 신기하여 그를 불러 글을 외우는 이유를 물었다. 그는 과거에 응시했는데 낙방하고 시골에서 올라왔기 때문에 경비가 없어 일을 하고 있다고 했다. 이에 표옹은 중요한 책을 필사하여 많은 돈과 함께 얹어 주며 공부하는 방법을 알려주었다. 요즈음 용어로 쪽집게 과외를 한 것이다.

그 후 불목하니는 과거에 합격하여 관리가 되었고, 1606년 외교사절의 정사(正使)가 되어 조선을 찾았다. 그가 주지번(朱之蕃)이다. 한양에서 공무를 마친 주지번은 은혜를 입은 표옹 송영구를 찾아 나섰다. 전라북도 익산군 왕궁면의 장암마을, 그곳에 있을 스승이자 은인 송영구를 찾은 것이다. 그러나 표옹은 그곳에 없어 만나지 못했고 주지번은 붓을 들어 망모당(望慕堂)이라는 당호를 쓰는 것으로 아쉬움을 달랬다.

익산의 왕궁에 가기 전 전주에 들른 주지번은 전주 객사에 풍패지관(豊沛之館)이라는 현판을 남겼다. 풍패는 한고조 유방의 고향인데 조선 태조의 관향 전주를 한고조의 풍패에 비유하여 풍패지향으로 예우한 것이다. 이 객사를 기준으로 전주성의 남문은 풍패지관의 남쪽에 있다 하여 풍남문(豊南門), 서문은 서쪽에 있다 하여 패서문(沛西文)이라 했다. 풍패의 글자를 남문과 서문에 나누어 사용하여 그 의미를 살리고 격을 높인 것이다. 전주성의 패서문은 헐려 지금은 찾아볼 수 없지만 풍남문과 전주 객사는 전주를 상징하는 문화재로 남아 전주에 얽힌 주지번의 역사를 증언한다.

표옹 송영구의 선행은 어려움에 처했던 주지번을 감동케 하여 조선과 명나라의 우의를 다지는 데 큰 역할을 했다. 독립문의 전신 영은문(迎恩門)과 모화관(慕華館)의 현판, 소수서원 문성공묘의 묘당 현판, 강릉 경포대에 걸린 제일강산 등이 바로 주지번이 남긴 필체며 허균으로부터 받은 허난설헌의 시를 중국에서 시집으로 발간한 것도 그의 업적이다.

표옹의 행위가 한 개인의 정당한 선행이었다면 비정상적인 방법으로 어려움에 처한 사람을 도운 사례도 있다. 그것도 공금을 유용하고 변제하지 못하여 감옥살이까지 한 경우다. 조선을 개국한 이성계는 불과 24년 전인 1368년에 개국한 명나라를 섬기며 스스로 제후국의 길을 택했다. 국호를 정하는 데도 옛 국호였던 '조선'과 고향 함흥의 별칭인 '화령'을 상신하여 명나라 황제가 점지해 주기를 기다렸다. 고구려를 올리지 않은 것은 고려가 고구려를 이은 명칭이었기 때문이며 백제나 신라는 서로 싸우던 나라로 분쟁을 상징하기에 택하지 않았다. 지금도 많은 사람들이 자기의 고향을 호(號)로 사용하는 심리에 견주어 보면 이성계는 분명 국호를 '화령'으로 하고 싶었을 것이다. 그런데 명태조 주원장은 '조선'에 낙점했다. 기자조선의 후예이니 중국의 속국이라는 의미에서였다.

　국호와 더불어 이성계가 고대하는 것이 있었다. 고명(誥命)과 인신(印信)이었다. 고명은 요즈음의 임명장, 인신은 임금의 권위를 상징하는 옥새(玉璽)다. 그러므로 고명과 인신을 받아야만 조공과 책봉으로 연결된 진정한 나라로 인정받는다. 그런데 주원장은 이성계에게 국호만 내려주고 고명과 인신은 내리지 않았다. 조선과 명나라에 복잡한 외교문제가 있었기 때문이다.

　명나라는 조선을 의심하며 견제했다. 1390년 윤이(尹彝)와 이초(李初)가 명나라로 도망한 후 이인임(李仁任)의 아들 이성계가 창왕을 내쫓고 자신의 인척 왕요(王瑤)를 왕으로 세워 여진과 함께 명나라를 공격하려 한다고 밀고했기 때문이다. 조선에서는 이를 '윤이 이초의 난'이라 하는데 턱없는 무고였다. 더구나 이인임은 이성계의 정적으로서 1374년 공민왕이 살해되자 왕실의 반대에도 불구하고 우왕을 추대하여 친원정책을 폈던 사람이다. 이인임은 권력을 장악한 후 친명파를 제거하며 매관매직을 일삼는 등 전횡을 일삼다가 1388년 최영과 이

▲ 전주객사 풍패지관 현판(사진, 김한하 시인)

성계에 의해 경산부(京山府 : 星州)에서 귀양살이하다 죽은 권신(權臣)이다. 그 이인임이 이성계의 아버지로 둔갑하여 명나라《태조실록》과《대명회전》에 기록되었다.

조선에서 이 사실을 안 것은 1394년 4월이었다. 그것도 명나라 사신 황영기가 해적활동을 한 해적들을 압송하라는 문서에 기록된 '고려배신이인임지사성계'(高麗陪臣李仁任之嗣成桂, 고려의 신하 이인임의 후손인 성계)를 통해서였다. 명나라에서는 이성계가 누구의 아들이든 상관없지만 조선에서는 종통에 관계된 일이라서 이를 바로잡지 않으면 안될 중요한 사안이었다. 이것이 조선과 명나라 사이에서 아킬레스건으로 작용하는 종계변무(宗系辨誣)다.

종계(宗系)는 종통의 계보, 변무(辨誣)는 거짓으로 인한 억울한 일에 대하여 사리를 따져 밝히는 일이므로 종계변무는 조선왕실의 잘못된 종통을 바로 잡는 중대한 현안이었다. 그래서 그해 6월 황영기가 명나라로 돌아가는 편에 이성계의 22대에 걸친 가계와 조선 건국의 정당성, 그리고 이인임의 전횡을 밝힌 변명주문(辨明奏文)을 보내 잘못된 기록을 바로 잡아주기를 원했다. 그러나 이 사안은 조선의 애간장을 태우며 무려 196년을 끌었다.

이 사안이 초기에 해결하지 못한 것은 정도전의 표전문(表箋文) 사건에도 기인한다. 표전문은 표문(表文)과 전문(箋文)의 합성어로서 표문은 황제에게 올리는 글, 전문은 황태자에게 올리는 글이다. 그런데 조선에서 왕의 고명과 인신을 청하기 위해 보낸 표전문이 불손하다며 트집을 잡았다. 정도전이 외이(外夷) 중에도 중원을 정복한 영웅이 많다며 요동정벌을 주장했기 때문이다. 이는 조선도 중원의 주인이 될 수 있다는 뜻이기에 정도전은 이름 그대로 명나라에 도전적인 존재였다. 그래서 명나라는 정도전을 보내라고 끈질기게 요구했으나 조선에서는 다른 중신을 번갈아 대신 보내는 술수를 쓰며 정도전을 보호했다. 그럴수록 주원장은 조선을 경계했고 이성계의 종통에 관한 잘못된 기록을 조선을 조종하는 키로 이용했다.

그 현안을 해결한 것은 강남 청담동 출신의 역관 홍순언이었다. 조선시대의 역관은 신분상으로는 낮았지만 국가로부터 일정량의 무역권을 부여받은 전문 외교관이었다. 조선왕조실록에 홍순언의 기록은 선조 5년(1572) 9월 11일조에서는 종계의 악명(惡名)을 변정하는 문안을 번역하는 직위였다. 그 후 12년이 지난 1584년 11월 1일조에는 상통사(上通事)로 신분이 바뀌고 1591년 2월 10일조에는 우림위장(羽林衛將)으로서 파직하라는 상소의 대상이 되었다. 그러나 다른 사람에 관계된 상소는 윤허하면서도 선조는 홍순언은 공신이자 가선대부라며 윤허하지 않았다. 이어 1591년 4월 12일에는 홍순언이 서얼 출신으로 남에게 천시당하니 체차(遞差)시키라는 상소에 선조는 우림위장은 서얼이라도 합당치 않을 것이 없어 체직할 필요가 없다고 반대한다. 이를 종합하면 홍순언은 서얼 출신의 역관으로서 가선대부에 오르고 우림위장이 되어 선조의 두터운 신임을 받았다는 것을 알 수 있다.

가선대부는 종이품 벼슬로서 부인에게는 정부인의 작호(爵號)를 내리는 당상관이다. 서얼 출신이 그렇게 높은 벼슬에 오르는 데는 그만한 이유가 있었다. 더구나 무장도 아닌 역관이 임금을 호위하는 금군(禁軍) 우림위의 장이 되었다는 것은 당시의 풍토로 보아 상소의 대상이 되기에 충분했는데도 선조는 그를 광국공신(光國功臣)에 당릉군이라는 군호까지 내렸다.

역관으로서 명나라에 갔던 홍순언은 북경에 다다르기 전 통주에서 어느 유곽에 들렀다. 공무를 띄었지만 나그네로서의 객기를 달래기 위함이었다. 그런데 소복한 여인이 은 천 냥에 자신을 사라며 울고 있었다. 무고하게(혹은 병으로, 이 본마다 기록이 다름) 죽은 아버지의 장례비용이 없어 그런다는 사연을 듣고 홍순언은 가지고 있던 공금을 털어 주며 유곽을 나왔다. 이름을 묻는 그녀에게 홍역관이라고만 하고 되돌아 나온 것이다. 귀국 후 그녀에게 주었던 공금을 변제하지 못해 홍순언은 감옥에 갇혔다. 그러던 중 1584년, 선조는 종계변무를 해결하지 못한 것은 역관들의 책임이 크다며 이번 주청사 파견에서도 해결하지 못하면 역관을 참수하겠노라고 역관들을 다그쳤다. 그러자 역관들은 돈을 모아 어차피 죽을 목숨인 홍순언의 공금을 변제해 주고 그를 주청사 황정욱의 일행에 합류시켰다. 그들이 한양을 떠난 것은 5월 3일이었다.

　북경에 도착한 홍순언에게 웬 여인이 큰 절을 했다. 유곽에서 아버지의 장례비를 도와주었던 그 여인이었다. 같이 있던 예부상서 석성도 홍순언을 환대했다. 이유를 알아보니 그 여인은 예부상서의 총희(寵姬)였다. 가장 어려웠던 시기에 통 큰 도움을 받은 그녀는 은인 홍순언을 잊을 수 없어 조선의 사신만 나타나면 홍역관에 대해서 물었다. 마침 홍역관이 온다는 소식을 듣고 남편과 함께 환영의 자리를 마련한 것이다. 그 여인과의 통 큰 인연이 조선의 역사를 바꾸는 데 결정적인 역할을 했다. 그렇게 애먹이던 종계변무가 예부의 일이었기에 총책임자였던 석성이 쉽게 해결해 준 것이다. 주청사들이 《대명회전》의 수정된 등본을 가지고 온 것은 6개월이 지난 11월 1일이었다. 그날의 실록에는 선조가 모화관까지 나가 환영했고 관원들을 특진시켰으며 종묘에 고하고 축하연을 벌일 만큼 기뻐한 사실이 자세히 기록되어 있다.

▼ 풍남문 호남제일성(사진 김한하 시인)

종계 및 악명 변무 주청사 황정욱과 서장관 한응인 등이 칙서를 받아가지고 돌아왔는데, 황제가 《회전(會典)》가운데 개정한 전문을 기록하여 보여주었다. 상이 모화관(慕華館)에 나아가 마중하고 종묘에 고한 뒤 하례를 받았다. 백관의 품계를 올려주고 특수한 사죄 이하의 죄인을 사면하였다. 정욱과 응인 및 상통사(上通事) 홍순언 등에게는 가자(加資)하고, 노비와 전택·잡물 등을 차등 있게 내렸다.

-선조실록 1584년 11월 1일

1589년에 성절사 윤근수가 개정된 대명회전 전질과 칙서를 받아옴으로써 근 200년에 걸친 종계변무 문제가 완전히 해결되었다. 그러나 그 기쁨도 잠시 이 번에는 임진왜란으로 인해 나라가 위기에 빠졌다. 명나라의 도움이 절실했다. 다시 홍순언이 명나라로 떠났다. 천운이었는지 석성은 병부상서로서 국방과 군사 동원의 총책임자였다. 중신들의 반대에도 불구하고 석성의 주장에 의해 명나라는 군사를 조선에 보냈다. 그 뒤 신종은 전쟁으로 인해 쇠퇴해진 국운의 책임을 석성에게 물어 옥사시켰는데 옥중 유언에 따라 장남 석담(石潭)은 어머니 류씨(柳氏)와 함께 조선의 해주로 이주해 해주석씨의 세거지를 이루었고, 차남 석천은 성주(星州)에서 성주석씨의 세거지를 이루었다.

한 역관의 통 큰 적선 행위가 나라의 운명을 바꾸고 석씨의 조국을 바꾸는 역할을 했다. 그 통 큰 행위가 이제는 한 번 통 크게 쓰라는 김정일의 말에 적용될 때가 아닌가 기대해 본다. 남북통일을 위해서라면 남이든 북이든 쌍방간에 모종의 통 큰 행위가 이루어져야 하지 않을까. 양치기 소년처럼 세계를 향해 술수를 부리는 북한의 간계는 이제 사라져야 할 때가 되었다. 세계인이 놀랄 만한 통 큰 행위는 부정적인 술수나 농간보다는 세계 평화를 위한다는 긍정적 차원의 행위로 나타나야 한다(이제 그 바톤은 김정은에게 넘어갔다).

◆ 찾아가는 길

전주객사 : 전주시 완산구 중앙동 3가 1
풍남문 : 전주시 완산구 전동 187-6
망모당 : 익산시 왕궁면 광암리 장암마을
객사와 풍남문은 전주시 남북관통로인 팔달로변에 있어 찾아가기 쉽다.

왕실 문화의 진수

—종묘

1960년대까지만 해도 우리나라 대부분의 가정에는 제청이 있었다. 경제적으로 어려웠던 시기인 만큼 사당을 따로 지을 수 없어서 대청이나 집안의 한 쪽에서 조상님께 제사를 올리기 위해 마련한 공간이었다. 재력이 있는 집에서 울안의 전망이 좋은 곳에 위패를 봉안한 사당에 비하면 초라하지만 조상님을 향한 정성은 다르지 않았다. 제사를 잘 지내야 조상님께 후손의 도리를 다 하는 것으로 알았고, 사당에 많은 자손이 몰려들어 제사를 지내는 것이 곧 그 집안의 위세를 대변했기 때문에 제사는 집안의 가장 중요한 행사였다. 그만큼 우리 민족은 대대로 예(禮)를 중시했다.

오늘날의 개념으로 '예'는 '예절' 정도로 생각해도 좋으나 유교사회에서의 예는 삶 자체였다. 모든 생활이 예로 통했고 예를 지켜야만 사람으로 인정받았다. 그래서 예를 어긴 사람에게는 법도를 어긴 것으로 간주하여 벌을 내렸다. 외사촌 정약용의 영향을 받아 천주교를 신봉한 윤지충(1759~1791)이 어머니가 돌아가시자 위패를 폐하고 제사를 지내지 않았다 하여 죽임을 당한 것이 그 좋은 예다. 제사가 끊기면 가정이나 국가나 망한 것으로 여겼다. 그래서 제사는 일반 서민은 말할 것 없고 왕실에서도 가장 소중한 행사로 봉행했다. 일반 가정은 지방과 가정에 따라 형식에 조금씩 차이가 있으나 국가적 차원에서 올리는 종묘의 제사는 철저한 격식과 절차에 의해 500여년을 지속해 왔고, 그 가치

▼종묘 정전

와 희소성 때문에 1995년 세계문화유산으로 등재되었다.

예의 바이블로 여기는 《예기》는 《주례(周禮)》 《의례(儀禮)》와 함께 '삼례'라 한다. 공자와 그의 제자 등 여러 현인들이 200여 편으로 정리한 것을 한나라 선제(宣帝)시대에 대덕(戴德)이 85편, 그의 조카 대성(戴聖)이 49편으로 요약 정리했는데 대덕을 《대대예기(大戴禮記)》, 대성을 《소대예기(小戴禮記)》로 구분한다. 《대대예기》는 40여 편밖에 전하지 않고 그 내용도 자세히 알 수 없어 오늘날의 《예기》는 《소대예기》를 일컫는다.

《예기》는 《의례(儀禮)》에 실린 관혼상제에 대하여 예법과 정치, 학문, 음악 등의 이론과 실제를 밝혀 놓았기 때문에 예를 숭상하는 나라에서는 이를 국법과도 같이 여겼다. 그 지침을 좇아 조선에서는 성종대에 《국조오례의(國朝五禮儀)》를 발간하여 국가적 전례의 기준을 완성했는데 길례(吉禮), 가례(嘉禮), 빈례(賓禮), 군례(軍禮), 흉례(凶禮)를 가리켜 '오례'라 한다. 그 구체적인 내용을 보면 국가의 대사(大祀), 중사(中祀), 소사(小祀) 등의 제사는 길례, 국상이나 국장은 흉례, 즉위 · 책봉 · 국혼 · 사연(賜宴) · 노부(鹵簿 : 임금이 나들이할 때에 갖추던 의장제도) 등은 가례, 출정(出征) 및 반사(班師 : 군사를 이끌고 돌아오는 행위)는 군례, 국빈을 맞이하고 보내는 것을 빈례라 했다. 그 중 길례의 제사를 그 무엇보다도 중요하게 여겼기 때문에 조상님을 모시는 데 정성을 다했다. 그 길례를 국가적으로 봉행한 곳이 종묘다. 1392년 조선을 개국한 이성계는 한양으로 천도하면서 경복궁보다 먼저 종묘를 건립하고 4대조의 위패를 봉안했다. 이 종묘제도는 고대 중국에서부터 비롯되었는데 《예기》의 기록에 의해 천자는 7묘(廟), 제후는 5묘(廟)제에 준하여 소목(昭穆)의 방법으로 배치했다. 소목법(昭穆法)은 남면(南面)한 시조의 신주를 중심으로 왼쪽(동쪽)에 세운 사당을 '소(昭)', 오른쪽(서쪽)에 세운 사당을 '목(穆)'이라 한 데서부터 비롯된 위패의 배열순서다. 태조 이후 4세손까지 소목법에 의해 위패를 배열한 예를 들면 다음과 같다.

	태조	
(西)		(東)
2세(1목)		1세(1소)
4세(2목)		3세(2소)

태조를 중심으로 왼쪽 첫줄이 아들 세대인 1소, 같은 라인의 오른쪽이 손자 세대인 1목, 그 아래 왼쪽이 3세손의 2소, 오른쪽이 4세손의 2목이다. 이 소목법은 5채의 신실을 갖춘 독립된 집에 신위를 모시기 때문에 동당동실제(同堂同室制)라 한다. 그러나 후한의 2대 황제 명제(明帝, 28~75)가 자신의 묘(廟)를 선황제 광무제의 묘에 함께 안치하라는 유언을 남기는 바람에 종묘제도에 큰 변화가 일어났다. 한 건물에 여러 석실(신실)을 마련하여 함께 안치하는 동당이실(同堂異室)로 바뀐 것이다. 더불어 위패의 서열도 서쪽이 상위인 서상제(西上制)로 바뀌었다. 한 건물에 신실을 따로 내어 안치하되 서쪽부터 나란히 배열하는 방법이다. 그 예는 다음과 같다.

(西) 태조 1실 태종 2실 세종 3실 세조 4실 성종 5실 중종 6실 선조 7실 (東)

조선 초기에는 동당이실에 소목제를 접목하기도 했다. 태조가 세운 종묘는 7칸에 석실이 5칸이었는데 세종 초기만 해도 태조를 중앙에 봉안하고 양쪽에 소목법으로 왼쪽부터 목조 도조 태조 익조 환조의 순서로 배열했던 기록이 이를 증명한다.

▲ 종묘

*종묘와 영녕전의 건립 및 증축 과정

순	연 도	종 묘			영 녕 전	
		정 전	익랑 및 기타	정전	좌우익랑(협실)	
1	태조4년(1395년)	7칸(신실5칸)	좌우 각2칸 칠사당			
2	태종9년(1409년)		가산증축. 동서행랑 공신당. 영내로 옮김			
3	세종			4칸	좌우협실 각1칸	
4	명종원년(1545년)	4칸증축(11칸)				
5	광해원년(1608년)	정전 11칸	좌우 각 2칸	4칸	좌우협실 각1칸	
6	현종2년(1668년)				좌우협실 각2칸	
7	영조2년(1726년)	4칸증축(15칸)			좌우월랑증축	
8	헌종2년(1834년)	4칸증축(19칸)			좌우협실각2칸	
총		19칸	좌우2칸 총 4칸	4칸	좌우각6칸 총12칸	

*주1) 영녕전의 증축은 1칸을 언제 증축했는지 밝혀지지 않아 통계에 오류가 있음
*주2) 영녕전의 정전은 태조의 4대조를 중앙에 봉안하여 좌우로만 증축하여 변함이 없음

　그 후 정종이 승하하자 세종은 종묘 옆에 정전 4칸, 좌우에 날개와 같은 익실 (翼室) 1칸씩을 더한 별실을 지어 추존 4대조와 정종의 위패를 이곳에 봉안했다. 앞으로 늘어날 석실을 예상하여 보완한 것인데 명칭은 '조종(祖宗)과 자손이 함께 길이 평안하라' 는 뜻을 담아 영녕전(永寧殿)이라 했다. 그렇게 영녕전까지 갖춘 종묘는 인종대까지 증축하지 않고 그대로 사용하다가 1545년 인종이 승하한 후 명종이 정전 4칸을 증축하여 신실을 11칸으로 늘렸다.

　조선 개국 후 정확히 200년은 평화의 시대였다. 정변이나 반정으로 피비린내 나는 권력다툼이 있었으나 외침이 없어 왕실의 문화도 고유성을 유지하며 발전해 갔다. 그러던 1592년의 임진왜란은 조선왕조를 풍비박산내고 말았다. 선조의 몽진으로 왕궁과 종묘가 불타 버린 것이다. 그래도 종묘를 지키기 위해 피난길에 오르면서도 종묘의 위패는 챙겼다. 그들이 다시 한양에 입성한 후 월산대군의 옛집(지금의 덕수궁)에 궁을 차리고 영의정을 지낸 심연원의 집에 임시 종묘를 열어 15년을 견디면서도 궁궐보다 먼저 종묘를 재건하기 위해 힘을 쏟았다. 그 후 여러 차례 논의를 거쳐 선조 41년(1608년)에야 착공했으나 광해군이 즉위한 후 정전 11칸을 비롯한 부속 건물을 명종대의 모습 그대로 완공했다.

▲ 종묘영녕전

어렵게 재건한 종묘는 현종 8년(1668년)에 영녕전의 협실을 증축하고, 영조 2
년(1726년)에 종묘 정전의 4칸, 헌종 2년(1834년)에 종묘의 정전 4칸, 영녕전의 협실
을 동서로 2칸씩 늘려 정전 19칸의 종묘를 완성했다. 더불어 영녕전은 정전 4
칸, 서쪽 협실 6칸, 동쪽 협실 6칸의 16칸을 완성하여 35칸의 신실을 갖춘 조선
고유의 신전을 갖추었다.

세월 따라 왕실이 번창하여 종묘를 증축하다 보니 다른 나라에서는 볼 수 없
는 독특한 양식의 신전이 나타났다. 조상을 제사지내는 건물인 만큼 화려하고
야단스럽지 않은 신실이 일직선으로 19칸이나 이어갔다. 그러다 보니 단순성
의 반복이 오히려 엄숙하고 장엄한 분위기를 연출하는 미학을 창조해냈다. 더
구나 직접 보았던 아버지와 할아버지, 그리고 그 선대의 조상을 섬기는 제전이
라서 서양의 신전처럼 위엄을 강요하지 않은 다정한 모습이다. 서양의 신전은
한 번도 보지 못한 신을 무소불위의 절대자로 나타내기 위하여 웅장하면서도
엄숙하게 장식하는 데 비하면 우리의 종묘는 초라할 만큼 소박하다.

그리스의 파르테논 신전을 비롯하여 유럽에서 만나는 도심 성당의 성직자
무덤, 중동의 모스크, 동남아의 불교사원의 탑 등이 신비감을 더해 화려하게
꾸민 것은 그들 나름대로의 문화다. 조선의 문화는 성리학을 반영하여 우리만
의 종묘를 탄생시켰다. 결국 서양의 신전은 친근감과 자애로움보다는 인간을

위압할 듯이 거대하다. 신을 두렵고 위대한 존재로 강조하여 신앙심을 유발케 하려는 건축적 기법이자 신의 존재를 깨닫게 하려는 의도이리라. 그에 비해 종묘는 보면 볼수록 인간적인 매력과 친근감이 묻어난다.

종묘제례악은 종묘와 영녕전의 제향에 사용하는 음악인데 1964년 12월에 중요무형문화재 제1호로 지정되었고, 종묘제례는 역대 왕과 왕비 및 추존 왕과 왕비의 신위를 모시는 종묘의 제향예절로 1975년 5월에 중요무형문화재 제56호로 지정되었다. 유네스코에서는 2001년 5월 18일 종묘제례악과 종묘제례를 '인류구전 및 무형유산 걸작'으로 선정하여 세계무형유산으로 등재했다. 이로 인해 1995년에 세계 문화유산으로 등재된 종묘와 함께 한국 왕실의 제례문화는 세계에 자랑할 만한 문화재와 문화로 자리잡았다.

종묘의 향사(享祀)는 음력으로 4맹삭(四孟朔) 즉, 1·4·7·10월과 납향일(臘享日) 즉 동지 후 셋째 술일(戌日) 등 모두 5회에 걸쳐 받들어 왔으나 광복 후에는 전주 이씨 대동종약원 주관으로 5월 첫 일요일에 한 번 지낸다.

부속건물

종묘에는 고려 31대 공민왕의 사당이 있어 눈길을 끈다. 이성계가 고려를 멸

▲ 종묘 역내의 공민왕 사당

▲ 종묘 정전 앞의 공신전

망시키고 조선을 건국했으나 원나라 세력을 몰아내고 북방을 회복한 공민왕의 업적을 기려 이곳에 그의 사당을 짓게 했다. 비록 자신의 손으로 몰아낸 고려의 왕실이지만 조선에서도 귀감으로 삼을 만한 임금이었기에 공민왕과 노국대장공주의 위패를 안치하여 봄, 가을로 제사를 지내게 했다.

더불어 종묘의 신문(神門)인 남문으로 들어가 오른쪽(동쪽)에 있는 건물은 창고나 행랑처럼 보이는데 이는 공신의 위패를 안치한 공신당(功臣堂)이다. 고려시대에는 공신당을 절에 세웠으나 조선에서는 종묘에 두어 그 공을 기렸다. 공신당은 역대 왕의 배향 공신 83신위를 안치한 16칸의 건물이다. 요즈음의 국립 현충원과 같은 곳이다. 전면 중앙부 3칸에 판문(板門)을 설치했고 나머지 칸의 아랫부분은 벽, 상부에 광창(光窓)을 내었다. 그 맞은 편 서쪽의 건물은 토속신앙이 가미된 칠사당(七祀堂)이다. 주변 건물로 특이한 것은 망묘루(望廟樓)다. 제실의 건물은 화려하지 않는 맞배지붕 형식을 취하는데 종묘 영내에서 유일하게 망묘루만 팔작지붕이다. 왕이 휴식을 취하는 건물이기 때문이다. 명칭은 제향시 왕이 종묘의 정전을 바라보며 선왕과 종묘사직을 생각한다는 뜻에서 붙인 것이다.

망묘루 옆에는 사각 연못이 있고 그 가운데 둥근 섬이 하나 있다. 천원지방을 반영한 것이다. 그런데 대부분 인조섬에는 소나무를 심는데 이곳에는 향나무가 우뚝 서 있다. 제사 공간이라서 곳곳에 향나무가 많은 것과 같은 이치다. 기타 부속 건물은 왕릉과 비슷하다.

이 도표로 보면 정전에 봉안한 왕의 위패는 성군이거나 정치력을 발휘한 왕이다. 그에 비해 영녕전에 봉안한 위패는 단명했거나 정치력을 발휘하지 못한 미미한 왕이다. 위패를 봉안한 추존왕의 실태는 다음과 같다.

*덕종-세조의 아들이자 성종의 아버지 도원군. 세자였을 때 20세로 죽어 추존. 능호는 경릉

*원종-선조의 제5남. 인조의 아버지 능호 장릉

*진종-영조의 장남 10세에 사망 효장세자. 능호는 파주의 영릉. 정조를 양자로 입양

정전의 및 영녕전의 위패 봉안 상황

정전		영녕전		
실	신위		실	신위
제1실	태조	서협실	제1실	정종
제2실	태종		제2실	문종
제3실	세종		제3실	단종
제4실	세조		제4실	덕종*
제5실	성종		제5실	예종
제6실	중종		제6실	인종
제7실	선조	정전	제1실	목조
제8실	인조		제2실	익조
제9실	효종		제3실	도조
제10실	현종		제4실	환조
제11실	숙종	동협실	제1실	명종
제12실	영조		제2실	원종*
제13실	정조		제3실	경종
제14실	순조		제4실	진종*
제15실	문조*		제5실	장조*
제16실	헌종		제6실	영친왕
제17실	철종	*표 추존왕		
제18실	고종			
제19실	순종			

*장조-영조의 차남 사도세자. 능호 융릉

*문조(익종)-순조의 아들, 헌종의 부. 능호 수릉

연산군과 광해군은 반정으로 쫓겨난 죄인이기 때문에 종묘나 영녕전에 위패를 안치하지 않았다.

┌ **찾아가는 길** ┐

종묘(세계문화유산) : 서울특별시 종로구 훈정동 1.
지하철 1호선 종로3가역 1번 출구. 5호선 종로3가역 5번 출구, 3호선 종로3가역, 5호선 5번 출구 이용.
버스 간선 100, 140, 143, 150, 160, 200, 201, 270, 300, 400, 705, 720.
지선 마을버스 종로12, 212, 1016 등 버스편이 아주 많아 편리함

뜬 돌로 사는 세상
—부석사

부석사 무량수전/ 부석사를 찾는 이유

뜬 돌 부석(浮石), 참 매력 있는 말이다. 인간은 너나 할 것 없이 하나의 돌이라는 등식에 부합하여 더 그렇다. 젊은 날 한 곳에 정착하지 못하고 여기 저기 기웃거리며 사는 인간, 역마살을 청산하고 붙박이로 나앉는 성숙한 인간, 그리고 자신의 존재론적 한계를 깨달아 신을 찾는 종교적 인간의 3단계 존재 양식을 뜬 돌에 대입하면 그런 인간상을 찾을 수 있는 곳이 부석사다.

일찍이 키에르케고르가 말한 향락과 쾌락을 추구하는 연애 단계의 '미적 실존', 양심과 시민의식을 되찾아 성실한 태도를 보이는 '윤리적 실존', 무기력한 자아를 발견하고 종교에 귀의하는 '종교적 실존'의 양상을 찾아볼 수 있는 곳이다. 종교의 현장에서 철학적 사유를 통해 나의 존재는 어떤 단계인지를 점검해 볼 수 있는 성찰의 장소라서 부석사는 많은 사람들이 즐겨 찾는다.

부석사를 좋아하는 또 하나의 이유는 엄숙해야 할 종교의 현장에서 가장 인간적인 사랑의 고뇌를 만날 수 있기 때문이다. 보다 큰 뜻을 깨치려고 당나라에 유학한 '종교적 실존' 단계의 의상대사와 아직 '미적 실존'의 단계에 머물러 있는 선묘낭자와의 사랑 이야기다.

속세의 인간과 탈속의 스님이 결코 이룰 수 없는 사랑에 고뇌하는 모습은 시대를 넘어 현대를 사는 우리 가슴에 아직도 절절하게 살아있다. 다행히 선묘낭자는 용이 되어 의상을 수호하고, 의상은 무사히 고국에 돌아와 화엄종을 설파하는 큰 스님이 되었기에 종교적으로 승화한 그들의 사랑이 그나마 마음을 훈훈하게 한다.

의상대사를 모신 조사당에 선묘낭자의 화상을 배치한 것이나 따로 선묘각을 지어 선묘낭자를 봉안한 것은 그들의 사랑을 아쉬워하는 답사객에게 큰 위안을 준다.

부석사의 경관

부석사는 오전보다는 오후에 찾아 답사하고 해질녘에 범종 소리를 들으며 하산하는 것이 아름답다. 스름스름 산그림자가 지기 시작할 무렵이면 산줄기를 물들여 오는 황혼은 인도 사람들이 극락세계를 서방정토라 한 이유를 알게 한다. 그 순간은 구구한 설명이 필요 없이 불교의 교리를 깨칠 수 있는 야외 강학(講學)의 현장이다. 순간의 깨침은 선종의 주된 수행법이지만 화엄종의 종찰인 부석사에서 선종적인 깨달음으로 자연경관에 매료되는 것은 또 하나의 매력이 아닐 수 없다.

부석사는 계절에 맞게 중생들이 옷을 갈아입듯 아름답게 변신한다. 그러나 부석사는 눈 내리는 날이 가장 아름답다. 소백의 영봉들이 손에 손을 맞잡고 뉘엿거리는 석양녘에 열어놓은 비경은 답사객을 신선의 세계에 옮겨 놓는다. 불자가 아닌 그 누구라도 서방정토의 평화가 이런 것인가 하는 착각에 빠지게 한다. 백의민족이 도열하여 봉화산 중턱을 향해 평화를 기구하며 합장하는 모습이 바로 부석사의 설경이다. 단풍이 고운 때도 아름답고, 신맛에 단맛을 물컹 쏟아내는 토종 사과, 국광이나 홍옥이 익어갈 무렵의 경관도 빼놓을 수 없는 절경이지만 혹 답사 중에 비를 만났다 해도 섭섭해 할 일은 아니다.

이는 남들이 경험할 수 없는 또 하나의 비경에 빠져 보는 일이기에 오히려 감

▼ 부석사 전경

▲ 부석사 석축 대석단

사해야 한다. 그 순간은 농담 짙은 수묵화 속 구름을 거니는 신선이기 때문이다.

일주문을 지나 당간지주에 이르기까지 탱자나무 울타리가 둘러쳐진 과수원은 어린 시절 고향의 추억에 빠지게 한다. 해묵은 사과나무들의 뭉퉁뭉퉁 밑둥에서 솟아오른 가지는 시골 여인네의 건강미 넘쳐나는 모습을 보는 느낌이다.

부석사에 오르는 길은 그렇게 무욕의 경지에 이르는 정신순화의 과정이다. 그러다가 잠깐 눈을 들면 주눅 들게 하는 대석단이 앞을 가로막는다. 조상의 지혜에 대한 수수께끼 같은 궁금증에 왜소해지는 자아를 본다. 화장실 앞에서 서쪽으로 길게 시선을 늘여 보면 사람이 쌓은 돌단인데도 자연스럽게 고색창연한 세월의 무게를 느낄 수 있는 곳이 부석사에 오르는 길이다.

부석사의 건축미

우리나라 건축물 중에서 가장 아름다운 것을 꼽으라 하면 나는 단연 영주 부석사의 무량수전을 꼽는다. 이는 수년 전 건축가와 건축사가들에 의해 한국 건축 베스트 10 중 부석사가 가장 많은 점수를 받았고, 최순우님을 비롯한 미술사학자들이 관심을 기울여 끝없이 연구하고 논문을 발표했기 때문만은 아니다. 지금은 우리나라 최고의 목조건물이라는 지위를 봉정사 극락전에 물려 줬지만 저자가 초등학교 시절에 배웠던 부석사 무량수전은 수덕사 대웅전과 더불어 우리나라 최고(最古)의 목조건물로 알고 있었기 때문에 일찍부터 보고 싶은 대상이었다. 그런 이유에서인지 부석사는 언제 찾아도 감동이 새롭다.

봉황산을 등에 업고 그리 넓지도 않은 터에 성과 같은 축대를 쌓아 요모조모 절집을 지어놓은 품새는 답사객까지도 품어 안으려는 기세다. 건물의 양식은 주심포 양식이면서도 지붕은 학이 막 날아오르려 날개를 펴는 팔작지붕이라서 대웅전은 더 아름답다. 좌우가 잘린 듯 막혀 버린 맞배지붕보다는 살아 움직이는 느낌을 주는 팔작지붕의 부드러움은 태백 등줄기가 소백산맥으로 방향을 틀어 힘차게 뻗어내는 기세까지도 안았다. 그래서 부석사는 좁고 가파른 땅에 자리하면서도 그 너른 산줄기를 앞마당으로 삼아 답사객을 무변광대한 서방세계에 안긴 듯한 착각에 빠지게 한다.

부석사에서 눈여겨볼 건축물은 무엇보다도 무량수전이다. 절을 대표하는 건물은 대웅전이거나 대웅보전, 또는 대적광전 등인데 수학 시간에나 들을 수 있는 무량수라는 말이 전각의 편액으로 나붙었으니 그 이름부터 이상하다. 더구나 대부분의 절은 정면 중앙에 주불을, 그 좌우에 협시보살을 배치하는데 무량수전에는 중앙의 왼편인 서쪽 벽에 아미타여래를 모셨다. 그것도 협시보살이 없는 독존으로 배치했다. 무량수전의 비밀은 바로 여기에 있다.

아미타불은 무한한 생명과 끝없는 지혜를 지녔다 하여 무한한 생명을 뜻하는 무량수불(無量壽佛), 혹은 무한한 지혜를 뜻하는 무량광불(無量光佛)이라고도 한다. 그래서 무한한 생명을 지닌 아미타여래를 모신 집이라 하여 무량수전(無量壽殿)이다. 아미타불이라고 하는 무량수불은 서방정토에서 모든 중생을 제도하기 때문에 중생들이 사는 동쪽을 향해 서쪽에 앉아 있는 것이다. 곧 우리가 사는 현세가 극락이라고 선포하며, 속세의 중생들을 모두 제도

▲ 선묘각의 선묘낭자

▲ 부석사 석등

하겠다는 의지로 열반에 드는 일이 없어 협시불도 없다. 그래서 무량수전 정면에는 열반을 상징하는 탑이 없고 빛을 발하는 석등이 있다.

부석사 경내의 건축물 중 범종각의 파격은 빠뜨릴 수 없는 묘미다. 단정한 한복 저고리에 미니스커트를 입고 버선발에 고무신을 신은 듯한 모습에 좀 엉뚱해 보이는 전각이다. 모든 건물은 정면에서 길고 측면에서 짧은 것이 통례인데 범종각은 정면이 3칸, 측면이 4칸으로 길게 놓여 있다. 그것도 올라가면서 보았을 때는 팔작지붕인데 올라가서 정면을 보면 맞배지붕이다. 앞뒤 꽁지가 맞배지붕과 팔작지붕이라는 언밸런스의 절충형이다. 이는 답사객이 들어서는 정면을 맞배지붕으로 딱 잘라버리면 앞이 막혀 답답한 느낌을 주고, 누각을 벗어날 때 팔작지붕으로 내려 누르면 이 또한 답답하게 할 것 같아 기발한 형식의 건축물을 만들어 놓은 것이 아닌가 한다.

부석사에 오르는 과정에서 가장 극적인 부분은 안양루에 들어설 때다. 안양루는 아래에서 들어서면 안양문이지만 문을 지나 뒤돌아보면 안양루다. 안양은 극락의 별칭이기 때문에 안양문은 곧 극락세계에 이르는 문이다. 오르면 오를수록 석등이 커지고, 그 석등 뒤로 웅장하게 서 있는 무량수전의 위용이 드러나 답사객의 목적지가 석등이 아님을 암시한다. 사각의 액자 속에 보이는 화사석 뒤로 공민왕 친필의 무량수전 편액이 홍건적 때문에 이곳까지 피난온 공민왕의 불안한 마음을 위무(慰撫)하듯 편안히 매달려 있다. 이곳이 바로 극락임을 알게 하는 상징이다.

부석사의 가람 배치

사찰의 가람 배치는 대부분 종심(從心)형의 공간구조를 이룬다. 즉 대웅전을 중심축으로 잡아 입구에서 안으로 들어갈수록 공간의 위계가 높아지는 구성법이다. 그래서 어느 사찰이든 제일 높은 곳에 금당을 배치하고 그 금당을 중심축으로 삼아 가람을 배치한다. 그러나 부석사는 종심형의 위계는 분명히 지키면서도 여기에서 벗어난 구도다. 정토사상의 3배 9품 왕생교리를 상징한다거나 화엄경의 10지관을 나타내는 단계적 신앙을 나타내고 있지만 일주문을 들어서 천왕문 범종각을 지나면 안양루에서 무량수전을 잇는 중심축이 30도 정도 꺾여 버린다. 이를 절선축이라 하는데 부석사에서 볼 수 있는 또 하나의 파격이다. 그러나 어색하기보다는 예술적으로 더 승화된 아름다움을 느끼게 한다. 풍수지리에 밝은 의상대사가 이곳을 택하여 개산(開山)한 이래 제자들이 오늘날의 모습을 갖추었으리라 생각하니 의상대사의 안목이 놀랍기만 하다.

부석사의 아픔

의상대사와 원효대사는 같은 불자로서 한 길을 걸었다. 그러나 그들이 가는

▲ 범종각, 좌우지붕 마감이 다르다

길에는 많은 차이가 있었다. 원효는 깨달음이 있어 당나라행을 포기했으나 의상은 굳이 위험한 당나라행을 감행하여 지엄에게 가르침을 받은 것이 차이점의 출발이다. 의상대사는 당나라에 유학하던 중 당나라가 신라를 치려는 계획을 알아내고 급히 귀국하여 화엄사상으로 호국불교의 터전을 다졌다. 이때부터 의상은 신라 왕실의 지원을 받아 화엄사상을 가르치며 화엄종의 조사(祖師)가 되었다.

그에 비해 원효는 기인(奇人)과 같은 생활로 왕실로부터 배척을 받으면서도 수많은 저서를 남겨 세계 불교계의 거목이 되었다. 더구나 하층 민중을 제도하고 요석공주와의 사랑으로 설총을 낳아 파계승과도 같은 길을 걷기도 했다. 의상대사는 화엄종을 발전시키고 많은 제자들을 키워냈지만 제자들이 화엄종을 떠나 9산 선문을 일으킨 선종의 선사가 되었다. 선종의 선사가 부석사에서 많이 배출되었다는 점은 의상의 아픔이자 부석사가 극복해야 할 한계였다.

그런 연유에서인지 부석사는 지금도 사세에 비해 머무는 스님이 많지 않아 언제 찾아도 고즈넉하다. 선묘의 사랑이 있고, 국보급 문화재가 많이 있는 부석사, 인간의 고뇌를 안고 찾아도 조사당과 선묘각 앞에서 인간적인 아픔을 승화시킨 사랑의 비법과 건축사적 의미 등을 깨달으면 부석사 답사의 목적은 그것으로 충분하다. 많은 사람들이 부석사를 찾는 이유는 건물의 유구한 역사보다는 그 내면에 지니고 있는 의상과 선묘의 이루지 못한 사랑과 화엄종찰을 디딤돌삼아 선종으로 떠난 제자들을 지켜보는 의상의 속내를 느껴 보고자 함이 아닐까.

무량수전의 멋

부석사에서만 보고 느낄 수 있는 멋과 맛 중에 대표적인 것을 소개하면 배흘림기둥과 귀솟음기법, 안쏠림기법, 팔작지붕에 주심포형식 등이다.

배흘림기둥은 기둥 밑부분의 1/3지점의 직경이 가장 두툼하고 위와 아래로 갈수록 직경이 줄어든다. 서양에서는 엔타시스라 하는데 그리스 로마의 신전 건물에서 쉽게 볼 수 있는 기법이다. 배흘림을 사용하는 이유는 기둥의 가운데 부분이 얇아 보이는 불안감을 없애고 시각적인 안정감을 주기 위함이다.

기둥에는 머리보다 뿌리의 직경을 크게 만들어 안정감을 주는 긴 사다리꼴 형식의 민흘림기둥과 기둥의 머리와 뿌리의 직경이 같은 직립기둥이 있다. 직립주는 궁궐과 사찰의 부속채와 살림집 등 크지 않은 건물에서 많이 사용했다.

　귀솟음기법은 무량수전의 기둥을 자세히 살펴보면 가운데 두 개가 가장 낮고 양쪽 밖 추녀쪽으로 갈수록 조금씩 높아진다. 즉 양쪽 귀가 솟았다 하여 귀솟음이라 한다. 귀솟음기법을 사용한 건물은 정면에서 바라볼 때 가운데가 낮고 양쪽 추녀쪽이 조금 높다.

　안쏠림기법은 기둥머리를 건물 안쪽으로 약간 비스듬히 기울여 주는 것으로 일명 오금법이라고도 한다. 이는 육안으로는 거의 확인할 수 없지만 기둥이 안으로 쏠렸다 하여 안쏠림이라 한다.

　주심포기법은 기둥 위의 꽃바구니 같은 장식 공포가 기둥 위에만 있는 것을 주심포라 하고 기둥 사이에 한두 개 정도 더 올리는 것을 다포라 한다. 무량수전은 공포가 기둥 위에만 있는 것이 아니라 기둥 사이 사이에 두 개씩 더 올려놓았다. 지붕의 무게를 분산하고자 하는 기법이며 주심포 건물보다는 다포식 건물이 더 화려하게 느껴지는 것도 그 공포 때문이다.

　주심포 건물의 지붕은 맞배지붕으로, 다포지붕은 팔작지붕을 얹는 것이 일반적인데 무량수전은 두 기법을 같이 적용했다. 이것이 건축사적인 가치를 배가시킨다. 주심포의 맞배지붕의 형식에서 다포의 팔작지붕으로 넘어가는 과도기적 건물이라는 점이다. 일반적으로 팔작지붕은 대웅전, 궁궐, 사대부 집과 같은 화려한 집에 사용하고 맞배지붕은 제사지내는 건물에 사용한다. 종묘나 사당의 건물이 맞배지붕인 이유가 그것이다.

▸ 찾아가는 길 ◂

부석사 : 경북 영주시 부석면 북지리 148.
풍기IC에서 931번 지방도로 이용. 소수서원을 지나 부석사가 있음.

조선의 상징
−경복궁

도읍지로서의 한양

1392년 조선을 개국한 이태조는 개경을 떠나야 했다. 고려를 멸망시킨 업보
가 있기에 자신의 정치적 입지를 펴기 위해서는 고려 유신들이 우글거리는 개
경을 떠나는 것이 무엇보다도 중요한 일이었다. 그래서 택한 곳이 한양이었다.
한양은 이미 삼국시대부터 전략적 요충지로서 중요성을 인정받았고 고려시대
에는 평양의 서경(西京)과 함께 남경(南京)이란 명칭으로 3경(京) 체제의 한 축을
이루고 있었다.

고려 초기에는 경주의 동경(東京)을 중시한 탓에 남경이 삼경에 들지도 못했
으나 거란족과 여진족의 침입이 잦고, 임금이 몽진하는 사태까지 벌어지자 동
경 대신 남경을 3경에 포함시켰다. 한양의 중요성은 숙종(肅宗, 1054년~1105년)대에
남경천도론이 대두되면서 힘을 받았다. 조선의 세조처럼 조카의 왕위를 찬탈
한 고려의 숙종은 11대 문종의 셋째 아들이자 12대 순종, 13대 선종의 친 동생

▼ 경복궁 근정문

▲ 경복궁 꽃담

이다. 그런데 선종이 11세의 병약한 조카에게 왕위를 물려주는 바람에 왕실과
척실의 대립을 야기했다. 그러자 당시에 42세였던 왕의 숙부 왕희는 척실을 숙
정하고 조카의 왕위를 찬탈했다. 고려 초기에는 2대 혜종, 3대 정종, 4대 광종
이 태조의 아들로 형제지간이며, 9대 덕종, 10대 정종, 11대 문종이 8대 현종의
아들로 역시 형제지간으로 형이 아우에게 양위하는 전례가 많았는데도 어린
조카에게 양위하여 사숙태후가 섭정하기에 이르렀다.

이자의를 중심으로 한 척실 인주 이(李)씨 일파를 제거하고 한바탕 난리를 겪
은 숙종으로서는 뭔가 새로운 돌파구가 필요했는데 풍수이론에 밝은 김위제가
도선국사의 풍수이론과 한양의 지리적 조건을 들어 남경으로의 천도를 주장했
다. 그의 주장은 한양이 한성백제의 도읍지였던 이후 나라의 도읍지로 정해야
한다는 최초의 주장이어서 의미가 크다.

김위제는 개경의 지기(地氣)가 다하여 도읍을 옮겨야 한다는 도선국사의 이론
을 원용하며 개국 후 160년이 되는 해에 남경으로 천도해야 한다고 주장했다.
그뿐만 아니라 삼경에 4개월씩 순환하여 머물며 나라를 다스리면 주변의 36개
국이 조공해 올 것이라며 숙종의 마음을 흔들었다. 3월에서 6월의 4개월은 남

경에서 머물고, 7월에서 10월의 4개월은 서경에서 머물며, 11월에서 이듬해 2월은 중경(中京), 즉 개성에서 머물러야 한다는 것이다.

1104년, 드디어 숙종은 한양에 궁궐을 짓게 하고 실질적으로 개경과 더불어 고려를 양궁체제로 운영했다. 그러다가 1308년 충렬왕대에 이르러서는 원나라의 간섭으로 삼경체제가 무너지고 남경은 한양부로 격하되어 관심에서 멀어지는 듯했으나 고려의 식자나 정치인들의 가슴에는 남경이 살아 있었다. 개경의 정치상황이 혼란스러우면 혼란스러울수록 남경에 대한 동경심도 더했다. 풍수지리적 조건을 완벽하게 갖춘 데다 국토의 중심에 자리한 지리적 특성이 고려 말기 내내 정치인들의 정신적 이상향으로 작용한 것이다.

그러던 1356년, 공민왕은 다시 3경 체제를 부활하고 한양부를 남경으로 승격시켜 궁궐을 보수하는 등 한양으로 천도할 계획을 세웠다. 이 계획은 이루어지지 않았지만 고려 왕실에게 남경은 어떤 위상이었는지를 반증한다. 국운이 쇠할수록 한양의 중요성은 배가되고 권신들과는 달리 왕실에서는 왕권을 회복하기 위한 곳으로 여기기도 했다. 그렇게 단행하고 싶던 한양 천도 계획은 결국 패망 10년 전인 1382년 9월에 우왕에 의해 이루어진다. 그러나 이듬해 2월에

▲ 경회루

다시 개경으로 환도했고, 1390년 9월에 공양왕이 한양으로 다시 시도했으나 이 역시 6개월 만에 개성으로 환도하는 우여곡절을 겪었다.

조선왕조의 한양

한반도에는 한 손으로 헤아릴 만큼 많지 않은 국가가 명멸(明滅)했다. 그러나 그 역사 속에서 서울은 위례, 남평양, 신주, 한산주, 양주, 한성, 한양, 경성 등 다양한 이름으로 불렀다. 그런데 한강을 끼고 있는 지리적 이유 때문에 '한(漢)' 자가 들어 있는 지명을 제일 오래 사용했다. 그 중 한양은 신라 경덕왕(757년) 때부터 사용했으니 역사성이나 정당성으로는 가장 앞선다. 그 오랜 역사성을 지닌 한양이 이상하게도 조선에 이르러서는 한성(漢城)으로 바뀌었다. 1395년 6월 6일에 태조 이성계가 한양부를 한성부로 바꾸었기 때문이다. 이로 인해 한양은 중국에서조차 한성이라 했으며 최근에 '우수하다', 또는 '으뜸'을 뜻하는 '소우얼[首爾]'로 사용하기를 홍보해도 중국인은 여전히 한성으로 부른다. '한(漢)'은 곧 그들의 한민족을 상징하기 때문에 은근히 예전의 종주국과 같은 자부심을 유지하려는 의도에서다.

근본적인 원인을 따지자면 경덕왕이 우리의 문물제도나 지명을 한자로 표기하는 바람에 고유의 뜻을 지닌 이름들이 사라져 우리의 자존심을 스스로 짓밟아 버린 결과를 빚은 데 원인이 있다. 중국인들이 자랑스럽게 여기는 한족(漢族)임을 내세워 한강의 한(漢)이나 한양의 한(漢)이 모두 자기네 나라의 속국임을 뜻하는 것이라고 주장하며 굳이 소우얼[首爾]이라는 명칭을 사용하지 않는 것은 동북공정과 다름없는 발상이다.

이성계가 한양으로 천도한 후 한성(중국발음은 한청)이라 하지 않고 차라리 한(漢)자를 떼어낸 위례라는 옛 지명을 살렸으면 더 좋았을 것이라는 생각에 아쉬움이 남는다. 물론 당시로서는 동아시아의 국제 질서에 황제의 나라 중국을 예우하는 것이 절대적이었지만 지금까지 사소한 지명에조차 후유증이 남아 있는 것을 보면 국가는 당대만을 위한 편협한 정치보다는 먼 훗날까지 내다볼 줄 아는 큰 틀의 정치가 필요하다는 것을 실감한다.

서울의 옛 이름은 '한성'보다는 '한양'이 더 잘 알려져 있고 아직도 시골 어

▲ 향원정

른들 중에는 한양으로 부르는 사람이 많다. 한성보다 더 오랜 한양의 역사에 애착심이 많아서만은 아니다. 이는 소설이나 유행가 가사에 '한양 천리' '한양 가신 임' 등으로 쓰여 그 말에 익숙해진 탓인 듯하다. 다만 지명에 사용되는 양(陽)과 성(城)의 위상에 주목할 필요가 있다. 일반적으로는 평양과 한양이 양(陽)을 사용하는 대표적인 지명이기에 양이 성보다 큰 고을처럼 느껴지지만 전국의 동, 면 단위 지명을 찾아보면 숫자상으로나 지역적으로 큰 차이가 없다. 굳이 한양을 한성으로 개명한 것은 새 도읍지로서 궁궐을 확장하고 성을 쌓아 새 나라의 위상에 맞는 계획도시로서 발전시키려는 의도에서였을 것이라는 짐작이 가능하다. 절대적인 것은 아니지만 우리나라의 지명은 주(州), 산(山), 천(川)의 기본 위상 아래 지리적 조건이나 자연 환경에 따라 다양하게 명칭을 사용한다.

경복궁과 창덕궁

이성계가 한양으로 천도한 후 경복궁에서 이복형제간의 싸움이라 하는 1차 왕자의 난(정도전의 난)이 일어났다. 1398년(태조7) 8월에 방원은 방석이 세자에 책봉되고 정도전이 실권을 잡아 사병을 혁파하려 하자 먼저 그들을 제거하고

실권을 장악했다. 한 순간의 잘못된 선택으로 피비린내 나는 꼴을 목격한 태조
는 인생무상을 느끼며 다음 달인 9월에 둘째 아들 방과(芳果)에게 선위했는데 왕
위에 오른 정종은 1399년 3월 7일, 경복궁을 떠나 개경으로 환도해 버렸다.

　1400년 1월의 개경, 이번에는 공신 책록에 불만을 품은 박포가 넷째 아들 방
간을 부추겨 2차 왕자의 난을 일으켰다. '박포의 난' 이라 하는 이 싸움에서도
방원이 승리하여 세제가 된 후 11월에 왕위에 올랐다. 태종 방원은 골육상쟁의
현장인 개경이 싫었다. 권력의 소용돌이에서 동복형제끼리 싸운 개경을 벗어
나고 싶었다. 그러나 한 번 천도했다가 다시 환도한 상황이라서 심한 반대에
부딪쳤다. 결정적인 기회를 노리던 방원은 1404년 10월 6일에 종묘에서 중신
들과 제를 올린 후 한양 천도를 밝혔다. 종묘에서 결정을 내리면 반대할 수 없
으리라는 속셈에서였다.

　"내가 송도에 있을 때 여러 번 수재와 한재의 이변이 있었으므로, 하교하여 구
언하였더니, 정승 조준 이하 신도로 환도하는 것이 마땅하다고 말한 자가 많았다.
그러나 신도도 또한 변고가 많았으므로, 도읍을 정하지 못하여 인심이 안정되지

▲ 수문장의 늠름한 모습

못하였다. 이제 종묘에 들어가 송도와 신도와 무악을 고하고, 그 길흉을 점쳐 길한 데 따라 도읍을 정하겠다. 도읍을 정한 뒤에는 비록 재변이 있더라도 이의가 있을 수 없다."

– 태종실록(1404년 10월 6일조)

점은 *척전(擲錢), 즉 동전을 던져 길흉을 결정하는 방법을 택했다. 종묘에서 척전은 불가하나 고려태조가 사용한 전례가 있어 태종도 이 방법을 택했다. 송도, 무악, 한양 세 곳을 놓고 완산부원군 이천우를 시켜 던진 동전은 모두 아홉 차례, 그 결과 송도와 무악은 각각 2흉(凶) 1길(吉)이었고, 한양이 2길(吉) 1흉(凶)이었다. 점괘가 한양이 길하다고 나온 것이다. 한양이 조선의 도읍지로 결정되기까지 태종은 5년여를 기다렸으며 최종적으로는 동전을 굴리는 점까지 동원해야 했다.

1405년 10월 19일 태종은 창덕궁을 완공하여 경복궁을 법궁(法宮)으로, 창덕궁을 이궁(異宮)으로 하는 2궁 체제를 유지했다. 궁궐은 연조, 치조, 외조의 3개 권역으로 나뉘는데 연조에는 왕과 왕비의 침실을 두고 왕족이 생활하는 거주

▲ 헐리기 전의 광화문

▲ 경복궁 뒤뜰 아미산의 굴뚝

공간으로서 궁궐의 제일 안쪽에 배치한다. 치조는 임금이 신하들과 함께 집무를 행하는 행정공간으로 정전과 편전이 있고, 외조는 관리들이 집무하는 궐내각사가 위치한 공간이다. 경복궁을 보면 광화문을 중심으로 외조, 치조, 연조의 순으로 배치했다. 그런데 태조 때 지은 경복궁은 390여 채의 전각 중 연조에 왕과 왕비의 침실인 강녕전을 중심으로 좌우에 연생전, 경성전 등 세 채만 배치했고 세자를 위한 공간도 제대로 마련하지 않았다. 그에 비해 편전과 신하들의 집무실인 궐내각사는 충분한 규모를 갖추어 철저히 유교적 이념에 의해 배치하고 전각의 이름에도 유교적 가치를 반영하였다. 대원군이 건축한 경복궁이 무려 800여 채의 전각이었던 것에 비하면 초라한 규모다. 여기에는 이성계와 공신들간의 관계가 나타나 있다.

한때 무반(武班)들에게는 같은 장군이었고, 문반(文班)들에게는 같이 국사를 논하던 막료였던 자가 왕위에 올랐으니 경복궁은 왕권을 중심으로 한 궁궐이 아니라 신권을 중심으로 한 궁궐로 지었다. 그래서 태종은 경복궁으로 입궁하지 않고 왕권을 중심으로 새로 지은 궁궐 창덕궁으로 입궁했다. 창덕궁의 구조가 정문부터 일직선에서 벗어나고 유교적 이념이나 풍수적 이론보다는 왕권을 중시한 구조로 전각을 배치했다. 더구나 경복궁은 정도전의 난 때 피를 흘린 곳이라서 주로 창덕궁에 머물렀다. 6년여를 비워둔 경복궁이 제대로 법궁의 체제를 갖춘 것은 세종 때의 일이다.

여기에서 엉뚱한 가설을 해 본다. 공민왕이 한양으로 천도하여 궁궐을 지었으면 어떤 규모에 어떤 구조를 이루었을까. 왕실의 정통성을 이어온 임금과 역성혁명으로 왕위에 오른 임금 사이에는 분명한 차이가 있다. 혁명 후에는 뜻을 같이 한 공신들의 입김이 절대적이기 때문이다.

요즈음 경복궁 복원에 온 국민들의 관심이 쏠려 있다. 조선 왕조시대의 궁궐을 복원하는 것이 오늘의 대한민국과 어떤 관련이 있기에 광화문의 현판에조차 그렇게 관심이 많은지 놀라운 일이다. 한때 의도적으로 조선의 왕족을 홀대했던 것과는 대조적이다. 1990년부터 2025년까지 단계적으로 복원계획을 발표하여 차근차근 진행해 오고 있는 중에 2010년 1월 문화재청은 경복궁 2차 정비사업으로 2011년부터 2030년까지 20년 동안 5,400억 원을 들여 연차적으로 복원한다고 발표했다. 경복궁 복원은 일제에 의해 말살된 우리 문화의 정체성을 살리고 민족적 자존을 세우려는 노력의 일환이다. 경복궁에 전각 한 채 더 세웠다 하여 우리의 삶이 윤택해지는 것은 아니지만 한때 일제에 단절되었던 민족의 정신을 살리려는 노력은 우리 모두의 몫이다. 잉카문명의 유적이나 그리스의 신전, 로마의 웅장한 석조유물과 캄보디아의 앙코르와트 등의 유물이 그 나라의 찬란했던 역사를 대변하는 것과 같은 이치다. 그 유적들로 인하여 후손들이 우리 문화에 대한 자부심과 자긍심을 느끼게 하는 작업이 곧 문화재 복원이다. 사적 제 117호인 경복궁은 우리에게 그런 곳이다. 한양이 도읍지로 정해진 후 경복궁의 건축과 수난의 과정은 바로 우리 민족이 겪은 시련과 수난의 역사인 것이다. 8월 광복절에는 아무리 땡볕이 따가워도 민족정기를 복원하는 현장에 들러 제 모습을 찾아가는 경복궁을 느껴보기 바란다.

> **▶ 찾아가는 길 ◀**
>
> 경복궁 : 서울특별시 종로구 세종로 1-1
> 지하철 3호선 경복궁역 5번 출구. 지하철 5호선 광화문역 2번 출구 이용.
> 버스는 지선과 간선 모두 각 지역에서 거의 연결되어 있음

정치인의 귀감 청백리를 생각하며

— 성안공 상진

조선시대 청백리

　조선의 청백리하면 대부분 황희 정승을 꼽는다. 69세에 영의정에 올라 무려 18년 동안 세종을 보필했으니 그것만으로도 명재상과 청백리의 대표적 인물로 꼽힐 만하다. 그와 더불어 비가 줄줄 새는 집안에서 우산을 펼쳐 들고 부인에게 '우산도 없는 집에서는 어떻게 견디겠소' 라고 말을 건네자 부인은 '우산 없는 집엔 다른 준비가 있답니다' 라고 했다는 류관의 이야기는 이 땅의 벼슬아치들이 어떻게 살아야 하는지를 단적으로 말해 준다. 정종실록에는 황희의 평가가 부정적이다. 한 인물을 두고도 조선왕조실록에서조차 평가를 달리한 기록이 보이는데도 전설과도 같은 이들의 이야기를 거부감 없이 받아들이는 것은 어떤 연유에서였을까.

▲ 성안공 상진의 신도비

조선 초기에는 개국의 혼란기라서 민심을 하나로 묶을 수 있는 정신적 덕목이 필요했다. 인간 생활의 기본적인 윤리로서 충과 효를 강조하는 것도 중요했지만 국민생활의 본보기가 될 만한 사람이 필요했다. 그런 필요에 의해 나타난 제도가 청백리의 선정이었다. 그것도 말단의 하위직에서 녹선하지 않고 황희와 맹사성, 류관과 같은 정승반열에서 선정하여 '윗물이 맑아야 아랫물도 맑다'는 교훈을 제시했다. 황희나 전설 같은 류관의 이야기가 조선을 대표하는 청백리로 꼽히는 것도 그 이유에서다.

청백리는 청렴과 결백의 합성어다. 청렴은 '성품과 행실이 높고 맑으며, 탐욕이 없음', 결백은 '행동이나 마음씨가 깨끗하고 조촐하여 아무런 허물이 없음'을 뜻하므로 청백리는 일단 탐욕과 허물이 없는 사람이라야 한다. 그래서 전제조건이 가난이었다. 그 가난을 강조하다 보니 집이 누추하고 장마철에는 비가 줄줄 새며 창고는 비어 있어야 한다. 그래서 당사자가 죽으면 장례비조차 없어 조정에서 물자는 보내주는 틀에 박힌 이야기다. 그러나 조선 후기에는 이황이나 유성룡같이 노비와 재산이 많은 관리도 청백리로 녹선되어 청빈보다는 인품과 업적에 치중하였다.

▲ 성안공 상진의 묘비

청백리는 살아 있을 때의 명칭이 아니라 죽은 관리에게 사용하는 명칭이다. 초창기에는 살아 있는 사람을 청백리라 했으나 명종 이후에 염근리(廉謹吏)로 바뀌었다. 살아있을 때 청백리라는 호칭이 부담스럽다는 이유에서였다.

그래서 살아있을 때에는 염근리, 죽은 후에는 청백리로 시호(諡號)처럼 사용한 명칭이다. 황희, 맹사성, 류관을 가리켜 세종조 삼청이라 하여 조선시대 관리들의 귀감으로 삼은 것은 그런 시대적 요구가 있었기 때문이었다. 그 전통은 순조까지 이어져 총 218명의 청백리가 녹선되었다. 각 시대마다 모범관리를 현창하여 문란해진 관청의 규율을 바로잡는 관기숙정(官紀肅正)의 기본으로 삼은 것이다.

성안공(成安公) 상진(尙震)

무예를 숭상한다는 상무(尙武)는 '상무대'와 같이 자주 사용하지만 문예를 숭상한다는 상문(尙文)은 그 쓰임새가 많지 않다. 그런데 그 서울에 상문을 교명으로 한 고등학교가 있다. 상문고등학교다. 상문고등학교는 1973년에 서울 서초구 방배동에 개교한 이래 많은 졸업생을 명문대학에 진학시켜 명문사립의 반열에 올랐다. 그 잘나가는 학교가 한때 청소년들에게 인기를 끌었던 영화 〈말죽거리 잔혹사〉와 〈두사부일체〉로 인해 더 유명해졌다. 두 영화 모두 이 학교에서 찍었는데 〈말죽거리 잔혹사〉에서는 '정문고등학교'로 〈두사부일체〉에서는 '상춘고등학교'로 등장하여 상문고등학교를 전국에 알렸고, 영화계에서도 알아주는 명문학교가 되었다.

상문학원은 바로 상진의 후손들이 교육을 통해 이 나라에 인재를 배출하고자 하는 뜻으로 학교를 세웠다. 그래서 교명을 상씨 문중을 나타내는 상(尙)자와 문(文)을 숭상한다는 문자를 사용하여 상문(尙文)이라 했다. 교명만으로도 상씨 문중과의 관련성이나 건학의 이념을 알 수 있는데 교문에 들어서면 우측 언덕에 성안공 상진의 무덤이 있다.

상씨는 천안의 목천(木川)을 관향으로 하며 상국진(尙國珍)을 시조로 모신다. 상국진은 목천 호장으로서 상왕산(尙王山)에서 웅거하면서 백제 재건운동에 앞장섰던 인물이다. 왕건은 이들을 복속한 후 '높다'는 뜻을 지닌 상씨 대신 짐승을 뜻하는 코끼리 상(象)자로 성씨를 바꿔 버렸다. 고창(안동의 옛 지명) 전투에서 견훤에게 고전하던 왕건이 세 호장의 도움을 받아 승리한 후 김행에게 안동권씨(權幸), 김선평에게 안동김씨, 장정필(원명 張吉)에게 안동장씨를 내린 후 개국공신으로 삼고 동쪽의 평안을 얻었다 하여 고창군을 안동부로 바꾼 것과는 대조적이다. 상국진은 백제의 영웅이었으나 고려에게는 적군이었으니 후손들이 자유로울 수는 없었다. 그러나 다행히 그의 아들 상득유가 문종 때 최충의 신임을 받은 후 본래의 성씨인 상(尙)씨를 되찾았고, 벼슬에 오른 손자 상원이 임천(林川)에 세거하여 집성촌을 이루었다.

성안공 상진(1493~1564)은 바로 그 목천상씨의 가문을 빛낸 대표적인 인물로 명종 때의 명재상이다. 상진의 무덤이나 그의 신도비가 일반인에게 잘 알려지지는 않았으나 1984년에 서울특별시 유형문화재 60호로 지정된 신도비는 문화재로서의 가치가 높은 유물이다.

성안공은 충남 부여에서 태어났다. 5세에 어머니, 8세 때 아버지가 돌아가시자 중종반정에 공을 세워 하산군(夏山君)에 봉해진 매부 성몽정의 집에서 자랐다. 17세에 개산부수(介山副守)의 딸과 결혼했는데 부수는 종실의 종4품이니 왕실과 인척을 맺은 것이다. 참고로 임금의 정실 후손은 4대 후손까지, 비빈의 후손은 3대 후손까지 종실로 대접받아 호칭에 군 또는 수를 사용한다. 수(守)는 종실에 내린 품계 중 4품에 해당하므로 '청산리 벽계수야'의 벽계수는 벽계라는 호를 쓰는 종실의 정4품 인물을 지칭하는 말이다. 통계청의 인구분포도에 의하면 목천상씨는 2,293명으로 333개 성씨 중 312위의 희성이다.

성안공 상진은 27세에 과거에 급제한 후 72세로 세상을 떠나기 전 71세까지 나라의 중책을 맡았다. 특히 57세에 우의정에 올라 2년, 이어 좌의정으로 7년, 영의정으로 7년을 봉직했으니 재상으로 봉직한 것만도 16년이다. 황희 정승은 69세에 영의정에 올라 87세까지 내리 18년을 영의정으로 봉직했으나 재상으로서 청백리에 오른 18명 중 아직까지도 이론이 많다. 박용의 아내로부터 말을 뇌물로 받고 사직을 청한 일이나 박포의 아내와 얽힌 불상사, 그리고 파주 교하로 귀양살이를 갔다가 멀리 남원으로 이배되었던 일 등 허물이 많았던 그가 과연 청백리며 명재상이었겠느냐는 반론이다.

그에 비해 상진은 71세에 정치 일선에서 물러난 후 이듬해에 돌아가시자 성안이란 시호를 내리고 조정에서 3일간 정사를 철폐할 만큼 존경받는 인물이었다. 명종실록 19년 윤2월 24일조의 상진 졸기(卒記)를 보면 그의 인물됨이 잘 나

타난다. 특히 그의 유언에는 문학과 음악을 즐긴 유유자적한 삶과 청빈한 마음
이 나타난다.

　"상진이 임종 때 자제들에게 말하되 내가 죽거든 비를 세우지 말고 다만 단갈
　(短碣)에 '공은 늦게 거문고를 배워 항상, 감군은 한 곡만 탔을 따름이다' 라고 새
　겨라."

　묘갈(墓碣)은 묘비와 같이 사용하는 말이지만 원래는 비석보다 격이 떨어진
다. 비는 지붕모양의 머릿돌을 얹은 것을 말하고 갈은 지붕돌이 없이 윗부분을
둥그스름하게 만든 작은 비석을 말한다. 그런데도 성안공은 작은 갈에 간단한
비문을 새기라 했으니 그의 청빈한 마음은 여기서도 빛난다. 그러나 상진의 무
덤 북쪽 아래에 있는 신도비는 격이 높다. 비몸[碑身]은 거대한 대리석이며 지
붕돌[屋蓋石]과 좌대석은 화강암이다. 받침돌은 땅에 주추처럼 깔아놓은 지대
석과 분리되어 있으며, 네 면을 빙 둘러 호랑이문양과 꽃문양을 새겨 놓았다.
비갈이 아니라 비석이다. 어찌 보면 후손들이 유언을 어겼다.

▲ 성안공 상진 부부의 묘

▲ 비각을 세우기 전의 신도비(사진, 문화재청)

신도비는 대개 무덤 남동쪽에 남향으로 세운다. 상진의 신도비는 무덤 가까운 북쪽 하단에 세워져 있으니 원래의 위치가 아니다. 신도는 곧 죽은 자의 무덤길이므로 신령의 길이라는 뜻이니, 신도비는 곧 죽은 자의 무덤길에 세운 비석이다. 이 주변을 지나갈 때는 몸가짐을 바로 하라는 의미를 나타내기도 한다. 2품 이상의 관직에 있던 사람의 무덤에 왕명에 의해 세우지만 왕릉에는 신도비를 세우지 않는다. 인품이나 업적이 훌륭하면 신도비에 관여한 사람도 유명인사다. 상진의 신도비문은 선조 때에 영의정을 세 번이나 역임한 문장가 홍섬이 짓고 글씨는 중종의 부마로서 명필로 유명한 송인이 썼으며, 두전(頭篆, 篆額이라고도 함)은 함경북도 병마절도사를 지낸 이제신이 썼다.

조선 전기 문학에 창업을 칭송하고 선대왕의 위업과 임금의 만수를 기원하는 문학의 한 형태가 있었다. 임금의 은덕을 칭송하는 것이 주류를 이루어 후대에는 소멸된 귀족문학으로서의 악장이다. 그 중 상진의 유언에 나타난〈감군은〉은 악장가사에 실려 있는 악장인데 하륜이 지었다는 이론이 있었으나 명종실록에 의해 상진의 작품으로 인정한다. 대학수능시험의 언어영역에도 가끔 출제되는〈감군은〉은 작품의 예술성보다는 임금의 은덕을 송축하는 교술적 장르다. 성안공의 문학은〈면앙정가〉의 송순과 맹사성의 영향을 받았고 후대의 신흠(1566~1628)이나 조존성(1554~1628)의 문학에 영향을 끼쳤다. 그래서 이들의 문학에는 공통적으로 '―도 亦君恩이샷다'라는 구절과 고려가요처럼 후렴구를 반복하여 문학적 특성을 살리지는 못했다.

사해 바다의 깊이는 닻줄로 잴 수 있겠지만

임금님의 은덕은 어떤 줄로 잴 수 있겠습니까?

끝없는 복을 누리시며 만수무강하십시오. ⎫

끝없는 복을 누리시며 만수무강하십시오. ⎬ (후렴)

밝은 달빛 아래에서 낚싯대를 드리우며 지내는 것도 역시 임금님의 은혜입니다.

태산이 높다고 하지만 하늘의 해에 미치지 못하듯이

임금님의 높으신 은덕은 그 하늘과 같이 높으십니다.

(후렴구 생략)

밝은 달빛 아래에서 낚싯대를 드리우며 지내는 것도 역시 임금님의 은혜입니다.

아무리 넓은 바다라고 할지라도 배를 타면 건널 수 있겠지만

임금님의 넓으신 은택은 한평생을 다한들 갚을 수 있겠습니까?

(후렴구 생략)

밝은 달빛 아래에서 낚싯대를 드리우며 지내는 것도 역시 임금님의 은혜입니다.

일편단심뿐이라는 것을 하늘이시여 아소서.

백골이 가루가 된다 한들 단심이야 변할 수 있겠습니까?

(후렴구 생략)

밝은 달빛 아래에서 낚싯대를 드리우며 지내는 것도 역시 임금님의 은혜입니다.

―악장가사에 실려 있는 상진의 〈감군은〉

이 몸이 칩지 아니해옴도 亦君恩이샷다. ―맹사성의 〈강호사시가〉 중에서

이 몸이 이렁굼도 亦君恩이샷다. ―송순의 〈면앙정가〉 중에서

백 년을 이리 지냄도 亦君恩이샷다. ―신흠의 시조에서

무어라 聖世躬耕(성세궁경)도 亦君恩이샷다. ―조존성의 시조에서

위 글을 보면 〈감군은〉은 개인 창작물이라기보다는 공동 합작과 같은 성격

이 짙다. 그래서 개인적인 감정을 노래한 문학이라기보다는 국가적이며 공동의 가치를 추구하는 유교적 문학이었음을 반증한다. 그러나 당시의 가치로서는 훌륭한 문학이었고 사대부들의 생활상을 엿보게 하는 자료이기에 문학성을 논할 필요는 없다. 신도비를 보며 정치인이자 학자로서 충실했던 성안공의 일생을 살펴보는 데 의의가 있는 것이다.

廉者 牧之本務 萬善之源 諸德之根 不廉而能牧者 未之有也
염자 목지본무 만선지원 제덕지근 불렴이능목자 미지유야

다산의《목민심서》〈청심〉편에 나오는 글이다. '청렴은 목민관의 기본 임무로, 모든 선의 근원이고, 덕의 근본이므로 청렴하지 않고서는 목민관 노릇을 할 수 없다'는 뜻이다. 요즈음 많은 국민들이 정치에 초미의 관심을 기울이면서도 정치에 염증을 느끼는 것은 바르지 못한 몇몇 정치인의 정치행위 때문이다.

한 사람의 그릇된 행위는 그렇게 부메랑이 되어 국민의 불신을 자아낸다. 청문회에 올랐다가 엉뚱한 사생활만 드러내고 낙마하는 경우를 보면서 조선시대 청백리를 그려 본다. 이 시대에 성안공과 같은 청백리가 주는 가르침은 무엇인지를 깨달았으면 좋겠다.

⋅ 찾아가는 길 ⋅

서울고등학교 후문의 명당길 사거리에서 우면산쪽으로 백여m만 올라가면 상문고등학교 정문이 있다. 정문 안 오른쪽 10여m 언덕에 성안공의 무덤과 신도비가 있다. 방배역에 있는 효령대군 묘와 가까운 거리에 있으므로 우면산 등산길에 한 번쯤 찾아보기를 권한다.
지하철 2호선 방배역 1번 출구. 걸어서 7분이면 족하다.

사랑, 그 평등한 본능 앞에서
― 홍랑과 최경창

성리학자들의 사랑

영남지방에는 퇴계 이황과 남명 조식, 여헌 장현광을 중심으로 한 영남학파가 있다면 기호지방에는 율곡 이이, 우계 성혼을 중심으로 한 기호학파가 있다. 지역적으로 경상도를 아우르는 범위가 정확하여 영남학파는 정치적 결속력이 강했다. 그러나 기호학파는 경기도와 호서지방, 해서지방 등 넓은 지역을 아울러 지역적 결속력은 약했고, 개경에서 활동한 서경덕을 북인으로 분류하기 때문에 기호학파를 기호지방으로 한정하는 데는 한계가 있다. 그런 문제점에도 불구하고 역사적으로는 영남학파가 동쪽에 위치하여 동인이라 한 것에 대하여 서쪽에 위치한 기호학파를 서인이라 한다. 서인은 인조반정 이후 정국을 주도하면서 세력을 확장하고 송시열에 이르러서는 회덕을 중심으로 한 충청도 지역 인사들이 정권의 중심세력을 이루며 이념을 달리하는 반대파를 압

▲ 홍랑묘. 바로 뒤가 최경창 부부의 합장묘.

박하며 심지어는 죽이기까지 했다.

정치적으로나 학문적으로 첨예하게 대립하면서 권력 유지를 위해 싸우던 유학자들을 세인들은 고집불통으로 치부하는 경향이 짙다. 그래서 그들에게 인간적인 면이 있을까 하고 의문을 가질 때가 많다.

퇴계는 단양군수 시절 기생 두향과의 애절한 사랑은 물론 홀로 된 자부를 사랑한 시아버지로서의 자상함을 보였다. 서경덕은 황진이와의 도학자적인 사랑으로 세인의 가슴에 메아리로 울렸고, 이율곡은 동기(童妓) 유지와의 사랑으로 여인들의 가슴에 아쉬운 여운을 남겼다. 머리를 올려주기를 기다리던 유지에게 율곡은 밤새워 이야기만 나누며 넘을 수 없는 사랑의 한계를 시로 대변했다. 그래도 유지는 율곡의 묘에서 시묘살이를 한 후 머리를 깎았다. 그 외에도 정철과 강아의 솔직한 사랑, 허균과 매창의 고결한 사랑, 김이양과 부용의 나이를 초월한 사랑, 윤관 장군과 융단의 비극적 사랑 등 신분고하를 막론하고 사랑은 누구에게나 평등한 통과의례라는 것을 보여 주었다.

▲ 홍랑 시인 묘비

그 사랑을 총체적으로 확인할 수 있는 곳이 파주다. 저자가 '파주의 사랑'이라고 지칭한 그 사랑은 이율곡과 윤관 장군의 사랑이 묻혀 있기도 하지만 누구보다도 적극적이고 열렬했던 홍랑과 최경창의 사랑이 묻혀있기 때문이다.

파주의 사랑

파주의 3얼이라 칭하는 황희, 이이, 윤관을 비롯하여 성혼, 백인걸, 최경창 등은 이 지역을 대표하는 학자요 정치가들이다. 대원군의 서원 철폐에도 살아남은 파산서원과 서인의 학문적 구심체 역할을 한 자운서원이 아직도 이곳의 성리학을 대변한다. 그곳에는 고상하면서도 육감적이며 내숭을 떨지 않는 솔직담백한 사랑이 있다. 시대를 초월한 감동으로 사랑이 무엇인지를 알려주는 순수한 사랑이다.

성리학의 이념으로 살던 조선시대 대학자들의 영정을 보면 꼿꼿하고 눈매가 날카로워 범접하기 어려운 모습이다. 엄한 격식을 중시하며 살았으리라는 추측에 인간적인 사랑은 감히 상상하기 어렵다는 느낌마저 들게 한다. 그러나 흐물거리는 진흙덩이는 한 줌의 흙을 퍼내도 그 모습으로 되돌아가지만 견고해 보이는 돌담은 중간의 돌 하나만 빼내면 쉽게 허물어져 버리는 것처럼 깐깐한 양반일수록 의외로 돌담같이 쉽게 무너지는 속성이 있다. 그들에게도 인간적인 감성과 인정이 있기 때문이다. 형식을 중시하는 틀 속에서 살아도 체면이라는 허울만 걷어내면 오늘을 사는 우리나 다름없다는 것을 보여준다. 파주에는 그 형식을 걷어낸 아름다운 사랑이 잠들어 있다. 저자가 파주 답사를 안내할 때면 반드시 버스 속에서 율곡이 남긴 연시(戀詩)를 감상하고 그의 인간적인 면모를 살펴 본 후에 현장을 답사한다. 그럴 때마다 훌륭한 사람을 통해 사랑의 본능을 확인한 만족감에서 답사의 눈초리가 더 진지해지는 것을 목도하곤 한다.

세 번의 만남, 그 사랑의 힘

고등학교 시절 폴란드의 소설가 「시엔키에비치」(Sienkiewicz, 1846~1916) 쓴 《쿠오바디스》를 읽고 나는 어려움 속에서도 아름답게 피어나는 사랑을 확인한 적이 있었다. 1896년에 발표한 이 소설은 1세기 로마시대에 박해받던 기독교인들을 소재로 쓴 역사적 대하소설이다. '네로시대의 이야기' 라는 부제가 말해 주듯 네로의 폭정 속에서 귀족 청년 비니키우스와 기독교를 믿는 소녀 리기아의 사랑을 흥미진진하게 다루었다. 이 소설은 암울한 시대의 폴란드 백성들에게 정의와 진리는 반드시 승리한다는 것을 보여주며 용기와 희망을 안겨준 공로를 인정받아 1905년에 노벨문학상을 수상하였다.

그 책을 읽고 난 후 남자로서 한 여성을 사랑하려면 적어도 비니키우스(남자주인공)와 같이 사랑해야 하고, 한 여성으로부터 사랑을 받으려면 적어도 리기아

(여자 주인공)와 같은 사랑을 받아야만 사랑다운 사랑이라고 정의를 내렸었다. 더불어 〈로미오와 줄리엣〉을 능가하는 사랑이 또 있었음을 알게 했다.

그러던 어느 날 교과서에 실린 홍랑의 시를 공부하면서 우리에게도 그에 못지않은 아름다운 사랑이 있음을 확인하고 가슴 뿌듯했던 기억이 새롭다. 그 당시에 우리나라의 사랑이야기로는 〈춘향전〉이 제일이었고 황진이와 서경덕의 이야기가 흥미를 끄는 정도였기에 홍랑의 시에 담긴 최경창과의 숨은 이야기는 우리에게도 서양의 문학을 충분히 능가하는 문학이라는 자부심을 갖게 했다. 까까머리 시절에 우리 문학의 소재나 실제적 이야기에 자부심을 느끼게 했던 그 이야기를 파주 해주최씨 묘역에 묻혀 있는 홍랑을 통해 다시 확인한다.

춘향전의 성춘향과 이도령이 실존인물이었느냐에 대하여 한동안 거듭되던 논란은 연세대학교 설성경 교수에 의해 실존인물로 밝혀졌다. 그러나 춘향전의 이야기가 아직 사실로 밝혀지기 전, 남원시에서는 지리산 입구에 성춘향의 묘(墓)까지 만들어 소설의 허구성을 극복하려는 노력을 보이기도 했다. 소설의 주인공이 실존인물이냐 아니냐의 차이는 독자가 책을 읽는 태도는 물론 작품으로부터 받는 감동도 다르다.

작가의 상상에서 태어나는 허구의 인물과 실제적 인물들이 전개하는 이야기는 역사적 사실성과 관련이 있기 때문에 소설의 장르에서도 차이가 난다. 그로 인해 관련 지방자치단체에서는 테마공원을 조성하여 관광객을 불러 모으기 위해 어떻게든 인물의 실존성을 밝히려 애를 쓴다.

로미오와 줄리엣이 집안끼리의 갈등이라면 춘향전이나 홍랑의 사랑은 신분을 초월하려는 계층간의 갈등이다. 가정에서 비롯된 갈등과 사회에서 비롯된 갈등은 갈등의 범위와 구조가 비교할 수 없을 만큼 다르다. 그래서 춘향전이 로미오와 줄리엣보다 더 극적이고 반전의 효과가 크다. 이들의 이야기를 당사자들이 주고 받은 시 몇 편으로 남기기보다는 서사문학으로 살려낸다면 〈쿠오바디스〉나 〈로미오와 줄리엣〉을 능가하는 감동을 주기에 충분하다.

2003년 4월에 예술의 전당 토월극장에서 가무악 〈홍랑, 그 애달픈 사랑〉을 공연한 적이 있었다. 아쉬움이라면 그 가무악의 대본을 살려 애잔하면서도 강렬한 사랑을 일반 대중이 쉽게 접할 수 있는 영화나 장편소설로 발전시켰더라면 그 효과는 더 크지 않았을까 하는 점이다.

평생에 단 세 번의 만남으로 완전하고 영원한 사랑을 이루었던 고죽 최경창과 관기(官妓) 홍랑의 사랑. 그들의 첫 번째 만남은 최경창이 경성 북평사에 임명되어 부임지로 가는 도중 홍원에 머물렀을 때였다. 시문(詩文)을 잘 아는 홍랑은 이미 조선시대 3당 시인으로 유명한 최경창의 문명(文名)과 그의 시를 알고 있던 터라 금세 가까워졌

▲ 홍랑가비 앞

다. 평소 존경하는 시인을 만났으니 시인과 팬이 만난 셈이다. 당시는 신분을 초월한 사랑을 허용하지 않는 사회였기 때문에 사대부 출신의 고죽이 기생을 사랑한다는 것은 쉬운 일이 아니었다. 그러나 이미 문학(文學)이 맺어준 사랑을 막을 수는 없었다. 사랑은 몸보다 마음이 먼저였다. 육신보다 먼저 시를 통해 정신적인 사랑으로 흠모했던 홍랑은 경성으로 떠난 고죽을 찾아가 뜨거운 사랑을 나누었다. 이것이 그들의 두 번째 만남이었다. 북쪽 변방에서 사랑에 빠진 고죽을 당쟁사회는 방관하지 않고 한양으로 불러들였다. 그 때 홍랑은 한양으로 떠나는 고죽을 쌍성까지 따라가 이별의 시를 남겼다.

묏버들 갈혀 것거 보내노라 님의 손대
자시는 창 밖에 심거 두고 보소서
밤비에 새닙 곳 나거든 날인가도 여기소서

그렇게 쌍성에서 이별하고 3년이 지난 후 고죽은 병석에 있었다. 이 소식을 들은 홍랑은 7일 밤낮을 걸어 한양의 고죽에게 찾아와 정성껏 병구완을 했다. 세 번째 만남이었다. 그러나 그 때는 인순왕후의 상중이었고 양계(兩界)의 금(함

경도와 평안도 사람은 도성에 입성하지 못하는 제도) 조항을 어긴 결과가 되어 고죽은 면직
되고 말았다. 이에 홍랑은 다시 홍원으로 돌아갈 수밖에 없었는데 고죽은 홍랑
이 했던 것처럼 시 한 수를 남긴다.

> 말없이 마주보며 유란을 주노라
> 오늘 하늘 끝으로 떠나고 나면 언제 돌아오랴
> 함관령의 옛 노래를 부르지 말라
> 지금까지도 비구름에 청산이 어둡나니

　고죽은 이 시를 통해 둘 사이의 이별을 비구름에 청산이 어두운 상황으로 비
유하고 다시는 만나지 못할 것을 예견했다. 자기의 운명을 예감했는지 종성부
사로 부임한 지 1년 후 고죽은 반대당의 상소로 인해 한양으로 돌아오다가 45
세의 젊은 나이로 객사하고 말았다. 홍랑은 상여를 따라 상경한 후 고죽이 파
주 월롱에 묻히자 묘막을 짓고 무려 9년이나 시묘살이를 했다. 더구나 시묘살
이 중에 남자들이 귀찮게 하자 그들을 멀리 하기 위해 스스로 얼굴을 인두로
흉하게 하며 고죽을 향한 사랑을 지켰다.

▲ 고죽시비 뒤

　기생이 사대부를 사랑하여 열녀
와 같은 정성을 다한 예는 김이양
을 사랑한 부용에게서도 찾을 수
있다. 그러나 홍랑은 그 어느 경우
에서도 찾을 수 없는 문화의식이
있었기에 더 빛을 발한다. 그녀는
고죽의 시문을 정리하여 보관하고
있다가 전란이 일어나자 그 시문
들을 몸에 지니고 홍원 등지에서
난을 피하여 온전하게 보전했다.
오늘날까지 고죽의 유작이 고스란
히 남을 수 있었던 것은 바로 그녀

의 정성이 있었기에 가능했다. 이에 감복한 후손들은 홍랑을 최경창 부부의 합장묘 바로 앞에 안치했다. 기생이 사대부 집안의 선산에 의젓이 묻혀 깍듯이 할머니 대접을 받고 있는 것이다.

이 묘는 원래 월롱에 있던 것을 1969년에 이곳으로 이장했는데 묘역에 가면 왼쪽에 해주최씨선세제위이장비(海州崔氏先世帝位移葬碑)를 세워 그 묘역의 내력을 기록해 놓았다. 홍랑의 묘 앞에는 시인홍랑지묘(詩人洪娘之墓)라고 새긴 비를 세워 영원히 죽지 않는 시인으로 예우하고 있는 점이 눈에 띈다. 가람 이병기 박사가 위창 오세창이 소장하고 있던 최경창과 홍랑의 연시(戀詩) 원본을 발굴하여 그의 《국문학 전사》에 발표한 이후 고등학교 교과서에 실릴 만큼 그 작품성도 인정을 받았으니 당연한 일이다.

이 묘역에서 특이한 것은 탑처럼 서 있는 고죽시비(孤竹詩碑), 홍랑가비(洪娘歌碑)다. 본부인의 시기와 질투라도 감내해야 할 아름다운 사랑의 표적이기에 답사객은 여인의 투정쯤은 차치하고 그 비의 앞뒤를 오가며 시를 읽는다. 앞에서 보면 홍랑의 시비요, 뒤에서 보면 고죽의 시비다. 앞면 홍랑가비에는 쌍성에서 이별할 때 쓴 홍랑의 시를 새겼고, 뒷면 고죽시비에는 홍랑의 시를 한역한 번방가(飜方歌)를 새겼다.

折楊柳寄與千里 人爲我試向庭前　　절양류기여천리 인위아시향정전
須知一夜新生葉 椎悴愁眉是妾身　　수지일야신생엽 추췌수미시첩신

－〈번방가〉 : 고죽이 한역한 홍랑 시

살았을 적 몸은 떨어져 있어도 가슴에는 항상 서로의 사랑을 담고 살았기에 마음만은 떨어질 수 없는 하나였다는 것을 증명하듯 아예 이별이 없는, 아니 떨어질래야 떨어질 수 없는 한 몸의 시비를 만들었다. 더구나 고죽의 묘 바로 앞에 홍랑이 묻혔으니 홍랑은 죽어서라도 한을 풀었다.

율곡과 유지의 사랑은 철저한 유학자를 사랑한 여인의 아픔이기에 잔잔한 물결 같은 감동으로 다가오지만 고죽과 홍랑의 사랑은 사회의 제약 속에서도 뜨겁게 나눈 열정적인 사랑이었기에 그 감동은 모순된 사회구조에까지 파급되

▲ 홍랑비 앞. 정준철, 장영미 부부

어 격랑을 이룬다. 고죽이 홍랑의 시를 한역한 것이나 홍랑과의 사랑을 자기 문집에 남긴 것을 보면 사랑은 역시 쌍방일 때 더 생명력이 있음을 확인한다.

사랑은 동서고금을 막론하고 누구나 피할 수 없는 통과의례다. 학문이나 지역, 나이, 반상의 차이 없이 감정이 있고 느낌이 있는 한 사랑은 가슴 속에 살아서 언제 분출할지 모르는 용암으로 자리한다. 그러다가 어느 날 그 용암이 분출하면 사랑을 충족시키기 위해 체면이나 지위는 물론 생명까지도 담보하는 행동을 감행한다. 권력이 있는 자라면 권력을 이용하고, 재물이 있는 자라면 재력을 이용해서라도 그 사랑을 쟁취하기 위해 애쓴다. 이는 순수한 사랑이기보다는 가진 자들이 욕구충족을 위해 횡포를 부리는 경우이기에 그런 사랑은 생명력도 없거니와 감동이나 애절함도 없다. 인간적이며 순수한 사랑만이 진실한 사랑이 무엇인지 깨우쳐 주며 세월이 가도 잔잔한 감동으로 남는 것이다.

⟩ 찾아가는 길 ⟨

경기도 파주시 교하읍 다율리 산114. 청석초등학교를 향하여 가는 것이 가장 편하다. 자유로에서 청석초교를 향해 우회전하면 식당가가 있는 넓은 주차장이 있다. 그곳에 주차하고 북쪽 산기슭으로 보이는 해주최씨 묘역을 찾으면 홍랑의 시비가 반긴다.

용양봉저정

—정조의 효행길

    1795년은 정조가 왕위에 오른 지 19년째의 해다. 1776년 25세에 왕위에 올랐으니 이미 44세의 중년이었다. 그런데도 정조는 11세의 소년으로 돌아가 수원에 있는 현륭원을 참배하기 위해 창덕궁을 떠났다. 군복을 갖춰 입고 어머니 혜경궁 홍씨의 가마를 뒤따르는 정조는 말을 탄 장군이었다. 아버지만 생각하면 정조는 임금이 아니라 사도세자가 갇힌 뒤주 앞의 소년이었다. 아버지 무덤에 도착하면 군왕의 체통은 생각지 않고 소년처럼 목놓아 울었다는 기록이 이를 증명한다. 그러나 뒤주에서 갇혀 죽어가는 아버지를 살려달라고 할아버지에게 매달려 애원하던 안타까움은 오히려 긍정적 전이를 일으켜 백성을 사랑하고 노인을 공경하는 폭넓은 효심으로 나타났다. 왕위에 오르는 순간에 토해낸 사자후(獅子吼)가 그 출발점이다.

▲ 용양봉저정

"나는 사도세자의 아들이니라"

영조가 사도세자에 대하여 더 이상 언급하지 말라는 유언을 남겼는데도 자신의 혈통을 밝히고, 반대 세력에 대한 선전포고와 같은 선언으로 효행을 시작했다. 죄인으로 죽은 사도세자의 아들로는 왕통을 이을 수 없기 때문에 큰아버지인 효장세자(眞宗으로 추존)의 후사로 입적된 상태였다. 그런 정조가 노론 벽파의 모함으로 죽은 사도세자의 아들이라고 언급했으니 앞으로 피비린내 나는 보복을 가할 것이라는 예고편과도 같았다. 그러나 정조는 현명했다. 왕권을 사용하여 무리하게 복수하지 않고 서서히 아버지를 신원하는 데 힘을 기울였다.

1775년에 영조가 세손에게 대리청정을 맡기자 화완옹주의 양자로 입적한 정후겸은 세손의 비행을 조작하여 유언비어를 유포하며 극력 반대했고, 처작은 아버지 홍인한은 '동궁은 노론과 소론을 알 필요가 없고, 이조 판서와 병조 판서를 알 필요가 없으며, 조정의 일에 이르러서는 더욱 알 필요가 없다'는 삼불 필지설(三不必知說)을 제기하며 철저히 세손을 무시했었다. 정조는 그 둘을 처형함으로써 반대파를 제압하고 아버지의 신분을 격상하는 데 힘을 기울이며 탕평책을 펼쳤다.

사도세자는 1762년(영조 38년)에 뒤주에 갇혀 8일이 지난 5월 21일에 죽은 후 7

▲ 주교사터

월 23에 양주의 배봉산(서울 서울시립대 뒷산)에 묻혔다. 소현세자는 사흘에 장사지낸 것에 비하면 사도세자는 왕자의 예우는 갖춘 셈이다. 임금의 장례절차가 보통 5개월, 세자는 3개월인데 2개월이었으면 세자에 준하는 장례식이었다. 정조는 왕위에 오르자마자 아버지의 무덤을 수은묘(垂恩墓)에서 영우원(永祐園)으로 격상하고 사도에서 장헌으로 존호를 바꾼 후 경모궁이

▲ 용양봉저정에서 바라본 한강대교(정조 효행길에 배다리를 설치했던 곳)

라는 묘호(廟號)까지 내렸다. 1784년에는 무과 2,000명을 선발하여 장용영의 기틀을 다져 병권을 확보한 정조는 1789년(정조 13)에 영우원을 현륭원(顯隆園)으로 바꾼 아버지의 묘를 10월 7일에 화산으로 천장했다. 화산은 여주의 영릉자리와 함께 고산 윤선도가 효종의 능역으로 점지해 놓은 곳이었다.

그러나 정적 송시열에 의해 동구릉의 건원릉 옆에 능을 조성했다가 능에 물이 솟아 14년이 지난 1763년(현종 14년)에 영릉으로 천장한 상태였다. 이 내용을 알고 있는 정조는 최고의 명당으로 남은 이곳에 아버지를 모시고 이의 배후도시 건설에 착수했다. 노론세력이 장악한 한양을 벗어나 새로운 경제권과 병권을 중심으로 한 왕권을 확립하기 위한 포석이자 아버지에 대한 효도를 다 하기 위한 염원이었다.

무덤의 명칭 중 능(陵)은 왕과 왕비의 무덤에 대한 호칭이고 원(園)은 세자나 세자빈, 묘(墓)는 기타 왕실 가족과 일반인의 무덤에 사용하는 명칭이다. 그에 따라 사도세자는 죄인으로 죽었기 때문에 수은묘라 했는데 이를 원으로 격상한 것은 신분의 상승을 뜻하는 엄청난 예우였다. 더구나 추존왕이나 세자의 무덤에 무인석을 세울 수 없는데도 정조는 과감히 무인석을 세웠고 문인석은 복두공복이 아닌 금관조복으로 꾸며 이후 문인석을 금관조복의 형식으로 장식하

▲ 노량주교도섭

는 데 선도적 역할을 했다. 그것도 모자라 금관에 왕을 상징하는 봉황을 새기고 병풍석을 둘러친 모서리의 인석에 연꽃 봉오리를 올려 40기의 왕릉 중 유일하게 연봉인석을 남겼다. 그것은 그 어떤 왕릉보다도 화려하게 꾸며 능으로 격상하지 못한 아쉬움을 달래기 위한 심리적 보상이었다. 다만 난간석을 두르지 않아 아쉬움이 있으나 정조의 능과 비교하면 그 예술성이나 조형미가 뛰어나다.

정조는 아버지에 대한 원한을 노론에 대한 복수로 풀어나간 것이 아니라 그렇게 아버지의 위의를 갖추고 그에 맞게 장식하는 문화적 시설로 풀어나갔다. 우리나라 최초의 계획도시였던 수원을 자급자족이 가능한 도시로 키우고 화성을 축조하여 조선 왕릉과 함께 세계문화유산으로 등재하게 한 것은 모두 아버지에 대한 원한을 문화정책으로 풀어낸 효심에서 비롯된 것이었다.

정조를 말할 때 개혁군주, 조선후기의 르네상스시대를 연 성군으로 평가한다. 그러나 그 이면에는 사도세자의 음울한 이야기가 자리하고 있어 권력의 속성이 무엇인지 되돌아보게 한다. 세계적인 안목을 지닌 아들 소현세자를 죽이고 세자빈과 손자까지 죽인 인조는 청나라에 대한 원한을 자식을 통해서라도 풀어보려는 복수의 화신이자 왕권유지에 눈이 먼 몰인정한 아버지였다. 그에 비해 영조는 권신들에 휘둘려 자식을 죽인 실수를 보완하려 세손을 감싸 훌륭한 왕의 재목으로 길러낸 인간미를 보였다. 그 영향으로 정조는 군사(君師)로서 신하들을 어거하며 백성을 위한 정치를 했고 노인들을 예우했다. 어머니를 극진히 모시며 1795년에 회갑을 맞은 어머니를 화성으로 모셔 잔치를 연 것도 결국 할아버지의 영향이다.

혜경궁 홍씨와 사도세자는 1735년생으로 동갑이라서 잔치가 겹쳤다. 아버지를 현륭원에 모신 이후 해마다 전배(展拜)를 올렸지만 남편과 사별한 후 32년 만에 무덤을 찾는 어머니에게는 특별한 날이었다. 을묘년의 원행은 회갑을 맞은 어머니에게 효도를 다하기 위한 행차였다. 그와 더불어 병권을 장악한 왕으로서의 위엄을 보이기 위한 군사훈련을 겸했으니 그 규모는 행렬이 1km에 이를 만큼 장관이었다. 그 기록이 바로 〈원행을묘정리의궤〉다. 제목을 원행(園行)이라 한 것은 아버지의 무덤이 현륭원이었기 때문이다.

지금처럼 융릉이라면 당연히 능행(陵幸)이라 해야 한다. 현륭원이 융릉으로 격상된 것은 고종이 황제로 등극한 이후 5대조에 대한 예우에서 비롯되었기 때문에 당시에는 원이었다. 황제에 오른 고종은 1899년 11월 장종(莊宗)으로 추존하여 융릉(隆陵)으로 능호를 격상했다가 한 달 뒤에 다시 장조(莊祖)로 바꾸었고 영종, 정종도 같은 이유에서 영조, 정조로 격상했다. 정조가 평생의 한으로 해결하려 했던 문제를 고종이 해결해 준 것이다.

원행의 첫 기착지 요양봉저정

1795년 윤2월 9일. 창덕궁 돈화문을 출발한 정조는 숭례문을 지나 용산의 한강에 이르렀다. 임금이 조정을 떠나 궁궐을 비우는 것은 그만큼 위험이 따르는 일이지만 그것은 정권을 장악했다는 의미이며 임금으로서의 자신감을 보여주는 행위다. 현지에서 격쟁(擊錚)이나 상언(上言)을 통해 백성들의 어려움을 해결해 주는 자상한 군주의 일면을 보여주었기에 백성들은 행행(行幸)이라 하며 이를 기다렸다. 정조는 66회의 행행에서 3,355건의 민원을 해결해 주었고 현장에서 특별 과거를 실시하여 그 지역의 인재를 발굴했으니 임금을 기다리는 백성들의 마음이 어떠했을지 상상이 가능하다.

▲ 용양봉저정현판

정조가 한양을 벗어난 첫 번째 기착지는 용양봉저정(龍驤鳳翥亭)이다. 용양(龍驤)의 양(驤)은 용이 머리를 드는 형상, 또는 뛰노는 형상을 가리키고, 봉저(鳳翥)의 저(翥)는 날아오르는 형상을 뜻하므로 용양봉저정은 '용이 머리를 들고 뛰어놀며 봉황이 날아오르는 모양의 정자' 라는 뜻이다. 군이 그렇게 어려운 이름을 붙인 것은 정조가 이곳에 머물 때 주위를 살펴보고 '북쪽의 우뚝한 산과 흘러드는 한강의 모습이 마치 용이 꿈틀꿈틀하고 봉이 나는 것 같아 억만년 가는 국가의 기반을 의미하는 듯하다' 라고 한 데서 연유한다. 그렇게 좋은 명당에 지은 용양봉저정은 융릉 참배를 위한 노정에서 잠시 쉬는 공간이었다. 완전히 병권까지 장악하여 6,000여 명의 병력을 이동하는 행사인 만큼 아침 일찍 출발한 일행이 용양봉저정에 도착하면 이미 점심시간이었다. 한양을 떠난 첫 도착지로서 점심을 먹으며 휴식을 취하는 곳이었기에 용양봉저정을 주정소(晝停所)라고도 했다.

용양봉저정은 동작구 초롱길 8-1(동작구 본동 10-30)번지에 있다. 지금은 건물 바로 아래에 노량진1동 주민자치센터가 있어 주차하기도 편리하다. 〈원행을묘정리의궤〉를 보면 다리 입구와 중간부분 끝부분에 홍살문이 있고 정문과 누정도 있으며 좌우로 품격을 갖춘 두세 채의 건물이 있다. 북향집으로 낸 것은 용산에서 배다리를 건너오는 임금을 맞이하기 위해서다. 수원 화성의 정문이 북쪽 장안문인 것과 같은 이치다.

그러나 지금은 덜렁 집 한 채만 남아 있다. 한때 전배길에 오른 임금의 휴식처가 이제는 백년이 넘었다는 종교건물과 민가에 포위되어 답답한 느낌이며 옛 영화를 추억하는 퇴락한 건물로 전락하여 마치 뒤주에 갇힌 사도세자의 형상이다. 한강을 굽어보고 북한산을 응시하며 위용을 자랑했던 문화유산이 옹색한 언덕을 비집고 서 있는 모습이 우리의 역사의식을 보는 것 같아 마음이 아프다. 이곳을 관리하는 아저씨는 앞을 가로막는 고가교도 철거해야 제 맛이 날 것이라고 강변하며 문화재에 대한 애착을 보인다. 그렇게 되기까지는 조선 왕조의 역사와 궤를 같이하지만 국가 관리의 건물을 유길준에게 하사한 데서부터 비롯되었다.

고종 황제가 1907년 망명에서 돌아온 유길준에게 이 집을 하사하여 1915년에 죽을 때까지 이 집에서 살았다. 그 후 일본 상인이 이 건물을 구입하여 술집으로 변경하면서부터 용양봉저정은 왕실문화의 역사를 간직한 문화재라는 명예를 상실했으나 1972년 5월 25일에 서울특별시 유형문화재 6호로 지정하여 그나마 현재의 형태를 유지하고 있다. 〈대경성사진첩(大京城寫眞帖)〉에 의하면 용양봉저정은 1932년에 에다나카지로(江田長次郞)가 '용봉정'으로 개업하였는데 이를 5,300여 평으로 확장하여 유원지를 조성하고 여관과 대중목욕탕을 갖춘 거대한 환락장소로 바꾸어 고객들의 호평을 받았다. 일반적으로 알려지기는 개업 당시 주인이 이케다나카지로(池田長次郞)로 알려져 있으나 이 사진첩대로라면 잘못 알려졌거나 기록상 오기였을 수도 있다.

1936년 4월 2일자 동아일보의 기사를 보면 상당한 울분이 나타나 있다.

"일면 용의장강을 앞에 두고 멀리 백악을 바라보며 만호장안(萬戶長安)을 한눈에 걷우우니 어제까지도 근교의 명승지로 이름이 높았거니와 새로 된 서울 명승으로서 몸이 요정(料亭)에 팔린 이 정자야말로 멀지 않은 날에 탕자음부의 등살을 받게 될 신세를 생각하면 일시에 지효(至孝)의 성군(聖君)을 모시던 옛날의 회억(回憶)이 다시금 새로울 것이다." (당시의 표기)

계속된 기사에는 선조시대에 영의정이던 이양원이 지은 집을 정조 13년에 행궁으로 바꿔 지었고, 유모(兪某)에게 하사되었다가 요리집으로 신세를 버리게 된 것이라고 소개했다.

畫停于龍驤 鳳翥亭, 駕宿始興行宮. 遣宗伯, 行酌獻禮于夫子影殿.

▲ 이원등 상사의 동상(한강대교 중앙의 노들섬에 있음)

용양봉저정에서 잠시 머물러 점심 수라를 들고, 시흥의 행궁에서 유숙하였다.
예조 판서를 보내어 공자의 영전에 작헌례를 행하게 하였다.

정조 19년(1795년) 윤2월 9일의 기사다. 왕이 머물러 수라를 들던 장소, 배다리
를 건너 한양을 떠난 임금이 긴장을 풀고 휴식을 취하던 장소가 기생집으로 바
뀐 현실은 망한 나라에서만 볼 수 있는 일이다. 창경궁이 창경원으로 바뀐 것
이나 다름없는 수치였다. 그 수치스런 역사의 흔적을 다시 복원하는 것은 민족
자존심의 회복이다. 눈에 보이는 경복궁이나 창경궁에 손을 대는 것도 좋지만
그와 더불어 적은 돈으로 쉽게 옛 모습을 되찾을 수 있는 문화재에 눈을 돌리
는 것도 우리 민족의 뿌리를 찾는 행위다.

용양봉저정은 개혁군주 정조의 정치적 의지가 담긴 유적이며 아버지에 대한
효성을 다하기 위한 인간미의 현장이다. 그렇게 아름다운 의미를 간직하고 있
는 유적을 방치하여 서울 시민은 물론 지역 주민들까지 용양봉저정에 대해서
물으면 그것이 무엇이냐고 되묻는 현실은 우리의 문화재에 대한 현주소를 말
해 준다. 큰 틀에서 전시효과가 있는 것부터 복원하는 것도 중요하지만 동시에

역사적 의미가 있는 작은 문화재를 복원하는 것도 중요하다. 한강 르네상스라는 이름으로 한강을 놀이와 휴식 공간으로 개발하던 정책은 한강 주변의 문화재를 복원하는 것까지 포함해야 한다. 효사정, 망원정, 소악루, 낙천정, 화양정, 성덕정, 응봉산정, 심원정 등 강변문화의 역사가 살아 있는 정자를 복원하여 휴식과 교육을 겸한 공원으로 복원하면 우리 역사와 선비문화를 이해하는 데 훨씬 도움이 될 것이다.

용양봉저정은 노량진의 사육신공원과 효사정, 국립 현충원이 가까이 있어 한강공원과 함께 서울 강남권 답사의 한 코스를 이룰 수 있는 곳이다. 특히 1966년 2월 4일에 고공침투훈련조원의 낙하산 훈련 도중 전우의 낙하산이 펴지지 않자 그 낙하산을 펴주고 자신은 한강에서 산화한 이원등 상사의 동상도 가까이에 있다. 전우애와 상사로서의 책임감이 무엇인지를 느끼게 하는 현장이다. 1965년에 월남 파병을 위한 수류탄 투척 훈련 중에 부하가 던진 수류탄이 중대원 한가운데 떨어지자 몸을 날려 부하를 구하고 산화한 강재구 소령 이야기는 투철한 군인정신의 표상처럼 잘 알려진 이야기지만 이원등 상사의 이야기는 그 옆을 지나는 사람도 알지 못한다. 용양봉저정을 찾을 때는 해가 질 무렵에 한강대교의 노들섬도 찾아야 보너스를 얻을 수 있다. 그곳에서 이원등 상사의 동상을 바라보며 맞는 석양은 전우애가 무엇이며 삶의 가치가 무엇인지 가슴 가득 붉은 느낌으로 다가오기 때문이다.

용양봉저정에서는 군왕이 백성을 사랑하는 마음, 노들섬에서는 상사의 부하에 대한 사랑, 사육신묘에서는 신하의 군왕에 대한 충성, 국립 현충원에서는 국난의 시기에 국가를 위한 헌신이 무엇인지를 깨닫게 하는 체험장이다.

갈수록 해체된 가정과 노령화 인구가 늘고 인간관계도 삭막해지는 이때에 용양봉저정을 중심으로 주변 문화재를 찾으면 우리가 사는 이유와 가치는 무엇인지 진진한 깨달음이 가슴을 채워줄 것이다.

▸ **찾아가는 길** ◂
동작구 초롱길 8-1. 지하철 9호선 노들역 3번 출구로 나와 한강대교쪽으로 걸으면 노량진1동 주민자치센터 위로 용양봉저정이 있음. 승용차는 주민자치센터 마당이나 옆에 주차 가능함.

망원동과 월산대군

─ 망원정

임금의 형과 왕족

우리의 언어생활에 망원(望遠)이라는 말은 언제부터 등장했을까. 단순히 '멀리 본다'는 의미로 사용할 때는 망원경과 같은 도구적 용어로 사용하지만 포부나 꿈과 연계하여 사용할 때는 큰 뜻을 나타내는 의미로 사용한다. 어렸을 때 어른들로부터 들은 '크게 이루기 위해서는 멀리 보라'는 말이 바로 망원이므로 망원은 좋은 의미를 내포한 단어다. 한강변에 우뚝 서 있는 망원정은 아우 자을산군이 왕위에 오르자 월산대군은 효령대군으로부터 물려받은 정자에 올라 마음을 비우기 위해 '멀리 본다'는 속 깊은 의미를 담아 망원정이라 했다. 그 연유로 양화진 북서쪽으로 열린 평원을 망원동이라 했다.

조선의 왕자들은 어린 시절에 궁궐에서 살다가 결혼하면 분가하여 궁궐 밖에서 살았다. 제왕학을 공부하기 위해 세자만 궁궐에 남고 공주도 결혼하면 궐

▲ 강변북로에서 바라본 망원정

밖 시대에서 살았다. 덕수궁이 월산대군의 집자리였고 부암동 무계정사에서 안평대군의 집터를 볼 수 있는 것도 그 때문이다. 그들이 사는 집은 일반 사대부가를 능가하는 규모였으니 남의 부러움을 사기에 충분했다. 그러나 왕이 되지 못한 왕자는 살아도 살아 있는 것이 아니었다. 툭하면 영문도 모르는 반정에 연루되어 유배나 사형을 당하는 수가 허다했다. 수양대군에게 안평대군과 금성대군이 죽임을 당한 경우나 임해군이 아우 광해군에게 죽임을 당한 것은 왕이 되지 못한 왕자의 비극을 대변한다. 전자가 왕권에 눈이 어두운 수양이 걸림돌을 제거하기 위해 아우를 죽인 경우라면 후자는 형으로서 처신을 제대로 하지 못한 왕자의 비극이었다. 그런가 하면 27세에 병조 판서에 오른 태종의 외손 남이 장군과 세종대왕의 손자 구성군(임영대군의 아들)은 28세에 영의정에 오를 만큼 신망이 있었으나 남이는 모함으로 사형당하고 구성군은 영일로 유배당한 경우가 조선 초기 왕실의 비운의 대표적인 경우다.

　왕실의 비극이 외형적으로 쉽게 드러나는 것은 공유할 수 없는 권력의 속성 때문이다. 강자만이 살아남는 밀림의 법칙과도 같은 것이기에 외형적으로 쉽게 드러났다. 그러나 내면적인 비극을 감수하며 살아야 하는 사람도 많았다. 그 대표적인 사람이 월산대군이다. 세조에게는 정희왕후 윤씨와의 사이에 장남 의경세자와 차남 해양대군이 있었다. 왕위를 이을 의경세자(덕종으로 추존)가 19세에 요절하자 차남 해양대군이 대를 이었다. 그가 8대 예종이다. 그러나 예종 역시 왕위에 오른 지 14개월 만에 20세의 아까운 나이로 요절하고 말았다. 이를 두고 세인은 조카를 죽인 수양이 천벌을 받았다고 하지만 하늘의 뜻을 어찌 천벌을 받은 것으로 단정할 수 있을 것인가. 이 상황에서 밀림의 법칙을 적용해야 할 또 하나의 문제가 불거졌다. 누가 왕위를 이어야 할지에 대한 관심이었다.

　당시 왕위 계승자는 예종의 아들 제안대군과 덕종의 장남 월산대군, 차남 자을산군이었다. 제안대군은 아직 3세라서 일단 관심 밖으로 밀려났고 의경세자의 차남 자을산군보다는 장남 월산대군에게 관심이 쏠려 있었다. 너나 할 것 없이 월산대군이 왕위에 오를 것으로 짐작했으나 결과는 반대였다. 16세의 월산대군을 제치고 13세의 자을산군이 대를 이은 것이다.

▲ 망원정에서 바라본 한강변

자을산군은 장가를 잘 들었다. 아니 좋은 어머니에 좋은 장인을 만난 것이 행운이었다. 남편 의경세자가 죽자 궁 밖의 사가에서 살던 인수대비는 어떻게 해서든지 다시 입궁하여 권력을 휘둘러보려는 야심이 가득차 있었다. 그 야심은 세조의 장자방으로 일찍이 권력맛을 보았던 한명회와 맞아 떨어졌다. 권신 한명회의 도움이 절대적으로 필요했던 인수대비는 첫째 아들보다 한명회의 사위였던 둘째 아들이 필요했다. 결국 암사둔과 숫사둔의 복심이 투합하여 둘째를 왕위에 올려놓고 인수대비는 화려하게 입궁하여 권력의 최정점에 오르는 데 성공했다. 더불어 한명회는 세조와 예종에 이어 성종에 이르기까지 3대에 걸쳐 국구(國舅)로서의 위상을 즐겼다.

문제는 월산대군이었다. 괜스레 속만 쓰렸다. 예종이 오래 살았더라면, 아니 제안대군이 조금만 더 성장했더라면 아예 그런 기대는 하지도 않았을 텐데 생각지도 않은 복이 굴러오는가 했더니 가슴만 설레게 하고 멀어져 갔다. 다 된 밥에 재 뿌린 격이 되었으니 속을 달래며 마음을 비워야 했다. 조선왕실의 문중에서 시문에 가장 뛰어나다는 평을 받을 만큼 예술성을 지녔고 많은 책자를 소장할 만큼 독서량도 많았으니 임금의 형이 어떻게 처신해야 할지는 잘 알고 있는 터였다. 자칫 잘못하면 역모에 연루되어 개죽음을 당할 수도 있다는 것을 알고 있었기에 그는 모든 잡념을 훌훌 털어내고 망원정을 찾았다.

효령대군 희우정

효령대군 역시 임금의 형이다. 아우 세종이 왕위에 오르자 정치에 방해가 될까봐 비켜선 지혜로운 왕자였다. 양녕대군은 의도적인 행위로 조정의 관심으로부터 벗어나려 했지만 효령대군은 불교에 심취하여 세상을 초월한 듯 살았다. 그 깊은 속뜻이야 알 수 없지만 그도 망원정을 찾아 마음을 비우고 살았다. 그런 의미로 보면 망원정의 원조는 효령대군이다.

망원정은 원래 효령대군의 별장이었다. 그곳을 1425년(세종 7년) 5월 13일에 세종이 찾았다.

"임금이 모화루(慕華樓)에 거동하여 서변(西邊)에 말을 머물러 격구(擊毬)하는 것을 구경하고, 인하여 서강 효령대군 이보(李補)의 별서에 이르러 강 언덕 정자에 나앉아 포(砲) 놓는 것과 군사들의 말 타고 활 쏘는 것을 관람하고 …(중략)… 이날 임금이 홍제원(洪濟院)·양철원(良哲院)에서 영서역(迎曙驛) 갈두[加乙頭]들에 이르기까지 고삐를 잡고 천천히 가는 길에 밀·보리가 무성한 것을 보고, 임금이 혼연히 기쁜 빛을 띠고 정자 위에 올라 막 잔치를 벌이는데, 마침 큰 비가 좍좍 내려서 잠깐 사이에 네 들에 물이 흡족하니, 임금이 매우 기뻐서 이에 그 정자의 이름을 희우정(喜雨亭)이라고 지었다."

○ 登亭上方設宴, 適時雨濡然, 須臾四野饒洽, 上喜甚, 乃命其亭曰喜雨

세종 7년(1425년) 5월 13일의 기사다. 한문은 뒷 부분만 옮긴 것인데 끝 부분에 희우정이라 이름한 부분이 보인다. 별서(別墅)는 별장을 이르는 옛말이므로 세종은 형님의 별장을 찾아 잔치를 벌이는 아름다운 장면이다. 효령대군은 이 희우정을 월산대군에게 물려주었다. 왕의 형님이라는 공통된 처지가 서로의 마음을 이해하는 계기가 되었을까. 이 정자를 물려받은 월산대군은 강 건너 들녘과 북쪽으로 북한산 자락이 보여 마음이 시원했다. 그래서 망원정이라 이름을 바꾸고 아우 성종임금에게 망원정에 대한 시를 지어줄 것을 부탁했다. 여러 차례 부탁해도 답신이 없자 이번에는 아예 편지를 보냈다. 성종실록 1484년(성종 15년) 10월 15일자 기록에는 월산대군이 망원정 시를 청하는 이유가 나타나 있다. 이에 성종은 승정원에 월산대군의 편지를 보이고 자문을 구했다. 그러자 도승지 김종직을 비롯한 승지들이 형제간의 일이니 괜찮다고 하여 시를 지어 내렸다. 그러나 문제는 그렇게 간단하지 않았다. 바로 다음 날 10월 16일, 홍문관 부제학 안처량 등이 찾아와 국상중에 시를 내리는 것은 부당하다고 지적했다. 그러자 성종은 승정원의 승지를 불러 괜찮다고 자문한 일에 대해 나무라며 망원정시를 금했다.

그것만으로 그치지 않았다. 17일의 경연(經筵)에서는 지평(持平) 박문간이 망원정시의 내용을 들어 승정원의 승지들을 국문할 것을 청했다. 이에 성종은 자신의 잘못이라며 승정원을 추핵할 수 없다며 맞섰다. 그렇게 옥신각신하며 1년의 세월이 지난 1485년(성종 16년) 9월 29일, 월산대군은 다시 성종에게 망원정시를 청했고 성종은 문신들에게 차운(次韻)하여 현판을 달게 했다. 이후 성종은 매년 두세 차례 망원정에 들러 민정을 살폈다. 재미 있는 것은 1487년(성종 18년) 9월 3일의 기록이다. 농민의 농사 현황을 살피고 망원정에 오른 성종은 갑자기 수영

▲ 강변북로의 망원정 정문

대회를 열었다. 성종이 흐르는 물을 가로질러 언덕에 먼저 오르는 자에게 상을 주겠다고 하자 강소산, 천송아지, 주명중이 나서 수영 대회에 임했다.

임금이 형님의 정자에 시를 걸기까지 신료들로부터 무수한 시비가 있었기에 다시는 가고 싶지도 않았겠지만 성종은 달랐다. 그 시비를 극복한 이후에는 오히려 망원정에 들르는 횟수가 늘었고 갈 때마다 형님에게 말과 면포 등을 흡족히 내려 형제의 우애를 과시했다. 그럴수록 월산대군은 현명하게 자신을 낮추고 권력에는 관심이 없는 자연인으로서 안빈낙도하는 자세를 보였다.

▲ 조선왕조실록 세종 7년(1425년) 5월 13일 기사

추강(秋江)에 밤이 드니 물결이 차노매라
낚시 들이치니 고기 아니 무노매라
무심한 달빛만 싣고 빈 배 저어 오노매라.

어둠이 내린 추강, 그것은 자신의 환경이 그렇게 바뀌었음을 상징한다. 아무도 찾아주는 이 없는 행주산성 앞의 추강은 원군이 없는 현실이다. 가까이 하는 자들이 없는 외로운 상황에서 중장의 낚시 들이쳐도 고기가 물지 않는다고 아쉬움을 토로한다. 많은 사람들로부터 소외당하고 있음을 알지만 그래도 자연과 벗하며 사는 안빈낙도의 멋을 자랑했다. 그래야 성종이 편하고, 그래야 자기의 신변에 위험이 따르지 않는다. 무심한 달빛만 싣고 빈 배를 저으며 어부(漁夫)가 아닌 어부(漁父)로서의 삶을 보여야 했다. 그러기까지 얼마나 속이 상했을 것인가. 위 시는 월산대군의 문학적 소양을 알게 하는 대표적인 시로서 가장 많이 알려졌지만 5언절구로 쓴 기군실(寄君實, 군실에게 부친다) 또한 그의 소회를 담아낸 우수한 작품이다.

旅館殘燈曉(여관잔등효) : 여관의 새벽 불빛 가물거리는데
孤城細雨秋(고성세우추) : 외로운 성에 가을 가랑비 추적거리네
思君意不盡(사군의부진) : 그대 생각하니 온갖 생각 끝이 없어
千里大江流(천리대강류) : 천리 기나긴 큰 강물만 흘러가네

술을 좋아하는 사람에게는 술친구가 있듯이 풍류를 즐긴 월산대군에게는 역시 풍류를 즐긴 부림군 이식(1458~1489)이 있었다. 이식의 아버지 계양군은 세종과 후궁 신빈 김씨의 장남이니 계림군은 세종의 손자였다. 종실로는 4살이 어리지만 월산대군에게는 당숙이라서 숙질간에 마음을 터놓고 교류할 만큼 가까이 지냈다. 위 시는 그들의 관계가 어느 정도인지를 알게 한다. 그러다가 월산대군(1454~1488)은 성종 19년에 35세의 나이로 세상을 떠났다.

이상하게도 역사에서는 월산대군이 천수를 다했다고 한다. 당시의 평균 수명이 아무리 짧았다고 해도 35세의 수를 누린 사람에게 천수를 다했다고 하는 것은 월산대군의 인격에 치우친 평가다. 그는 분명 아우에게 왕위를 뺏기다시

▲ 망원정의 옛이름 희우정

피 한 울분을 달래며 왕의 형으로서의 처신에 신경쓰느라 심한 스트레스를 받지 않았을까. 빈 배에 달빛만 싣고 와도 살 만큼 성종이 도왔으니 풍류를 즐기며 살았다 하지만 그의 시 속에 담긴 상징과 은유는 분명 심적 고뇌가 담겨 있다. 망원정에 대한 역사는 연산군이 일천여 명이 앉을 수 있는 규모로 고쳐 지어 수려정(秀麗亭)으로 이름을 바꾼 적이 있고 이후 꾸준히 왕실에서 찾는 명소가 되었다.

성호 이익은 일찍이 망원정의 아름다움을 지적했다. 양화나루, 선유봉, 잠두봉이 있는데 망원정이 가장 이름난 곳으로 볼거리가 많아 중국에까지 알려졌다고 소개했다. 이를 뒷받침하듯 1488년(성종 19년) 3월 15일의 실록에는 중국의 사신 두 명을 위해 잔치를 벌인 후 배를 타고 망원정으로 가서 또 잔치를 열었다는 기록이 있다. 당시의 양화진은 풍광이 그렇게 아름다웠던 모양이다.

멀리 봐야 산다. 왕실의 다툼에 말려들었다가는 어느 귀신이 차갈지도 모르는 상황에서 삶의 터전으로 조성한 망원정, 한때 홍수가 나면 반드시 수해를 입는 상습지역으로 알려졌던 곳이지만 이제는 배수지 시설도 잘 갖추고 한강 제방도 튼튼히 쌓아 살기 좋은 곳으로 바뀌었다. 더구나 2002년 한일 월드컵 대회를 개최하면서 상암지구와 연계하여 교통망을 확충하고 시민 편의시설을 보완하여 살기 좋은 곳으로 바뀌었다. 다만 아쉬운 것은 1925년 을축대홍수 때 망원정은 유실되고 흔적만 남았던 것을 1980년에 복원하여 서울시 문화유적 9호로 지정하였는데 강변북로의 쌩쌩거리는 도로변에 있어 정자문화의 한가한 정취에 젖을 수 없다는 점이다. 조선 초기 역사의 현장을 복원하는 만큼 보다 더 풍류에 젖은 왕실문화의 진수를 볼 수 있게 했으면 좋겠다는 아쉬움이 남는다.

찾아가는 길

망원정(서울특별시 기념물 제9호) : 서울특별시 마포구 합정동 457-1
지하철 2호선 합정역 8번 출구로 나와 양화대교쪽으로 걸어 합정주유소에서 우측으로 가면 합정주민자치센터가 있다. 이곳에서 골목길을 따라 조금만 내려가면 망원정이다. 승용차로 입구까지 접근이 가능하다. 강변북로의 우측 정문에 바짝 주차하고 답사할 수도 있다.

문화재로 포장된 역사

지은이 / 강기옥
펴낸이 / 김재엽
펴낸곳 / **한누리미디어**
디자인 / 지선숙

121-840, 서울시 마포구 서교동 395-13 서원빌딩 2층
전화 / (02)379-4514, 379-4519
Fax / (02)379-4516
E-mail/hannury2003@hanmail.net

신고번호 / 제300-2006-61호
등록일 / 1993. 11. 4

초판발행일 / 2012년 4월 1일

값 15,000원

※잘못된 책은 바꿔드립니다.

ISBN 978-89-7969-417-8 03900